TITRALGAN®
Die Schmerzbremse
TITRALGAN
TITRALGAN®
Schmerztabletten
BERLIN-CHEMIE
N2 20 Tabletten Zum Einnehmen
EHC
EISBÄREN BERLIN
schnell
zuverlässig
preiswert
BERLIN-CHEMIE
TITRALGAN®
sponsert die
Eisbären Berlin
Titralgan®Schmerztabletten. Bei leichten bis mittelstarken Schmerzen. Zu Risiken und Nebenwirkungen lesen Sie die Packungsbeilage und fragen Sie Ihren Arzt oder Apotheker. Ohne ärztlichen oder zahnärztlichen Rat nicht längere Zeit oder in höheren Dosen anwenden. Enthält Phenazon. Packungsbeilage beachten.

Die besten Zweiten aller Zeiten

Jahrbuch des EHC Eisbären Berlin 1998/99

von André Haase
Michael Lachmann
Matthias Mader et al

Alt-Lankwitz 72
12247 Berlin

Fotos: Michael Sauer u.a.

ISBN 3-931624-09-9
1. Auflage Septmeber 1998

Der Einzug des EHC Eisbären Berlin in das DEL-Finale 1997/98 markiert ohne Frage den größten Erfolg der Clubgeschichte seit der Eingliederung in die 1. Eishockey-Bundesliga im Jahre 1990. Ein adäquater Anlaß also, unsere Idee eines EHC-Jahrbuchs (das sich hoffentlich zu einer dauerhaften Einrichtung entwickeln wird) erstmalig in die Tat umzusetzen. In Zusammenarbeit mit Michael Sauer, einem der renommiertesten Eishockey-Fotografen Deutschlands (u.a. Eishockey-Jahrbücher), entstanden, zeichnet das großzügig gelayoutete Werk den Weg der Cracks aus dem „Wellblechpalast" vom ersten bis zum letzten Spieltag minutiös nach und wirft darüberhinaus einen Blick in die Zukunft. Wie wird die kommende Saison verlaufen, schlagen die Neuzugänge auf Anhieb ein?

Der EHC ist „Kult" (das haben mittlerweile auch die Medien realisiert), weit über die Grenzen des Bezirks Hohenschönhausen und der Stadt Berlin hinaus hat sich der kampflustige „Eisbär" im Vereinswappen zum Signet für erstklassigen Sport und überschwengliche Eishockey-Parties entwickelt! Trotzdem die Bundesrepublik Deutschland nach wie vor von einer wirtschaftlichen Rezession geschüttelt wird, zahlten in der abgelaufenen Saison rund 140.000 Fans (20 von 30 Heimspielen waren bis auf den letzten Platz ausverkauft) ihren Obulus, um die Eisbären anzufeuern! Während bei so einem geschichtsträchtigen Verein wie der Düsseldorfer EG die DEL-Lichter ausgegangen sind und auch der Meister Die Adler Mannheim nur haarscharf am wirtschaftlichen Kollaps à la Hedos München vorbeigeschrammt ist, boomt das Berliner Eishockey – zumindest was die Eisbären angeht!

Daß hinter dem sportlichen Erfolg nicht nur die Mannschaft steht, der wir an dieser Stelle noch einmal von ganzem Herzen ein „Danke Jungs – Ihr seid die besten Zweiten aller Zeiten" zurufen möchten, sollte außer Frage stehen. Von Helmut Berg über Günter Haake, Martin Müller, Lorenz Funk, Hans Reker und Billy Flynn bis hin zu den Mitarbeitern der Gesschäftsstelle oder dem Masseur hinter der Bande haben alle auf ihre Art und Weise einen Beitrag zum Erringen der Vizemeisterschaft erbracht.

Auch wenn der EHC Eisbären Berlin durch seine sportlichen Erfolge (die sicherlich nicht allerorten ungeteilte Freude hervorgerufen haben) in den letzten zwei Jahren stetig gewachsen ist, so hat sich der Club zu jeder Zeit das Flair eines Familienvereins erhalten, bei dem jeder für den anderen einsteht und stets ein offenes Ohr für Probleme hat. Der Zusammenhalt von Fans, Mannschaft und Präsidium hat uns bereits sehr weit gebracht, deswegen darf auch für die Saison 1998/99 weiter geträumt werden: Von der Deutschen Meisterschaft und einem gelungenen Abschneiden bei der Premiere in der Europäischen Hockey Liga...

Viel Spaß beim Lesen

Die Redaktion

Ausführliche Chronik der Saison 1997/98

Foto: Sauer

Rob Cowie und Marc Fortier beim Üben der Welle

Als am 26. April 1998 kurz vor 18.00 Uhr im Mannheimer Friedrichspark die letzte Sirene der DEL-Saison '97/'98 verklang, da ging auch die Saison für den EHC zu Ende. Zwar stand man nach der 1:3-Finalniederlage zuerst mit leeren Händen und vor allem mit hängenden Köpfen da, doch unter dem vielzitierten Strich ging für alle Spieler, Mitarbeiter, Fans und Freunde des Berliner Eishockeyclubs aus dem Stadtteil Hohenschönhausen die erfolgreichste Saison seit Bestehen des Vereins im Jahre 1951 zu Ende. Im Jahr zwei nach dem nun schon legendären Bosman-Urteil und seinen Folgen, das kein anderer Verein des deutschen Eishockeys so umzusetzen verstand wie der EHC Eisbären, errang der Nachfolgeclub des SC (EHC) Dynamo Berlin nicht nur die deutsche Vizemeisterschaft, sondern schnitt obendrein mit einem hervorragenden zweiten Platz beim neu geschaffenen Continental-Cup (siehe gesonderter Bericht in diesem Buch) auch auf internationaler Bühne glänzend ab.

Doch es gab auch Mißklänge während der Saison in Hohenschönhausen zu verzeichnen. So wurde Mitte Dezember der bei einigen Spielern nicht sonderlich beliebte Trainer Ron Kennedy entlassen und sein Assistent Peter John Lee, im Vorjahr selber noch Spieler, zu dessen Nachfolger befördert. Im Vorfeld der kennedyschen Entlassung drohte Niklas Hede, finnischer Außenstürmer im Dienste der Eisbären, den Verein zu verlassen, weil Kennedy den wieselflinken Rotschopf zwei Spiele auf der Bank beließ und auch nur vorher mit sporadischen Einsätzen bedachte. Ebenso gab es im Berliner Blätterwald Verlautbarungen, wonach es um die Zahlungsfähigkeit des Vereins im Monat Februar, der einnahmenslosen Zeit aufgrund der Olympiapause, nicht zum Besten bestellt gewesen sein sollte. Aber letztendlich überwog das Positive in der Spielzeit, zum einen, weil das Team so erfolgreich spielte, zum anderen aber auch, weil sich der einst übermächtige Lokalrivale Berlin Capitals mit seinem Trainer/Geschäftsführer Peter Ustorf ins Schußfeld der Boulevardpresse begab. Auch die DEL ansich brachte sich über den gesamten Saisonverlauf immer wieder in die Schlagzeilen, sei es nun durch den Ausstieg der Kaufbeurer Adler, die der finanzielle Kollaps ereilte, welcher Teams wie den Revier Löwen oder den Capitals gerade so erspart blieb, oder durch den unsäglichen Streit mit dem DEB.

Ein konzentrierter Niki Hede

Foto: Sauer

Aber werfen wir in Ruhe einen Blick zurück an den Saisonanfang und begleiten wir den EHC Eisbären Berlin durch die Saison 1997/98.

Los ging alles am 11. September 1997 mit dem ersten Spieltag in der Deutschen Eishockey Liga. Seit langer Zeit gab es zum Auftakt der neuen Spielzeit mal wieder ein Heimspiel, bei positivem Ausgang zumeist ein Garant für einen gelungenen Start in die Saison. In den Testspielen brachte sich der vorjährige Halbfinalist schon in eine ansprechende Form. Man siegte im Lada-Cup, erreichte ansprechende Ergebnisse in der Schweiz und gegen die direkte DEL-Konkurrenz ließ man sich noch nicht in die Karten schauen. Gegen die Kassel Huskies gab es ein 4:0 und ein 2:5, gegen Schwenningen unterlag man 3:5 und gegen den EV Landshut gab es beim 2:2 und 3:3 zwei Unentschieden. Schon allein dieses Vorbereitungsprogramm zeigte den Stellenwert der neuen Eisbären auf, vor Jahren noch gab es kaum Einladungen von der Ligakonkurrenz, vielmehr spielte man gegen Bad Tölz, Hannover oder Crimmitschau.

Am ersten Spieltag wartete aber dann mit den Nürnberg Ice Tigers ein Team auf die Eisbären, dessen Trainer Vladimir Vassiljew sich ebenfalls das Ziel Meisterschaft auf die Fahne geschrieben hatte. Überhaupt war dieser Trend im Vorfeld der Saison häufig zu vernehmen. Da war von Mannschaften die Rede, die noch nie so stark waren und viele (vor allem Revier Löwen und Hannover) orientierten sich auch an den Eisbären und deren Erfolg im Vorjahr, nach dem Dreiviertel des Teams ausgetauscht wurden. So auch die Franken, die sich mit den Tschechen Josef Cierny und Roman Horak sowie dem Kanadier Martin Jiranek und dem NHL-Erprobten Oleg Mikulchik recht gut verstärkt zu haben schie-

nen. 4.552 Fans fieberten erwartungsfroh dieser ersten Partie entgegen und sie sollten nicht enttäuscht werden. Nach sieben Minuten führten die Eisbären schon mit 2:0, Kapitän Thomas Steen und Neuzugang Thomas Sjögren bereiteten ihrem Landsmann Boo Ahl im Tiger-Käfig einen schwer verdaulichen Schwedenhappen zu. Und Skandinavisch ging es weiter, Niklas Hede erhöhte sechs Minuten vor der ersten Pause auf 3:0. Doch dann zeigten erstmal die Nürnberger, daß sie auch noch da waren. 90 Sekunden später gelang Horak der erste Treffer, in der 22. Minute folgte durch Jiri Kunce das 2:3. Kurze Zeit machte sich Unruhe unter den Fans breit, doch Yvon Corriveau und nochmals Steen stellten bis Mitte des zweiten Abschnitts den alten Abstand wieder her. Und dann kam der Augenblick, an den viele Fans wohl noch lange zurückdenken werden. Der Finne Hede legte sich hinter dem Tor der Nürnberger stehend den Puck auf das Stockblatt und bugsierte ihn so um Ahl, zum vielleicht zu diesem Zeitpunkt schon „Tor des Jahres", herum. Die Ice Tigers waren darüber

Niki Hedes Tor des Jahres

wohl so konsterniert, daß Marc Fortier nur elf Sekunden später mit dem 7:2 den Endstand in der Saisonpremiere erzielte. Optimaler konnte wohl der Auftakt nicht gestaltet werden. Denn am zweiten Spieltag ging es zu keinem geringeren, als dem amtierenden Meister Adler Mannheim. Noch nie gelang einer Mannschaft aus Hohenschönhausen ein Punktgewinn im Friedrichspark, zumeist setzte es deftige Niederlagen. Deshalb schien es auch nicht verwunderlich, daß die Adler durch einen Marois-Treffer nach dem ersten Drittel mit1:0 führten. Verwundert rieben sich allerdings die Badener die Augen, als Andrew McKim und Thomas Sjögren zu Beginn des Mittelabschnitts die Eisbären durch zwei blitzsaubere Kontertore mit 2:1 in Front brachten. Zwar gelang dem Belgier Mike Pellegrims noch vor der Pause der Ausgleich, doch weitere Treffer ließ der sehr gut haltende Udo Döhler nicht mehr zu. Allerdings gelang auch den Berlinern kein weiterer Erfolg mehr, doch mit diesem Unentschieden konnte man leben und es sollte erst der Beginn eines langen, gemeinsamen Weges zusammen mit den Mannheimern sein.

Viel Zeit zum Ausruhen blieb den Bären nicht, denn mit den Kölner Haien stellte sich der nächste Titelanwärter den Berlinern zum Kampf. Im Gegensatz zu den Eisbären kamen die Domstädter nicht ganz so gut aus den Startlöchern, nur Platz 8 nach zwei Spieltagen, da machte sich schon etwas Unruhe breit. Vor wiederum ausverkauftem Haus (4.552) tasteten sich beide Gegner erst einmal vorsichtig ab, um dann zu explodieren. Robert Leasks Führung nach 16 Minuten glich Craig Fisher für die Haie in der 24. Spielminute aus. Dann nutzte Sven Felski ein Break und bezwang Nationalgoalie Josef Heiss zur erneuten Führung der Bären (27.). Nur sechzig Sekunden später erzielte Rob Cowie seinen ersten Saisontreffer. Das Geschoß des kanadischen Verteidigers schlug unhaltbar für Heiss im Angel des Haie-Tores ein. Eine weitaus unglücklichere Figur machte „Peppi" dagegen beim vierten und letzten Tor der Hausherren. Greg Andrusak zog noch vor der blauen Linie ab und Heiss schaute der Scheibe nur noch verdutzt hinterher. Damit war nach 52 Minuten die Begegnung endgültig entschieden und die Eisbären wohl für viele in den engeren Kreis der Titelkandidaten gerutscht.

Zum zweiten Auswärtsspiel ging es dann in das Allgäu zu den Kaufbeurer Adlern. Bei denen stand Trainer Coolen zur Disposition und als einziger Klub der DEL waren die Adler auch noch ohne Hauptsponsor. Doch von dem allgemeinen Durcheinander ließen sich die Eisbären im Stadion am Berliner Platz nicht aus der Ruhe bringen. Nach acht Minuten brachte Sjögren die Bären durch seinen dritten Saisontreffer in Front, dem an diesem Abend noch ein weiterer zum zwischenzeitlichen 3:2 (45.) folgen sollte. Kurze Zeit sah es nach einer Überraschung durch den Tabellenvorletzten aus, denn Svenssons 0:2 in der 23. Minute glichen die Adler zu Beginn des dritten Drittels durch Tore von Todd Sparks und Alan Letang aus. Nach der erneuten Berliner Führung galt es so manch brenzlige Situation zu überstehen, ehe McKim 73 Sekunden vor dem Ende alles klar machte. Den Schlußpunkt unter einen letztlich doch deutlichen 5:2-Erfolg setze Mikael Wahlberg zwei Sekunden vor Ultimo mit einem Schuß auf Vorlage von Udo Döhler (!) ins leere Tor. Mit diesem Sieg erklomm der EHC Eisbären den zweiten Tabellenplatz hinter dem SERC Wild Wings und der nächste Spieltag sollte ein historischer in der Geschichte der Eisbären werden. Die über Nacht von den Wedemark zu den Hannover Scorpions mutierten Cracks aus Niedersachsen hatten im Hohenschönhauser Wellblechpalast nicht die Spur einer Chance. Der Schachzug von Scorpions-Trainer Ken Gaudet, den gebürtigen (West-) Berliner Björn Leonhardt für den etatmäßigen Stammtorwart Francois Gravel zwischen die Stangen zu stellen, erwies sich als Flop. Locker und leicht führten die Eisbären nach 20 Minuten durch drei Einschüsse von Sjögren und zweimal Svensson. Gaudet reagierte und stellte Gravel wieder in den Kasten, mit dem Teilerfolg, im zweiten Drittel keinen weiteren Gegentreffer kassiert zu haben, aber auch fürs eigene Torekonto nichts getan zu haben. Die Bären schienen sich schon für die Sonntagsbegegnung zu schonen, auch sie rissen im Mittelabschnitt nicht gerade Bäume aus. Doch die beiden Schweden Steen und Sjögren erlösten die Fans mit zwei schnellen Toren zu Beginn des letzten Drittels, ehe Hede neun Minuten vor der letzten Sirene den sechsten Treffer des Abends erzielte. Viel wichtiger als die Erkenntnis mit 6:0 gewonnen und Mario Brunetta im Gehäuse zu einem Shut-out verholfen zu haben, war die Tatsache, daß der SERC nur zu einer Punkteteilung gegen die Kölner Haie kam. Somit waren die Berliner Eisbären zum ersten Male seit ihrer Zugehörigkeit zum Bereich des DEB (seit 1990) Tabellenführer der höchsten deutschen Eishockeyliga sowie gleichzeitig das erste Eishockey-Team aus den neuen Bundesländern, denen das überhaupt gelang. Die Spieler der Eisbären, bekanntlich aus

Shut-out und Tabellenführer

aller Herren Länder, konnten bis auf Sven Felski die Tragweite dieses Ereignisses gar nicht abschätzen. Bis tief in die Nacht feierten die Fans des ehemaligen Abonnementskellerkindes die Tabellenführung wie die Meisterschaft, einige kreative Köpfe ließen sich sogar T-Shirts mit dem aktuellen Tabellenstand bedrucken. Positiv Verrückte, wie sie es der Wahrscheinlichkeit nach nur in Berlin-Hohenschönhausen gibt.

Für die Mannschaft gab es selbstverständlich kein Ausruhen, vielmehr galt es, die eroberte führende Position der DEL in der Krefelder Rheinlandhalle zu verteidigen. Die Krefelder, wie jedes Jahr mit großen Versprechungen in die neue Saison gehend, sahen sich nach einem zugegeben schweren Startprogramm im hinteren Mittelfeld der 16er Liga wieder. Allerdings war man in den bis dahin zwei Heimspielen erfolgreich geblieben und wollte es nach dem Match gegen die Eisbären auch weiterhin sein. Um so wichtiger war die Führung der Hauptstädter nach knapp zehn Minuten. Wieder einmal schlug der neue Schwedenimport Thomas Sjögren zu. Schon sein siebtes Tor im sechsten Spiel! Die Krefelder legten in der Folgezeit mächtig zu und bekamen nach 32 Minuten vom guten Schiedsrichter Willi Schimm die Chance zugesprochen, durch einen Penalty den Ausgleich zu erzielen. Ex-NHL-Star und Stanley-Cup-Gewinner Petr Klima ließ sich diese Möglichkeit nicht entgehen. Döhler chancenlos – 1:1. Die Eisbären ließen sich davon aber keineswegs schocken. Kaum war der Jubel der Pinguine verhallt, da wurde es noch ruhiger in der Halle, denn Chris Govedaris schloß ein Solo mit der erneuten Bärenführung ab. Sein erster Treffer in der neuen Saison, dem im letzten Drittel ein weiterer zum 3:1 (48.) folgen sollte. Die Gastgeber berannten nun vehement das Gehäuse von Döhler, doch mehr als das 2:3 durch Johnny Walker ließ der Bären-Goalie nicht zu. Zum Ende gab es durch Mario Chitaroni noch das 4:2, ein Empty-Net-Goal in der letzten Spielminute. Die Eisbären weiterhin unbesiegt und am nächsten Spieltag warteten die Augsburger Panther, die ein ungeahnter Höhenflug auf den fünften Tabellenplatz katapultierte. Die Fans in der ausverkauften Halle mußten zu Beginn allerdings erst einmal das 0:1 durch den Augsburger Harald Birk hinnehmen. Zum ersten Mal lag das Kennedy-Team in heimischer Umgebung zurück. Nun hieß es zurückzufighten und wenn in dieser Phase der Saison auf jemanden Verlaß war, dann auf Sjögren, der fünf Minuten nach dem Rückstand ausglich. Im weiteren Verlauf der Partie merkte man dem Eisbären-Team an, wie ungewohnt es für die Truppe war, von nun an den zentnerschweren Rucksack eines Meisterschaftsfavoriten mit sich herumzuschleppen. Vieles im Spiel war nur Stückwerk, hauptsächlich basierten die Aktionen auf Einzelleistungen. Nachdem einige gute Einschußmöglichkeiten leichtfertig vertan wurden, gelang Niklas Hede in der 37. Minute das herbeigesehnte 2:1. Doch Augsburg, durch Konter jederzeit brandgefährlich, schlug erbarmungslos zurück. Kurz nach Wiederbeginn markierte der Ex-Eisbär Duanne Moeser nach eben so einem Konter den 2:2-Ausgleich für die Schwaben. Doch wer Meister werden wollte, der mußte halt solche Spiele für sich entscheiden. Und so war es in der 56. Spielminute Publikumsliebling Derek Mayer vorbehalten, mit einem fulminanten Schlagschuß für den Siegtreffer zu sorgen. Der ausgezeichnet haltende Petri Ylönen im Tor der Panther war hierbei völlig chancenlos. Die Eisbären mußten in den Schlußminuten noch die eine oder andere Offensive der Gäste abwehren, am Ende war es aber so ein typisches Spiel, in dem beide Teams ebenbürtig waren, aber der Favorit immer gewinnt.

Schon einen Tag später ging es an die Brehmstraße zur wiedererstarkten Düsseldorfer EG. Nach dem enttäuschenden Abschneiden im Vorjahr, gelang es Neutrainer Chris Valentine, eine spielerisch und kämpferisch starke Truppe auf die Beine zu stellen, die an die Erfolge der Zach-Ära Anfang der neunziger Jahre anknüpfen sollte. Zudem gehörte die DEG zu jenen Teams, gegen die der EHC noch nie die volle Punktzahl gewinnen konnte, sieht man einmal vom 5:0-Sieg am grünen Tisch in der letzten Saison ab. Und auch diesmal sollte sich daran nichts ändern. Beim 4:6 ließ man nicht nur erneut die Zähler in der Düsseldorfer Altstadt, obendrein kassierte man am 8. Spieltag die erste Niederlage. Dabei fing eigentlich alles recht gut an. Schon nach knapp zwei Minuten brachte Thomas Sjögren die Bären in Front.. Nach dem Ausgleich von Dieter Hegen zog man durch Treffer von Leask und nochmals Sjögren innerhalb weniger Sekunden auf 3:1 davon. Doch die DEG kam ihrerseits mit zwei Toren durch Jason Miller und John Lilley noch vor der ersten Pause (das 3:3 fiel eine Sekunde vor der Sirene) ins Spiel zurück. Nachwuchsspieler Nikolaus Mondt brachte seine DEG dann Mitte des zweiten Drittels das erste Mal in Führung, die nun die Eisbären 45 Sekunden vor der Pause durch McKim egalisierten. Fünf Minuten waren im letzten Drittel gespielt, da gelang Gordon Sherven das 5:4 und Mario Brunetta bezog den Platz zwischen den Stangen für den etwas unglücklich agierenden Döhler. In die Schlußoffensive der Eisbären kam erneut durch Miller mit dem sechsten Treffer der endgültige K.O. Nun wußten die Bären also auch, wie es ist, als Verlierer das Eis zu verlassen. Natürlich wollte man dies nicht zur Gewohnheit werden lassen. Schon im nächsten Match gegen die Frankfurt Lions wollte man die Fans mit einem Heimsieg verwöhnen. Auch die Hessen rechneten sich Chancen auf die Meisterschaft aus und mit dem Ex-Capital John Chabot kehrte ein guter Bekannter ins Hohenschönhauser Sportforum zurück. Verteidiger-As Derek Mayer gelang vor erneut ausverkauftem Haus schon nach 32 Sekunden die wichtige Führung für den EHC. Doch die Berliner Eisbären versäumten es, den Vorsprung im ersten Drittel weiter auszubauen. Zwar gelang durch ein erneutes Verteidigertor (Cowie, 21.) gleich zu Beginn des Mittelabschnitts das 2:0, doch agierte der EHC nicht spritzig genug, um den starken Hessen den endgültigen K.o. zu versetzen. Im dritten Drittel gaben die Lions so richtig Gas und die Berliner kamen gehörig ins Schleudern. Der kanadische Neuzugang Chris Snell konnte in der 44. Minute den Anschluß für die Frankfurter herstellen, Ilja Vorobjev glich nur eine Minute später aus. Dieses 2:2 bedeutete den ersten Punktverlust auf heimischem Eis.

Rob Cowie jubelt

Wie es schien, hatte sich ein Tief bei den Bären eingeschlichen, denn auch in Landshut setzte es für den EHC mächtig Hiebe. Zwar gelang durch Florian Funk in der 4. Minute die 1:0-Führung, doch damit war es mit der Herrlichkeit auch schon vorbei. Lamb, Junker im ersten, Bullard, Cavallini im zweiten sowie Lars Hurtig und nochmals Bullard im letzten Drittel sorgten für eine derbe 1:6-Abfuhr durch die Cannibals. Das dritte Spiel in Folge ohne Sieg und es sollte noch schlimmer kommen. Im vorgezogenen Punktspiel (wegen des Conti-Cups) bei den Kölner Haien gab es eine 3:4-Niederlage. Doppelt ärgerlich, weil man durch Tore von Svensson (9., 23.) und Sjögren (25.) bei einem Gegentreffer von Mirko Lüdemann (8.) schon mit 3:1 führte. Doch innerhalb von gut fünf Minuten wendeten die Kölner das Blatt durch Lüdemann (35.), Sergio Momesso (37.) und Brian Glynn (40.) zu ihren Gunsten. Ebenfalls ärgerlich, daß man die ersten drei Treffer der Gastgeber in numerischer Überzahl kassierte, unmittelbar vor dem Siegtreffer eine eigene Überzahlmöglichkeit leichtfertig vergab.

So machte sich zum ersten Mal in dieser Saison so etwas wie Krisenstimmung bei den Berliner Eisbären breit. Leise Zweifel traten auch an der Arbeit von Ron Kennedy auf, es schien, nur ein Sieg gegen Schwenningen konnte ihn retten. Die Fans hielten aber weiterhin zum Team. Erneut war die Halle gegen den SERC Wild Wings ausverkauft, zum fünften Mal im sechsten Heimspiel. Und der EHC schien mitzuspielen. Corriveau (12.) und Govedaris (25.) brachten die Eisbären mit 2:0 in die Vorhand, doch kurz vor der Pause begann erneut das große Zittern. Mark MacKay konnte unmittelbar vor der Sirene verkürzen. Überhaupt verfolgte das Syndrom der späten Tore im Drittel den EHC fast durch die gesamte Spielzeit. Am Ende konnten sich die Bären und Kennedy bei ihrem Keeper Mario Brunetta bedanken, der mehrfach im großen Stil vor den Schwenninger Stürmern rettete, und bei seinem italienischen Nationalmannschaftskollegen Mario Chitaroni, der mit seinem 3:1(49.) den Erfolg des EHC besiegelte. Zwei wichtige Punkte, denen in Kassel zwei weitere, wenn am Ende auch glückliche folgen, sollten. Erneut hieß der gefeierte Held Chitaroni, der mit seinem Treffer zum 3:2 nach 3 Minuten und 32 Sekunden in der Overtime den Kassel Huskies den „sudden death" verpaßte. Doch hätte man sich dieses Prozedere auch sparen können, wenn man nicht zwei Drittel lang Schlafwageneishockey gegen die arg krisengeschüttelten Huskies (Erfolgscoach Brunner durfte schon nach vier Spielen seine Koffer packen) geboten hätte. Magnus Roupe mit seinem ersten Treffer für die Eisbären nach sieben Minuten und Sjögren in der 19. Spielminute sorgten für eine verdiente 2:0-Führung. Doch unverständlicher Weise schalteten die Bären danach einen Gang zurück und Kassel kam durch Roger Hansson (24.) und Gregory Johnston (35.) zum Ausgleich. Im letzten Drittel berannte der Vorjahresfinalist und Halbfinalbezwinger der Eisbären das von Brunetta ausgezeichnet gehütete Tor vehement, ohne jedoch Nutzen daraus ziehen zu können. Glück in dieser Phase für die Eisbären, denen dann in der Verlängerung Fortuna nochmals zur Seite stand.

In einem weiteren vorgezogenen Spiel kreuzten dann die Kaufbeurer Adler im Sportforum auf. Zu diesem Zeitpunkt war allerorten schon die Finanzkrise der Allgäuer Gesprächsthema Nummer 1. Damit die Adler, die zwei Tage vorher bei den Capitals spielten und für die ein Transfer mit dem Flugzeug unerschwinglich war, keine Busrundreise durch Deutschland veranstalten mußten, übernahm der EHC die Übernachtungskosten im Hotel Berlin. So sicherte man sich wenigstens nochmals Einnahmen, denn wer weiß, ob die Kaufbeurer überhaupt nochmals angereist wären. Vor 3.000 Zuschauern (Minusrekord '97/'98) war der EHC seinen gebeutelten Kontrahenten von Anfang an überlegen und siegte am Ende in einer besseren Trainingseinheit mit 6:1. Die Tore erzielten dabei Lenz Funk (10.), Sjögren (11., 51.), Steen (15.), Govedaris (35.) und Roupe (45.) sowie Jeff MacLoed (11.) zum zwischenzeitlichen 1:2 aus Kaufbeurer Sicht. Es sollte das letzte Auftreten der Adler in Berlin sein, denn nach dem folgenden Wochenende zog sich der Verein nach langem Hin und Her aus dem Spielbetrieb der DEL zurück. Alle bisher absolvierten Spiele mit Kaufbeurer Beteiligung wurden aus der Tabelle getilgt, ebenso alle erzielten Tore und Punkte. Besonderes Pech für Thomas Sjögren, dem somit beim Kampf um die Torjägerkrone vier Tore abgezogen wurden.

Aus für Kaufbeuren

Doch es galt sich vielmehr auf das erste Ortsderby in der Saison zu konzentrieren. Die Caps, im Vorjahr schon im Viertelfinale an den Eisbären gescheitert, hatten mit ähnlichen Problemen wie die Kaufbeurer Adler zu kämpfen, aber Dank der Familie Banghardt konnte ein Aus immer wieder abgewandt werden. Knapp 4.000 Fans der Eisbären verwandelten die Eissporthalle an der Jafféstraße in ein wahres Tollhaus, erst recht, als der Italiener Chitaroni in der 1. Minute das 1:0 für den EHC erzielte und damit den Startschuß zu einer wahren Torflut gab. Cap-Jungstar Klaus Kathan glich nach vier Minuten aus, in der 10. Spielminute bedankte sich Mika Wahlberg nach einem katastrophalen Merk-Fehler artig mit dem 2:1 für die Bären. Doch nur zwei Minuten später konnten die Capitals durch ihren Neuzugang Brian Bellows erneut gleichziehen. Und im zweiten Drittel gelang den Ex-Preussen sogar das 3:2 durch Charles Poulin, aber diesmal schlugen die Eisbären durch Corriveau zurück (30.). Als aber Cowie auf der Strafbank saß, gelang wiederum Bellows die Caps-Führung. Beim Stand von 4:3 wurden nicht zum letzten Male an diesem Abend die Seiten gewechselt. Den besseren Start erwischten wieder die Eisbären. Nach zwei Minuten im Schlußdrittel war es Cowie bei einer 5:3-Überzahl vorbehalten, für den Ausgleich zu sorgen. Eine weitere Strafzeit von Heinz Ehlers nutzte Mario Chitaroni nach sieben Minuten mit seinem zweiten Treffer zur 5:4-Führung für den EHC. Übertroffen wurde er nur von Bellows, der mit seinem dritten Tor zweieinhalb Minuten vor dem Ende für die Verlängerung sorgte. In der vergab Chris Govedaris erst eine Riesenmöglichkeit, um es in der 63. Minute besser zu machen. Einen gestochenen Paß von Fortier zog er im Annehmen um Keeper Merk herum zum 6:5-Endstand. Ein schwer erkämpfter, aber völlig verdienter Erfolg im Prestigeduell mit dem einst so übermächtigen Nachbarn aus dem Eichkamp. Die Tabellenspitze war somit von der DEG zurückerobert und auch Kennedy saß fester denn je in seinem Sattel.

24 Stunden nachdem das Lokalderby siegreich gestaltet werden konnte, gastierten die ehemaligen Ratinger Löwen, jetzt als Revier Löwen firmierend, in Hohenschönhausen. Udo Döhler, der diesmal den Vorzug vor Brunetta erhielt, erwischte einen denkbar ungünstigen Start, denn nach knapp einer Minute war er das erste Mal durch Brett Lievers bezwungen. Es dauerte immerhin bis zur 10. Minute, ehe Yvon Corriveau den Ausgleich erzielen konnte und Leif Carlsson mit seinem ersten Saisontor zwei Minuten später die 2:1-Führung für die Bären erzielte. Als dann die EHC-Abwehr eine halbe Minute vor der Pause gemeinschaftlichen Tiefschlaf hielt, gelang den Revier Löwen mit einem über alle Maßen enttäuschenden Mark Jooris durch Sylvain Tourgeon das 2:2. Das zweite Drittel konnte man getrost vergessen, wenn da nicht Andrusaks 3:2 in der 40. Minute gewesen wäre. Ansonsten wurde den 3.100 Fans ausreichend Magerkost geboten, welche auch nach dem 4:2 durch Wahlberg nach 46 Minuten weiterhin verabreicht wurde. Am Ende freute man sich aber über die Punkte, denn der Erfolg heiligt bekanntlich alle Mittel.

Nach 14 Spieltagen (eigentlich hatte man ja wegen der vorgezogenen Spiele in Köln und gegen Kaufbeuren schon zwei mehr auf dem Konto) hatte der EHC Eisbären Berlin nunmehr 24 Punkte auf der Habenseite und stand weiterhin an der Spitze der DEL. Und auch das letzte Wochenende vor der Deutschland-Cup und Continental-Cup-Pause wurde mit der vollen Punktzahl abgeschlossen. In Nürnberg geriet der EHC schon frühzeitig auf die Siegerstraße. Nach gut elf Minuten hatten Thomas Sjögren und Yvon Corriveau eine beruhigende 2:0-Führung herausgeschossen, die Govedaris kurze Zeit nach Wiederbeginn des zweiten Abschnitts ausbauen konnte. Von den Nürnbergern war lange Zeit nichts zu sehen, erst in der Schlußminute des Drittels gelang durch Cierny das erste Tor. Recht wenig für eine Mannschaft, die ja bekanntlich um den Titel mitspielen wollte, aber mit Platz 11 in der Tabelle diesen Ansprüchen wohl kaum Genüge tat. Erneut ein frühes Tor im letzten Drittel durch Andy McKim schien den EHC in Sicherheit zu wiegen, denn nur so ist es wohl zu erklären, daß die Ice Tigers durch Horak (44.) und Eriksson (47.) auf 3:4 herankommen konnten. So hieß es noch einmal zittern, ehe Niklas Hede mit einem Bauerntrick (wieder gegen Ahl!) zwei Minuten vor dem Ende für die Entscheidung sorgte. Den Schlußpunkt setzte eine Minute später Chitaroni mit dem 6:3. Weniger Mühe hatten die Bären mit den Star Bulls aus Rosenheim. Auch der kurzfristig verpflichtete NHL-Goalie Dominic Roussel hatte der Angriffslawine des EHC nichts entgegenzubringen. Bis zur ersten Pause hatten die Berliner durch Svensson (3.), Govedaris (11.) und Chitaroni (14.) ein deutliches 3:0 herausgeschossen, Corriveau (24.), Svensson (34.) mit seinem zweiten Tor und nochmals Govedaris (47.) sorgten bei einem Gegentreffer durch Tom Bissett (43.) für klare Verhältnisse. Für eine nette Unterhaltungseinlage sorgten am Ende des zweiten Durchgangs Mario Chitaroni und Andrew Rymsha, die sich einen zünftigen Faustkampf lieferten, der für beide unter der Dusche endete. Auf Platz 1 ging der EHC in die 14tägige Pause, in der man zwar die Qualifikation für die Endrunde im Continental-Cup schaffte, die Tabellenführung aber an die Frankfurt Lions verlor.

Am 19. Spieltag mußten die Eisbären ins Mellendorfer „Ice-House" zu den heimstarken Hannover Scorpions reisen. Gleich zu Beginn wurden die Gäste kalt erwischt, David Haas erzielte sehr zur Freude der Niedersachsen in der fünften Minute die frühe Führung für die Hausherren. Über das gesamte Spiel hinweg fand der EHC nie zu seinem Spiel und als Thomas Steen am Anfang des zweiten Drittels die Strafbank drückte, ließ sich Bryan Fogarty nicht lange bitten, um von der blauen Linie das 2:0 zu erzielen. Hoffnung kam bei den Eisbären nochmals auf, als Mario Chitaroni der Anschlußtreffer gelang (46.), doch nur zwei Minuten später stellte Mark Pederson den alten Abstand wieder her. Vier Minuten vor dem Ende konnte Svensson nochmals für die Bären verkürzen, doch Goalgetter Joseph West machte in der 59. Minute mit dem 4:2 für die Scorpions alles klar. Nach dem Spiel kam es leider zu unerfreulichen Auseinandersetzungen der mitgereisten Berliner Fans und der Polizei, die den Ruf der gewaltbereiten (Ost-) Berliner Eishockeyfans bedauerlicherweise ein weiteres Mal bekräftigten. Viel schlimmer als diese Entgleisungen war aber der Fakt, daß diese Niederlage der Auftakt zu einer Negativserie von vier sieglosen Spielen in Folge bedeuten sollte, in deren Verlauf die Eisbären vom zweiten auf den sechsten Tabellenrang zurückfielen.

Zwei Tage nach der 2:4-Schlappe in Mellendorf folgte mit dem 1:2 im heimischen Sportforum gegen die Krefelder Pinguine die erste Heimniederlage der Spielzeit. Andrej Kovalev (27.) und Neil Eisenhut (51.) brachten die Seidenstädter in einem Spiel ohne nennenswerte Höhepunkte mit 2:0 in Front, der Anschlußtreffer von Derek Mayer in der 57. Minute kam schlichtweg zu spät, um das Blatt noch irgendwie wenden zu können. Unrühmlicher Schlußpunkt war ein übles Foul Chitarronis an Kovalev, der sich dafür mit einem noch übleren Stockschlag revanchierte. Schiri Stefan Trainer ahndete das Foul des Krefelders mit einer Spieldauerdisziplinarstrafe, das Stockfoul des Italieners wurde noch nachträglich von der Ligenleitung mit einer Sperre von vier Spielen belegt. Somit fehlte Chitaroni also in Augsburg, wo es die nächste peinliche

Niederlage setzte. Oldie Pierre Rioux brachte die Panther nach 16 Minuten in Führung. Alles schien sich zum besseren zu wenden, als Niklas Hede kurz vor der zweiten Pause und Chris Govedaris unmittelbar nach Wiederbeginn mit ihren Treffern dafür sorgten, daß die Eisbären den Spieß umdrehen konnten. Doch die Freude über die Führung währte nur knapp sechs Minuten. Harry Birk, auch schon weit über die Dreißig hinweg, glich für die Fuggerstädter aus. Und als schon alles nach Verlängerung roch, da nutzte der Weißrusse Viktor Karatchoun anderthalb Minuten vor Ultimo ein Durcheinander in der Bärenverteidigung zum umjubelten Siegtreffer für die Augsburger.

Das Eis, auf dem sich die Eisbären mittlerweile bewegten, wurde schon verdammt dünn, als die DEG in Hohenschönhausen aufkreuzte. 4.635 Fans im wieder einmal ausverkauften Wellblechpalast waren guter Dinge, endlich einen Sieg gegen die Rheinländer miterleben zu können. Ihre Hoffnung wurde bereits nach fünf Minuten geschürt, als Thomas Rhodin mit seinem ersten Tor das 1:0 erzielen konnte. Aber noch vor Ablauf der ersten Periode wendeten Lilley und Hegen das Blatt zu Gunsten der Düsseldorfer. Leo Stefan und Bernd Kühnhauser sorgten bis zur 15. Minute des Mittelabschnitts für ein deutliches 4:1 und damit für eine gewisse Vorentscheidung, an der auch der zweite Bärentreffer durch Govedaris nichts ändern konnte. Den Schlußpunkt unter eine enttäuschende Vorstellung der Eisbären setzte Hegen mit dem 5:2 kurz vor dem traurigen Ende. Sturz auf Rang 6, die direkte Qualifikation für die Play-offs war in Gefahr und auch Ron Kennedys Stuhl wackelte bedrohlich. Nach der Partie rief Präsident Helmut Berg seine Vertrauten zusammen und hinter vorgehaltener Hand wurde die Entlassung Kennedys schon als beschlossene Sache vermeldet. Daß man sich doch noch zu einer weiteren Zusammenarbeit, wenn auch nur für gut 14 Tage, entschloß, gab im nachhinein nicht nur Berg als einen Fehler zu. Denn auch bei den völlig abgeschlagenen Star Bulls in Rosenheim brillierten die Eisbären nicht gerade. Ein mageres Törchen von Corriveau, das war alles, was die Eisbären nach 40 Minuten vorzuweisen hatten. Im letzten Drittel brachen dann aber Gott sei Dank alle Dämme bei den Hohenschönhausern, Sven Felski (44.), Thomas Sjögren (45.), Darren Durdle (46.), Marc Fortier (48.) und Magnus Roupe (50.) machten fast im Minutentakt alles klar, der Rosenheimer Treffer von Jari Torkki zum 1:6-Endstand war nicht mehr als nur Kosmetikkorrektur. Endlich, der EHC hatte das Siegen doch nicht verlernt. Die heruntergeplumpsten Steine waren an diesem Abend von der Mangfall bis hin zur heimatlichen Spree zu hören. Ein weiterer Anstieg der Formkurve war

Kampf um Platz sechs

Foto: Sauer

auch nach dem 3:3-Unentschieden im Heimspiel gegen die Adler Mannheim zu verzeichnen. In diesen Tagen der Verunsicherung war man ja schon über alles glücklich, was nicht mit einer Niederlage zu tun hatte. Außerdem sagte man sich in Vereinskreisen, lieber jetzt die Krise als in den Play-offs. Doch die mußten ja erst einmal erreicht werden und wenn es nur irgendwie ging, gleich im ersten Anlauf und nicht erst über die ungeliebte Qualifikationsrunde mit weniger attraktiven Gegnern. Und dazu war nun mal der sechste Platz nach der Vorrunde von Nöten. Beim oben erwähnten Unentschieden gegen den Meister war aber auch ein doppelter Punktgewinn im Bereich des Möglichen, führten die Eisbären doch nach 0:1-Rückstand (Francois Guay, 10.) durch Treffer von Mikael Wahlberg (11.), Sven Felski (19.) und Magnus Roupe (20.) nach zwanzig Minuten mit 3:1. Leider zerstörten 57 Sekunden Tiefschlaf alle Eisbärenträume, denn die Mannheimer kamen durch Philippe Bozon und Dave Tomlinson zum letztlich glücklichen, aber nicht unverdienten Remis.

Zur vollen Punktausbeute kam der EHC Eisbären aber in einem vorgezogenen Spiel bei den Revier Löwen in Oberhausen. Andy McKim gelang in der achten Spielminute das 1:0, welches aber durch Brett Lievers nach 21 Minuten ausgeglichen werden konnte. Schock für die Bären, als Larose im letzten Drittel die Gastgeber in einer 4 auf 4-Situation nach einem Alleingang in Führung schoß (47.). Zum Glück behielt „Toto" Rhodin acht Minuten vor dem Ende die Nerven und erzielte das wichtige 2:2. Als keiner mehr damit rechnete, schlug der giftige Chitaroni zu und brachte mit dem 3:2 (58.) seine Farben auf die Siegerstraße. Zum Schluß gelang Lenzi Funk noch der vierte Treffer ins von Seliger verlassene Gehäuse. Zwei ganz wichtige Punkte im Kampf um Platz 6, aber noch konnte man sich bei den Eisbären nicht sicher sein, denn es warteten ja auch noch fünf schwere Brocken auf die Kennedy-Truppe.

Einen herben Rückschlag verzeichnete man schon drei Tage später am Bornheimer Hang bei den Frankfurt Lions. Schon nach einem Drittel war alles gegessen, die Hessen führten durch Einschüsse von Toni Porkka, John Chabot und dem Ex-Eisbären José Charbonneau bei einem Gegentor durch Govedaris mit 3:1. Nachdem Brunetta zweimal hinter sich greifen mußte, machte der Italiener Platz für den einstigen Publikumsliebling in der Mainmetropole, Udo Döhler. Doch auch der gebürtige Selber konnte die Angriffslawine der Lions nicht stoppen, Douglas Kirton und zweimal Steve Palmer schraubten das Ergebnis in die Höhe. Im Schlußdurchgang hielten sich die Gastgeber vornehm zurück, nur noch einmal zappelte die Scheibe im Bärenkäfig (Kelly Askew). Marc Fortier gelang lediglich ein wenig Ergebnisschönung. 2:7 – die höchste Niederlage in der laufenden Saison und ein Tag später stellten sich die hungrigen Kannibalen aus Landshut in Berlin vor. Den besseren Start legten die Dreihelmestädter durch Cavallini nach zwei Minuten hin. Zwar konnten die Bären Fortier (6.) und Felski (19.) für den EHC kontern, doch vier Sekunden vor der Sirene markierte Dean Evason das 2:2. Erneut Gino Cavallini konnte nach einer halben Stunde die Führung für den EVL erzielen, doch nach langer Durststrecke gelang endlich auch Thomas Sjögren mal wieder ein Treffer, zum 3:3-Endstand. Es wurde eng, man behauptete sich in der Tabelle zwar weiterhin „über dem Strich", doch wurde die Luft bzw. der Abstand zu den Verfolgern immer dünner. Erst recht, als man in einem weiteren vorgezogenen Spiel gegen den Ortsnachbarn Capitals Berlin der Punkte verlustig war. Viel wichtiger als die 2:4-Niederlage (Chitaroni, Govedaris sowie Alston, Schinko, Ustorf, Tanti) war das Nachspiel. Endlich zog der Vorstand die längst fällige Notbremse und setzte Ron Kennedy den Stuhl vor die Tür. Das vom Kanadier praktizierte System („dump and chase" oder besser „hinein und hinterher") hatte ausgedient und war schnell vom Gegner durchschaut. Auch zog sich der „Nebenbeitrainer" der österreichischen Nationalmannschaft den Unmut der Fans zu, als er Publikumsliebling Niklas Hede für einige Spiele auf der Bank schmoren ließ. Schnell war die Entlassung also beschlossene Sache und sein bisheriger Co-Trainer Peter John Lee wurde zum Nachfolger bestimmt, in der Hoffnung, nun beim Team eine Trotzreaktion hervorgerufen zu haben. Aus den restlichen zwei Begegnungen mußte ein Minimum von drei Zählern her, um die Qualifikation für die Meisterrunde zu erreichen.

Trainerwechsel

Im ersten Spiel der Ära Lee ging es auf den immer zugigen Bauchenberg nach Schwenningen. Auch die Wild Wings rechneten sich noch Chancen auf das direkte Erreichen der Play-offs aus. Es war also ein sogenanntes 4-Punkte-Spiel, in dem der „alte Schwede" Thomas Steen seine ganze Erfahrung aus 1.006 NHL-Spielen in die Waagschale warf und die Berliner nach zwei Spielminuten in Front schoß. Postwendend fiel allerdings der Ausgleich durch Mike Stevens (4.). Doch die Bären zeigten sich nicht geschockt. Pelle Svensson (17.) und Andy McKim (27.) schlugen zurück – 3:1, die Play-offs für den EHC greifbar nahe. Ab der 31. Minute begann dann das große Zittern. Dan Laperrieres Geschoß in Überzahl (Corriveau schmorte auf der Sünderbank) brachte die Wild Wings nochmals auf 2:3 heran. Mehr aber auch nicht, nach großartigem Kampf konnten die Eisbären überglücklich den Sieg genießen und am für sie letzten Spieltag zu Hause gegen die

Kassel Huskies in Sachen Meisterrunde alles klar machen.

Ausverkauftes Haus, das Weihnachtsfest und die Europapokalendrunde vor der Tür; besser konnte der Rahmen nicht sein, um den Einzug in die wirtschaftlich wichtige Meisterrunde und die damit verbundene direkte Qualifikation für die Play-offs perfekt zu machen. Doch die Huskies schienen sich als Spielverderber zu entpuppen. Selbst ohne jegliche Chancen im Kampf um Platz sechs, gingen sie durch Öhmann (21.) und Loney (30.) mit 2:0 in Führung. Rob Cowie gelang aber zum Glück noch vor der zweiten Pause in Überzahl der wichtige Anschlußtreffer. Eine weitere Überzahlsituation nutze Mika Wahlberg in der 48. Minute zum Ausgleich, das Eisbärenschiff steuerte endgültig auf Kurs Meisterrunde. Und weil es so schön war, nutze Cowie vier Minuten vor der letzten Vorrundensirene eine Unsicherheit Erikssons im Kasseler Kasten zum gefeierten 3:2-Siegtreffer. Wo man auch hinsah, überall strahlende Gesichter bei den Eisbären, als ob die Bescherung schon am 21. Dezember stattgefunden hätte. Aber unter dem Strich hatten sich die Bären auch trotz der zwei Hänger den Einzug in die Meisterrunde redlich verdient und nun konnte man völlig ohne Druck den Kampf um die beste Ausgangsposition für die Play-offs angehen.

Nach der erfolgreich absolvierten Endrunde des Continental-Cups hatte mit der Partie in Köln der Ligaalltag die Eisbären wieder. Den Führungstreffer der Gastgeber durch Momesso in der siebenten Spielminute konnte drei Minuten später Derek Mayer ausgleichen. Noch im ersten Drittel gelang Chitaroni das 2:1 für die Eisbären, welches auch nach dem Mittelabschnitt noch Bestand hatte. Hoffnungen keimten im Bärenlager, denn dem Ausgleich von Bruno Zarrillo (48.) folgte nur 26 Sekunden später die neuerliche Führung durch Cowie. Leider bissen die Haie an diesem Abend erfolgreich zurück. Erst gelang Draisaitl der Ausgleich, dann gar dem Schweden Thomas Forslund in Überzahl die 4:3-Führung. Als aber Hohenberger für die Domstädter auf der Strafbank schmorte, nutzten auch die Bären durch Andy McKim die zahlenmäßige Überlegenheit knapp zwei Minuten vor dem Ende zum verdienten Ausgleich. Daß den Kölnern nach nur 35 Sekunden in der Overtime durch Steve Wilson der Siegtreffer gelang, war zwar ärgerlich, aber wenigstens erkämpfte man einen Zähler an der Lentstraße, der in der späteren Abrechnung ja noch von Bedeutung sein konnte.

Kurios verlief der Spielverlauf im nächsten Auswärtsspiel bei der Düsseldorfer EG. Der Altinternationale Dieter Hegen brachte die Rot-Gelben mit 1:0 nach vorn (18.). Im zweiten Drittel drehten dann die Berliner auf. Erst gelang Thomas Rhodin der Ausgleich (23.), dann Chris Govedaris in Überzahl das 2:1. Mit einem Break gelang Hegen das 2:2, welches mit Wahlbergs Führungstreffer gut 60 Sekunden später beantwortet wurde (39.). In den letzten zwanzig Minuten übernahmen dann allerdings wieder die Hausherren die Chefrolle an der Brehmstraße. Gleich nach Wiederbeginn sorgte Oldie Hegen mit seinem dritten Treffer für das 3:3. Als Derek Mayer für insgesamt 12 Minuten auf der Sünderbank saß, gelang Jason Miller die Düsseldorfer Führung. Nur 30 Sekunden später nutzte die DEG die Verwirrung und Verunsicherung bei den Bären zum fünften Tor durch John Van Kessel (die DEG war nach Kaufbeuren und Landshut bereits sein dritter Verein in der DEL in dieser Spielzeit!). Die Eisbären bäumten sich zwar nochmals auf, mehr als der Anschlußtreffer durch Mika Wahlberg (58.) sprang aber leider nicht mehr heraus. Das letzte Tor an diesem Abend schossen nämlich die Gastgeber durch Bradley Bergen zum 6:4-Endstand. Erneut also eine unter dem Strich unnötige Niederlage für die Eisbären, die auch nicht darüber hinwegtröstete, daß ihrem Neutrainer Pit Lee an seiner alten Wirkungsstelle Düsseldorf, wo er in zehn Jahren (1983–1993) diverse Meisterschaften feierte, von den 7.300 Fans an seinem 42. Geburtstag ein triumphaler Empfang bereitet wurde. Denn nun mußte in der Meisterrunde endlich auch mal ein voller Erfolg her, wollten die Eisbären sich nicht schon frühzeitig aus dem Kampf um den wichtigen 4. Platz (Heimspielrecht) verabschieden. Vor nicht ganz ausverkauftem Haus (4.200) gelang den Bären im Spiel gegen den EV Landshut ein Traumstart. Schon nach elf Minuten führten die Gastgeber durch Tore von McKim (2.), Cowie (5.) sowie Corriveau (11.) mit 3:0. Der sonst als fehlerfrei geltende Landshuter Schlußmann Petr Briza erwischte einen rabenschwarzen Tag und wurde folgerichtig nach dem ersten Drittel von seinem Trainer Guy Charron auf die harte Ersatzbank beordert. Vielleicht nahmen die Bären Briza-Vertreter Markus Nachtmann auf die leichte Schulter, jedenfalls gelang ihnen in den letzten vierzig Minuten kein Treffer mehr. Dafür aber den Cannibals, die innerhalb einer Minute durch David McLlwain (14.) und Lars Hurtig (15.) zum Anschluß kamen. Gott seid Dank rettete ein starker Mario Brunetta seinen Bären mit großartigen Paraden den hauchdünnen Vorsprung über die Zeit und damit den ersten Sieg in der Meisterrunde. Die Bären befanden sich zwar immer noch auf dem sechsten und damit letzten Tabellenplatz, aber wichtig war in dieser Phase der Saison, daß der Abstand zu den anderen Mannschaften nicht zu groß wurde.

Nur zwei Tage nach dem 3:2 über die Cannibals aus Landshut ging es zum „Rückspiel“ in die Dreihelmestadt. Nach gutem weil ausgeglichenem Beginn, gerieten die Bären in einer Phase des Tiefschlafs von Mikael Wahlberg (2+2 Strafminuten) mit 0:2 in Rückstand (15., 17.). Nachdem dann auch noch Mario Chitaroni nach dem ersten Treffer der Hausherren die Dusche aufsuchen mußte, war einem klar, daß der disziplinmäßige Rückfall in längst vergessene Zeiten dafür sorgte, daß am Gutenbergweg an diesem Dienstag abend nicht viel zu ernten war. Trainer Lee reagierte verständlicherweise sauer und beorderte Wahlberg auf der Bank ganz weit nach außen neben Mario Brunetta, soll heißen, der Schwede sah an diesem Abend die Scheibe nur noch von der Ferne. In der 35. Spielminute gelang dem Griechen Govedaris nur noch der 1:2-Anschlußtreffer. Alle anderen Möglichkeiten wurden vom diesmal wieder in Topform haltenden Briza zunichte gemacht. Diese unnötige Niederlage, vor allem das Zustandekommen, brachte die Eisbären in die mißliche Lage, beim amtierenden Meister Mannheim punkten zu müssen. Ein Unterfangen, welches nicht ganz aussichtslos zu sein schien, denn als einziges Team in diesem Spieljahr blieben die Bären gegen die Adler ohne Niederlage. Und das sollte, zu aller Überraschung, auch weiterhin Bestand haben. Mit einem

Historischer Sieg gegen Mannheim

grandiosen und in dieser Höhe niemals erwarteten 7:4-Erfolg in der Quadratestadt sorgten die Bären für die erste große Überraschung in der Meisterrunde. Und so ganz nebenbei war dies auch der erste Sieg des EHC in Mannheim überhaupt! Zwar schien nach elf Minuten und dem Führungstreffer durch Paul Stanton alles in geordneten Bahnen zu verlaufen, doch die Eisbären schlugen eiskalt zurück. Erst durch ein Überzahltor von Rob Cowie in der 19. Minute, 68 Sekunden später schlug Thomas Sjögren zu einem psychologisch wichtigen Zeitpunkt zu. Leif Carlsson baute in der 29. Spielminute die Führung auf 3:1 aus, jedoch gelangen Dieter (Eis-) Kalt und Pavel Gross jeweils in Überzahl der Ausgleich für die Adler. Kurz darauf erzielte Ron Pasco sogar das 4:3. Und als Derek Mayer kurz vor Ende der zweiten Periode in der Kühlbox saß, schwante einem nichts Gutes, doch glücklicherweise behielt Chris Govedaris die Nerven und schoß 13 Sekunden vor der Pausensirene zum 4:4 ein. Adler-Goalie Michael Rosati blieb daraufhin gleich in der Kabine und Christian Künast bezog seinen Posten. Kaum war aber Mayer im Schlußdurchgang wieder auf dem Eis, da war auch Künast bezwungen. Sven Felski behielt die Nerven und markierte Tor Nummer 5 für die Hohenschönhauser. In Minute 52 dann die Vorentscheidung für die Eisbären. Andrew McKim nahm einen Paß von dem an diesem Abend überragenden Govedaris auf und erzielte das 6:4. Für den krönenden Abschluß sorgte Kapitän Marc Fortier (er übernahm nach dem Trainerwechsel das Amt von Thomas Steen) mit einem Empty-Net-Goal. Ein wichtiger Sieg mit historischem Anstrich, der Weg der Eisbären an die Spitze der Liga begann von Neuem.

Gelegenheit den eingeschlagenen Weg fortzusetzen, ergab sich schon zwei Tage später gegen die Kölner Haie. Bereits zeitig gingen die Bären durch Leif Carlsson in Überzahl in Führung und in der Folgezeit erspielten sie sich durchaus gute Chancen, den Vorsprung auszubauen, scheiterten aber immer wieder am guten Goalie Iiro Itämies. Der Finne sprang kurzfristig für die verletzten Heiss und Delfino ein. Und wer seine Möglichkeiten nicht nutzt, der wird bestraft. In diesem Falle von Zarrillo, der noch im ersten Drittel das 1:1 erzielen konnte. Im Mitteldrittel plätscherte das Spiel so dahin, auf beiden Seiten gab es die eine oder andere Torchance, doch Brunetta sowie Itämies wußten diese zunichte zu machen. Nur in Minute 39 war auch der Finne geschlagen, als McKim mit einem fulminanten Schuß in den Winkel die abermalige Führung für den EHC gelang. Die Freude auf Berliner Seite währte allerdings nicht allzulange, denn gleich nach Beginn des letzten Drittels markierte Dwayne Norris den Ausgleich für die Haie. Doch auch die Kölner hatten nur kurze Zeit Freude daran, denn nach langer Zeit traf auch Hede mal wieder und das ausgerechnet gegen einen Landsmann. Die Bären drängten jetzt auf die Entscheidung, doch in der Abwehr boten sich immer wieder Lücken für gefährliche Konter der Haie. Eine davon nutzte sieben Minuten vor dem Schluß Thomas Forslund zum erneuten Ausgleich. Somit ging es in die Verlängerung, in der diesmal im Gegensatz zum ersten Aufeinandertreffen in der Meisterrunde die Eisbären das glücklichere Ende für sich hatten. Nach einigen ausgelassenen Möglichkeiten hatte Thomas Sjögren letztlich etwas Glück bei seinem Schuß, das dieser dem ansonsten gut haltenden Itämies durch die Schoner glitt. Ein hart umkämpfter Sieg, der am Ende glücklich, aber auch verdient war.

Zum nächsten Spiel ging es zu den Frankfurt Lions, gegen die in dieser Saison noch nicht gewonnen werden konnte. Vielmehr schmerzte die 2:7-Niederlage immer noch ein wenig. Um so glücklicher war man im Eisbärenlager, als nach 65 hart umkämpften Minuten ein 3:3 zu Buche stand. Glücklich insofern, als man nach einer halben Stunde schon mit 0:2 im Hintertreffen lag (Marcoux, Palmer). Doch Felski noch im zweiten und Cowie nach wenigen Sekunden im letzten Drittel konnten für die Bären ausgleichen. Und auch Chabots Tor zum 3:2 steckten die Hohenschönhauser weg und kamen durch Chris Govedaris zum 3:3-Endstand. Zwar sprang erneut kein Sieg gegen die Hessen heraus, doch knapp 17 Stunden später hatte man im heimischen Sportforum die nächste Gelegenheit dazu. Gleich zu Beginn rannte man indes einem Rückstand hinterher. Mike Millar ließ die Lions jubeln. Nun waren die Mannen um Marc Fortier gefordert. Als erster nahm sich Pelle Svensson ein Herz und überwand Jukka Tammi im Kasten der Frankfurter zum 1:1-Pausenstand. Wieder ein schneller Treffer der Hessen im Mittelabschnitt durch Chabot, doch diesmal schlug postwendend Mario Chitaroni zurück. Als Wahlberg sich das Spiel von der Strafbank aus betrachtete, war es dem farbigen Claude Vilgrain vorbehalten, die Lions zum dritten Mal in Front zu schießen (30.). Zum Glück nutzten die Eisbären ihrerseits kurz vor der zweiten Pause eine Strafe von Snell zum 3:3 durch Hede. Schien wieder alles auf ein Unentschieden herauszulaufen? Erstmals brachte McKim die Gastgeber in der 44. Minute in Führung. Die knapp viereinhalbtausend Fans im Wellblechpalast unterstützten ihre Bären vorbildlich und mit ihrer und Brunettas Hilfe konnte man den Vorsprung behaupten, ehe Rob Cowie ins von Tammi verlassene Tor zum 5:3-Sieg einschießen konnte. Endlich war also auch der Bann gegen die Frankfurter gebrochen, nun mußte nur endlich auch mal ein Sieg in Landshut her. Vielleicht schon am nächsten Spieltag?

Nein! Denn es gab eine 1:3-Niederlage. Die Landshuter machten nicht mehr als nötig und den Eisbären schien es im Verlauf der sechzig Minuten irgendwie an Kraft zu fehlen. Held des Abends war der Finne Olli Kaski, der zwei Treffer (20., 37.) zum Sieg der Cannibals beisteuern konnte. Für Hoffnung bei den Berlinern sorgte Sven Felski in der 22. Spielminute, als er den zwischenzeitlichen Gleichstand markierte. Doch das Ende aller Eisbärenträume war das dritte Tor der Landshuter, welches Hurtig in der letzten Minute mit einem Schuß ins verwaiste Bärengehäuse erzielte. Am letzten Spieltag vor der fast vierwöchigen Olympiapause gastierte die Düsseldorfer EG im Sportforum zu einem Spiel, das alle Beteiligten so schnell nicht vergessen werden. Der ausverkaufte Wellblechpalast tobte nach sechzig kurzweiligen Minuten noch mindestens ebenso lang. Immer wieder wanderten die Blicke auf die Anzeigetafel: 10:3! Wahrhaftig – 10 Tore schenkte man der einst so übermächtigen DEG ein. Dabei fing es eigentlich alles andere als optimal für die Eisbären an. Shane Peacock brachte die Düsseldorfer in Führung, aber noch vor der Pause drehten McKim und Govedaris den Spieß um. Darren Durdle und erneut der „Grieche“ bauten die Führung auf 4:1 aus. Bergen verkürzte, doch Chris Govedaris erzielte in Unterzahl seinen Treffer Nummer drei. Da störte es auch nicht weiter, daß Thomas Brandl das 3:5 erzielte. Zum letzten Drittel wechselte DEG-Trainer Valentine Magnus Swärdh für den unglücklich agierenden Chris Rogles zwischen den Pfosten aus. Doch es half nichts, auch der Schwede patzte ein ums andere Mal. Sjögren, Svensson, Corriveau, Biafore und zum Abschluß nochmals Sjögren (acht Sekunden vor dem Ende) sorgten am Ende für ein in der Höhe schon sensationell anmutendes Ergebnis. Chris Valentine antwortete auf der anschließenden Pressekonferenz auf die Frage, wieso er denn den Torhütertausch vorgenommen hätte: *„Ich wollte noch etwas bewirken und das hat ja auch geklappt!“* Damit hatte er die Lacher nicht nur von seinem alten Kumpel Peter Lee auf seiner Seite. So ging der EHC Eisbären zwar immer noch auf Platz 6 stehend in die Olympiapause, doch mit einem Hurraerlebnis, wie es besser nicht sein konnte.

Eisbären 10
Düsseldorf 3

Und ausgerechnet die DEG war auch der erste Gegner nach Olympia. Diesmal wurde es aber wesentlich enger, auch wenn der Sieger derselbe war. Erneut schien ein ähnliches Ergebnis wie im Januar möglich, denn Thomas Sjögren, der, wie es schien, zu alter Form zurückgefunden hatte, und Andy McKim sorgten für ein beruhigendes 2:0 nach 12 Minuten. Aber denkste! Innerhalb von knapp zwei Minuten glich die DEG durch Peacock (17.) und Hegen (19.) aus. Die Fans im ausverkauften Haus zitterten um ihre Eisbären und wurden erst im der 37. Spielminute durch Mika Wahlbergs 3:2 erlöst. Doch die Düsseldorfer gaben sich nicht geschlagen und berannten das Eisbärentor. Doch ein weiters Mal erwies sich der italienische Nationaltorhüter Mario Brunetta als Turm in der Schlacht. Er entschärfte die Chancen der DEG gleich reihenweise und entnervte somit die Rot-Gelben. Die Eisbären verlegten sich in der Schlußphase dieser spannenden Partie aufs Kontern und wurden durch McKim und Felski belohnt. Nach sieben Spielzeiten ohne Sieg gegen die DEG nun also gleich zwei in Folge und als Lohn Tabellenrang 4 obendrein.

Die tolle Form der Eisbären fand beim glatten 4:0-Erfolg in Köln ihre Bestätigung. Schon im ersten Drittel stellten Andy McKim und Pelle Svensson mit ihren Toren (4., 13.) die Weichen auf Sieg. Das zweite Drittel verlief torlos, ohne daß der EHC jedoch die Kontrolle über das Spiel verlor. Das letzte Aufbäumen der Haie im Schlußdrittel wehrten die Bären auch locker ab und Svensson und sein Landsmann Sjögren machten zum Ende hin alles klar. Damit feierte „Super“-Mario Brunetta seinen zweiten Shut-out der laufenden Saison. Und das auch noch auswärts, alle Achtung! Zur Erinnerung, der letzte Shut-out der Eisbären lag über fünf Jahre (5:0 in Schwenningen) zurück. In der Tabelle kletterte der EHC nach diesem Spieltag auf Platz 2!

Somit kam es zum Spitzenspiel zwischen den Bären und den Adlern aus Mannheim im Wellblechpalast. In einer überhart und vor allem von den

Gästen unfair geführten Partie (Spieldauerdisziplinarstrafe für Mayer sowie Posma und Pasco) gingen die Adler durch Robert Cimetta in Führung. Die Badener hatten kaum ausgejubelt, da führten die Eisbären auf einmal mit 2:1 durch Mayer und Sjögren. So schnell kann es gehen. Corriveau sorgte in der 29. Minute für das 3:1, Christian Pouget wahrte den Anschluß, Sjögren ließ die Bären wiederum auf zwei Tore davonziehen, ehe Pellegrims für den 4:3-Pausenstand sorgte. Gut viertausend Fans stockte im letzten Drittel der Atem, als Pouget mit einem abgefälschten Schuß Brunetta alt aussehen ließ und den Ausgleich erzielte. Doch der EHC hatte nun mal das Glück und Mikael Wahlberg. Dreieinhalb Minuten vor Ultimo war der Schwede zur Stelle und lenkte eine Cowie-Vorlage um Rosati herum zum entscheidenden 5:4 ins Mannheimer Netz. Unbändiger Jubel zum Schluß, spätestens jetzt wußte man, dieser EHC hat das Zeug zur Meisterschaft. Daß auf dem Weg dorthin auch mal eine Niederlage stehen kann, bewies die 3:4-Schlappe in Düsseldorf, die unter keinem glücklichen Stern stand. Erst fiel der Strom aus, dann mußten auch noch Lenzi Funk und Mario Chitaroni vorzeitig zum Duschen. McKim und Rhodin brachten den EHC zwar in Front und wer weiß, wie das Spiel geendet hätte, wenn nicht Benoit Doucet kurz vor der Pause bei 5 auf 3 der Anschluß geglückt wäre... Kaum war man wieder auf dem Eis, da nutzte Gordiouk die sich bietende Überzahlchance zum Ausgleich. Nach 25 Minuten brachte Zac Boyer die DEG gar in Führung, die durch Van Kessel auf 4:2 ausgebaut wurde. Mehr als der 3:4-Anschlußtreffer durch McKim gelang den Eisbären nicht mehr und nach dieser Niederlage rangierte man auf Platz 4.

Fast schien es so, als ob die Düsseldorf-Niederlage die Eisbären geschockt hätte, denn auch gegen den Angstgegner aus Landshut lief nicht allzuviel zusammen. Sjögrens 1:0 in der fünften Spielminute glich Hurtig nach mehr als einer halben Stunde aus. Die Bären taten sich in der Folgezeit der Begegnung schwer, den Beton der Kannibalenabwehr zu durchbrechen. Erst mit einem genial weitergeleiteten Zuspiel von Rob Cowie konnte Yvon Corriveau vier Minuten vor der Schlußsirene das 2:1 und damit den Siegtreffer erzielen. Doch ob der EHC nochmals mit einer mittelmäßigen Leistung beim Meister bestehen konnte? Er konnte. Die Mannheimer rechneten sich zwar nach dem 1:0 zur ersten Pause Chancen auf den ersten Saisonsieg gegen die Bären aus, doch Hede und Govedaris wendeten im zweiten Drittel das Blatt. Im Schlußdurchgang warfen die Mannheimer nochmals alles nach vorne, doch Niklas Hede beendete alle Adlerträume in der 45. Minute mit dem 3:1. Am Ende gelang Svensson sogar noch das 4:1, womit die Eisbären die Spitze in der Tabelle erklommen hatten.

In einem derartigen Hochgefühl kam es wahrscheinlich zur stimmungsmäßig besten Partie im Hohenschönhauser Sportforum. Knapp 500 Fans aus der Domstadt begleiteten ihre Haie zum Auswärtsspiel in Berlin und feierten auf den Rängen Verbrüderung mit dem Berliner Anhang. Das Spiel geriet für die Kölner Fans schnell zur Nebensache, denn der EHC spielte sich ähnlich wie gegen die DEG in einen wahren Torrausch. Am Anfang konnten die Haie noch ganz gut mithalten, zum Schluß wurden sie beim 10:4-Erfolg der Bären jedoch förmlich weggespült. Je zweimal Felski und Mayer, Corriveau, Svensson, Lenzi Funk, Andrusak, Wahlberg und Rhodin trafen für die Eisbären, für Köln trafen dreimal Lüdemann und Franzen. Der Eisbärensieg hätte noch leicht höher ausfallen können, wenn man bedenkt, daß der letzte Treffer der Partie neun Minuten vor dem Ende erzielt wurde. Daß die Bäume nicht in den Himmel wachsen, bekamen die Eisbären nur vier Tage später aufgezeigt. Die Frankfurt Lions erspielten

Udo hält den Kasten gegen Mannheim (fast) sauber

sich in der Hauptstadt ein 2:2, wobei sie durch Vorobjev und Palmer (der traf immer dann, wenn es gegen die Eisbären ging) schon nach 18 Minuten mit 2:0 vorn lagen. Passend zum Eisbärenspiel fiel im ersten Drittel gleich zweimal kurz hintereinander der Strom aus und die Fortführung des Spiels schien gefährdet. Doch es ging zum Glück weiter und auch die Eisbären schienen noch mal den richtigen Schalter gefunden zu haben. Wahlberg konnte im zweiten Abschnitt verkürzen und Kapitän Fortier gelang in der 55. Minute wenigstens noch der Ausgleich.

Was im Heimspiel noch klappte, nämlich den Kopf aus der Schlinge zu ziehen, funktionierte zwei Tage später in der Mainmetropole nicht mehr. Schon nach 13 Minuten führten die Gastgeber mit sage und schreibe 4:0 (Chabot, Sweeny, Barrie und Vorobjev)! Brunetta zog danach den Platz auf der Wechselbank vor, doch auch Udo Döhler konnte an alter Stätte nichts mehr bewirken. Bresagk, nochmals Barrie und Snell schraubten das Resultat nach oben. Erst dann gelang durch Cowie und Fortier wenigstens so etwas wie Ergebniskosmetik. Erneut also eine 2:7-Klatsche in Frankfurt. Einen Spieltag vor den Play-offs rückten die Hessen den Berlinern auf den Eisbärenpelz, ein Sieg gegen Mannheim mußte im abschließenden Punktspiel her, um Platz 1 zu behaupten.

Erstmals waren offiziell 4.685 Zuschauer im Wellblechpalast, der vor Spannung zu platzen drohte. Als Chad Biafore eine Strafe abbrummte, schlug der Meister unerbittlich zu. Stephane Richer erzielte mit einem Schuß von der blauen Linie die Gästeführung, welche die Bären scheinbar zu lähmen schien. Doch im zweiten Drittel fanden die Bären zu sich zurück und Mario Chitaroni erzielte aus schier unmöglicher Position den Ausgleich. Jetzt kam Leben in die Bude und die enthusiastischen Fans peitschten ihre Mannschaft nach vorn. Und tatsächlich, noch vor der Pause gelang Pelle Svensson die Führung, die die Stimmung auf den Rängen fast überkochen ließ. Im Schlußdrittel verteidigten die Bären mit ihrem großen Rückhalt Brunetta den kostbaren Vorsprung und zehn Sekunden vor dem Schluß erzielte Marc Fortier ein Empty-Net-Goal zum letztlich verdienten 3:1-Erfolg. Nach der Schlußsirene konnte die Stimmung im Wellblechpalast ausgelassener nicht sein, man feierte jeden und alles. Nach Jahren der Demütigung im Tabellenkeller hatte man mit dem Gewinn der Meisterrunde und der damit verbundenen Qualifikation für die Europaliga einen weiteren Meilenstein auf dem Weg zum Erfolg mit dem Namen EISBÄREN gesetzt.

Mit Platz 1 in die Play-offs

Als erste Hürde in den Play-offs warteten die Krefeld Pinguine auf die Eisbären. Die Schwarz-Gelben vom Niederrhein mußten durch die Mühlen der Qualifikationsrunde und setzten sich in den „Vor-play-offs“ gegen Kassel und Schwenningen durch, obwohl diese jeweils über ein Heimspiel mehr verfügten. Das sollte den Bären Warnung genug gewesen sein, doch sie taten sich unendlich schwer. Zwar gewann man die Serie im Endeffekt glatt in drei Spielen, doch benötigte man zweimal die Verlängerung, um als Sieger das Eis verlassen zu können. Überraschenderweise war das erste von fünf möglichen Matches nicht ausverkauft, gerade einmal 4.000 Zuschauer pilgerten ins Sportforum. Die sahen aber zumindest, wenn schon kein hochklassiges, aber wenigstens spannendes Play-off-Hockey geboten. Die Hausherren berannten vehement das von Karel Lang bestens gehütete Tor der Pinguine. Erst Derek Mayer konnte nach einer Viertelstunde den ersten Treffer markieren. Bis dahin war von den Gästen herzlich wenig zu sehen, aber dann! Praktisch mit dem ersten konstruktiven Angriff fiel der Ausgleich durch Walker (19.). Und die Fans trauten ihren Augen nicht, als nochmals Walker (27.) sowie Kovalev (32.) die Krefelder mit 3:1 ins Vordertreffen brachten. Sollte der haushohe Favorit etwa ins Stolpern kommen? Hede brachte wenigstens noch vor der Pause seine Eisbären wieder heran, als er einen Leask-Schuß ins Tor verlängerte. Im letzten Drittel fiel dann gleich zu Beginn der erlösende Ausgleich durch Rob Cowie, der seinen ganzen Frust in einen Kracher von der blauen Linie legte. Die Bären suchten nun die Entscheidung, doch Lang erwies sich als Mann mit tausend Händen. Mehrfach lag dem Berliner Anhang schon der Torschrei auf den Lippen, doch der „Hexer“ brachte irgendwie immer noch einen Teil seiner Ausrüstung zwischen Puck und Torlinie. So mußte die Verlängerung über Sieg und Niederlage entscheiden und in der wurde Lang so etwas wie die tragische Figur. Erst scheiterten die Krefelder mit einem Break an Brunetta, dann kurvte Andrew McKim hinter das Krefelder Tor und schoß von da aus Lang an den Schlittschuh, von dem die Scheibe zum 4:3 ins Netz sprang. Die Eisbären hatten das Glück des Tüchtigen und dieses strapazierten sie zwei Tage später in Krefeld aufs Neue. Nach torlosem ersten Drittel gelang dem EHC innerhalb von nur zehn Sekunden eine 2:0-Führung. Dem ersten Tor von Svensson folgte das 2:0 durch einen verwandelten Penalty von Hede. In einer von Nicklichkeiten geprägten Partie gelang Petri Liimatainen in der 38. Spielminute der Anschluß. Im Schlußdurchgang wehrten die Bären die Angriffe des KEV ab, um in der 51. Minute selbst zum Gegenschlag auszuholen. Andy McKim nutzte eine Überzahlsituation zum 3:1 und alle dachten, damit wäre wohl die Entscheidung gefallen. Weit gefehlt. Eisenhuts Anschlußtreffer drei Minuten vor dem Ende mobilisierte beim Außenseiter noch mal die letzten Kräfte. Und tatsächlich kamen die

Pinguine in der allerletzten Spielminute zum nicht mehr für möglich gehaltenen 3:3. Doch wieder erwies sich der EHC als abgeklärteres Team. Mario Chitaroni brachte mit einem haltbar erscheinenden Schuß den „sudden death“ für den KEV, der sich im dritten Spiel der Serie in Berlin seinem Schicksal beugte. Zwei Drittel konnten die Pinguine das Spiel offen gestalten, gingen sogar durch Kovalev (24.) in Führung. Nach gut der Hälfte der Begegnung glich Leask aus und im dritten Drittel brachte Lenz Funk mit seinem Tor zum 2:1 (44.) die Bären endgültig auf die Siegerstraße. Govedaris, nochmals Leask und Steen sorgten am Ende für ein standesgemäßes 5:1, welches die Eisbären ins Halbfinale einziehen ließ.

Dort wartete der EV Landshut, der die Kölner Haie überraschend klar mit 3:0 Siegen aus dem Rennen geworfen hatten. Im ersten Aufeinandertreffen vor ausverkauftem Haus in Berlin gab es ein wahres Schützenfest, welches man aus Spielen mit Landshuter Beteiligung nur selten kannte. 2:2 nach zwanzig Minuten durch Steen und Cowie sowie Lamb und Bullard, wobei der EHC immer vorlegte. Govedaris sorgte für eine erneute Bärenführung, die durch Lamb ausgeglichen werden konnte, aber McKim erzielte praktisch im Gegenzug das 4:3. Im Schlußabschnitt dann die Entscheidung zugunsten der Eisbären. Svensson schoß nach vierzig Sekunden das 5:3 und Thomas Rhodin machte mit dem sechsten Eisbärentreffer alles klar. Danach wechselten die Landshuter ihren Goalie, der extra für die Playoffs verpflichtete Reto Pavoni löste den glücklosen Briza ab. Bullard konnte in Überzahl nochmals für die Cannibals verkürzen, doch Chitaroni stellte den alten Abstand wieder her. Mit diesem recht deutlichen 7:4 im Gepäck ging es nach Niederbayern, wo den Eisbären ein Meisterstück gelang. Noch nie siegte man am Gutenbergweg, aber im Halbfinale gelang ein 2:1-Erfolg, der vor allem einen Namen hatte: Mario Brunetta. Was der lange Schlacks in diesen sechzig Minuten für mögliche und unmögliche Chancen der Landshuter zunichte machte, grenzte schon ans Unglaubliche. Mit seiner stoischen Ruhe bezwang er die Cannibals fast im Alleingang, hatte natürlich das eine oder andere Mal auch Glück, so zum Beispiel, als McKim den Puck für ihn von der Linie kratzte oder der Ex-Dynamo und heutige DEL-Referee Müller kurz vor Schluß den Landshutern einen Penalty verweigerte. Am Ende fragt aber keiner mehr danach, die Treffer von Yvon Corriveau (11.) und Niklas Hede (48.) reichten, um den zweiten Sieg im Halbfinale einzufahren. Noch mehr Grund zum Jubeln gab es dann zwei Tage später. Mit einem 2:0 erreichten die Berliner Eisbären erstmals in ihrer Geschichte ein Finale um den höchsten deutschen Eishockeytitel. In einer mäßigen Partie genügte es den Bären, zweimal kurz anzurucken und durch Marc Fortier (26.) und Andy McKim (35.) das 2:0 herauszuschießen. Die Landshuter ergaben sich daraufhin fast kampflos, zumal Brunetta wiederum einige Großchancen des EVL zunichte machte. Die 4.685 (wahrscheinlich waren es aber weitaus mehr) feierten das gesamte Spiel über eine Party, welche selbst der Wellblechpalast, bekanntermaßen kein Haus von Traurigkeit, noch nie erlebt hatte. FINALE!!! Ein Wort mit magischer Bedeutung elektrisierte das Eishockeyvolk in Berlin-Hohenschönhausen. Die Spieler dankten den Fans und symbolisierten Verbundenheit mit ihnen, als sie die riesengroße Blockfahne, in der alle Nationen der Herkunft der Spieler vereint sind, über das Eis trugen und dann auf die Ränge weitergaben. Eine Szene mit Symbolcharakter für (Eishockey-) Deutschland im Jahre 1998!

Der Höhenflug der Eisbären fand ein jähes Ende. Als Favorit gegen die Adler Mannheim in die Finalserie gestartet, landete man nach dem 1:3 auf dem Boden der Tatsachen. Vier Siege und zwei Unentschieden standen für die Bären in der Saison zu Buche, alles Schnee von gestern. Vor allem enttäuschte die 0:2-Heimniederlage zum Auftakt der Serie, die schon so etwas wie eine Vorentscheidung zu sein schien. Harmlos schlichen die Bären übers Eis, fast

Foto: Sauer

Am Ende war Mannheim obenauf

schien es, als hätten sie Angst vor der eigenen Courage gehabt. Besserung war in Mannheim zu erkennen. Pouget nutzte eine Überzahl, um die Adler in Front zu bringen. McKim glich zu Beginn der zweiten zwanzig Minuten aus, doch Serikow und Bozon sorgten für ein 3:1. Der seiner Form vom Herbst hinterherlaufende Sjögren sorgte mit seinem Anschlußtreffer dafür, daß der EHC im Match blieb. Im letzten Drittel verzeichneten die Berliner auch die eine oder andere Einschußmöglichkeit, doch das Tor fiel auf der anderen Seite. Dave Tomlinson versetzte den Eisbären mit dem 4:2 den K.o. Doch die Hohenschönhauser waren noch nicht am Boden. In einem Finalspiel, wie es Eishockeydeutschland wohl noch nie gesehen hatte, kämpfte man die Adler mit 8:7 nieder. Nach gut einer Viertelstunde führten die Bären bereits mit 5:1 (McKim, Carlsson, Mayer, Chitaroni, Fortier sowie Bozon) und „Publikumsliebling" Klaus Merk, kurze Zeit vorher von den Capitals in die Quadratestadt gewechselt, bezog Position im Adlertor. Eine Disziplinlosigkeit von Felski, der sich unnötigerweise zwei Strafminuten einhandelte, brachte die Mannheimer ins Spiel zurück. Pellegrims und Serikow noch vor der Pause sowie Stanton unmittelbar danach sorgten für ein 4:5. Cowie und Steen für die Bären und Bozon für die Gäste zeichneten für ein 7:5 zur zweiten Pause verantwortlich. Im Schlußabschnitt waren die Adler das tonangebende Team. Folgerichtig kamen sie auch durch Treffer von Hynes und Cimetta zum verdienten Ausgleich. Und schossen kurz vor dem Ende sogar den achten Treffer, dem aber Schiedsrichter Slapke die Anerkennung verwehrte. Er hatte ein Foul an Cowie gesehen und beorderte Ulrich auf die Sünderbank. Die wütenden Proteste der Mannheimer nutzten nichts, Überzahl für die Eisbären und Mikael Wahlberg erzielte anderthalb Minuten vor der Sirene den umjubelten 8:7-Endstand.

Nochmals konnten sich die Bären also Hoffnung machen, den Spieß in der Finalserie noch zu drehen. Und diese Hoffnungen wurden genährt, als Pelle Svensson im Mannheimer Friedrichspark schon nach zwei Minuten die Führung glückte. Eine halbe Stunde Hoffnung, dann kam der jähe Schock. Posma und Bozon sorgten mit ihren Toren innerhalb von 40 Sekunden (jeweils in Überzahl) für eine Umkehrung des Resultats. Die Bären trauerten jetzt ihren vergebenen Chancen hinterher und kassierten unmittelbar vor der Pause durch Pellegrims den dritten Treffer. Für den endgültigen K.o. sorgte Bozon mit seinem zweiten Tor eine Viertelstunde vor Schluß. Nach der letzten Sirene im Spieljahr 1997/98 standen die Eisbärenspieler wie begossene Pudel auf dem Eis und Trainer Pit Lee schien Tränen in den Augen zu haben. Wie groß ist wohl die Chance in einem Eishockeyleben, Meister zu werden? Kopf hoch für die neue Saison!

Michael Lachmann

Continental-Cup 1997/98: Weihnachten in Tampere

Die Eisbären schnuppern erstmalig internationale Luft

Tanzen, Udo, tanzen!

Foto: Sauer

Der Erfolg in der Deutschen Eishockey Liga 1996/97 mit dem überraschenden Halbfinaleinzug gegen die Kassel Huskies hinterließ auch noch im Herbst 1997 seine Spuren. Als offiziell Dritter der abgelaufenen Saison hinter Mannheim und Kassel erhielt man die Berechtigung am erstmals ausgerichteten Continental-Cup, einer Art UEFA-Cup für das Eishockey, teilnehmen zu dürfen. Insgesamt meldeten 40 Vereine aus 25 Mitgliedsländern der International Icehockey Federation (IIHF) für die Premiere des Pokalwettbewerbs, der über vier verschiedene Runden ausgespielt wurde. Eisbären-Manager Lorenz Funk machte nach Bekanntgabe der Teilnahme des EHC keinen Hehl daraus, sich um die Ausrichtung eines der drei Drittrundenturniere, oder besser Halbfinals, zu bemühen. Die Chancen für die Berliner standen nicht schlecht...

Die IIHF wollte ihre Turniere nämlich dort abhalten, wo auch mit einem großen Zuschauerzuspruch zu rechnen war. Und mittlerweile ist der Ruf der Eisbärenfans auch über die Grenzen Deutschlands hinausgedrungen.

Am 28. Juni 1997 trafen sich also in der österreichischen Hauptstadt Wien die Vertreter der Clubs, um Modus und Gruppeneinteilung zu beschließen. Am Ende eines langen Tages kam unter anderem heraus, daß der EHC Eisbären Berlin als Gruppenkopf für die Halbfinalgruppe „M" gesetzt wurde. Der erste Erfolg auf internationalem Boden durch die Eisbären war errungen. So sparte man sich unter anderem die qualvollen Mühen der Vorrundengruppen, in denen nun nicht gerade die Creme des internationalen Eishockeys vorhanden war. Hier im einzelnen die Gruppeneinteilung für den Continental-Cup 1997:

Erste Runde 19.-21. September '97

Gruppe „A" in Szekesfehervar
Barcelona FC (Spanien)
Szekesfehervar (Ungarn)
Bled HK Sportina (Slowenien)

Gruppe „B" in Jesenice
Zagreb KHL Medvescak (Kroatien)
Oswiecim KS Unia (Polen)
Jesenice Acroni (Slowenien)

Gruppe „C" in Belgrad
Jaca CAI Hielo (Spanien)
Dunaferr SR (Ungarn)
Belgrad CZ (Jugoslawien)

Gruppe „D" in Riga
Minsk Tivali (Weißrußland)
Kothla-Järve Keemik (Estland)
Riga HC Juniors (Lettland)
Elektrenai Energija (Litauen)

Gruppe „E" in Miercuea-Ciuc
Sofia HC Slavia (Bulgarien)
Jerusalem Lions (Israel)
SC Miercurea-Ciuc (Rumänien)
Ankara BB (Türkei)

Zweite Runde 10.-12. Oktober '97

Gruppe „F" in Herning
Herning IK (Dänemark)
Reims HC (Frankreich)
Valerenga IH (Norwegen)
Qualifikant „A"

Gruppe „G" in Nymegen
Esbjerg IK (Dänemark)
Nymegen Tigers (Niederlande)
Tilburg Trappers (Niederlande)
Trondheim IK (Norwegen)

Gruppe „H" in Ljubljana
Klagenfurter EC (Österreich)
Budapest Ferencvaros (Ungarn)
Ljubljana Olimpija (Slowenien)
Qualifikant „B"

Gruppe „J" in Nowy Targ
Essamika LB (Lettland)
Podhale KS (Polen)
Poprad HC SKP (Slowakei)
Qualifikant „C"

Gruppe „K" in Tartu
Tartu Välk 494 (Estland)
Kiew Sokol (Ukraine)
Qualifikant „D"
Qualifikant „E"

Gruppe „L" in Magnitogorsk
Ust-Kamenogorsk (Kasachstan)
Metallurg Magnitogorsk (Rußland)
Omsk Avangard (Rußland)

Dritte Runde 14.-16. November '97

Gruppe „M" in Berlin
Grenoble LBL (Frankreich)
Eisbären Berlin (Deutschland)
Qualifikant „F"
Qualifikant „G"

Gruppe „N" in Trinec
Trinec HC Zelezarny (Tschechien)
Kosice HC (Slowakei)
Qualifikant „H"
Qualifikant „J"

Gruppe „O" in Novopolotsk
Novopolotsk P (Weißrußland)
Ufa Salavat Ulaev (Rußland)
Qualifikant „K"
Qualifikant „L"

Finalrunde 26.-28. Dezember '97

Gruppe „P" in Tampere
Tampere Liiga Ilves (Finnland)
Qualifikant „M"
Qualifikant „N"
Qualifikant „O"

So sahen also im einzelnen die Gruppen aus und jedes Team hatte nur ein Ziel, am Ende des Jahres in Tampere um den Continental-Cup zu spielen. In der ersten Runde setzten sich die Mannschaften aus Szekesfehervar, Oswiecim, Belgrad, Minsk und Sofia durch. Für die Halbfinals qualifizierten sich letztendlich Valerenga Oslo, Trondheim, Klagenfurt, Podhale Nowy Targ, Kiew und Magnitogorsk. So kam es also am zweiten Novemberwochenende 1997 zum Halbfinalturnier in Berlin-Hohenschönhausen mit den Teams von Grenoble LBL, Valerenga IH Oslo, Trondheim IK und dem Gastgeber EHC Eisbären. Die Erwartungshaltung der Berliner Fans war natürlich riesengroß, waren doch die Eisbären erstmals in ihrer Geschichte nach dem Mauerfall Tabellenführer in der höchsten deutschen Spielklasse und auf dem besten Wege sich als feste Größe in dieser zu etablieren. Außerdem war man gespannt, wie sich das Team von Ron Kennedy nach fast genau zehnjähriger Abstinenz auf Europas Bühne präsentieren würde. Zur Erinnerung: der letzte internationale Auftritt des Eisbärenvorgängers SC Dynamo Berlin fand im Rahmen des damaligen Europapokal-Halbfinalturniers in Esbjerg (Dänemark) vom 18. - 20. November 1988 statt, bei dem man mit Platz zwei hinter dem damals allmächtigen Tichonov-Klub ZSKA Moskau den Sprung in die Endrunde verpaßte.

Doch zurück zum „Heute". Den Auftakt beim Berliner Turnier bestritten die Vertretungen von Grenoble und Valerenga. Die Franzosen setzten sich am Ende knapp aber verdient mit 3:2 durch. Doch warteten alle auf den ersten Auftritt der Eisbären gegen den zweifachen norwegischen Meister und letztjährigen Fünften, Trondheim IK. 2.000 Zuschauer sahen von der ersten Spielminute an ein Spiel, welches sich auf das von Atle Johansen gehütete Tor konzentrierte. Doch die Eisbären taten sich schwer, den Schlußmann der Norweger zu bezwingen, oftmals wollten sie die Scheibe ins Tor tragen, anstatt den schnellen Abschluß zu suchen. Erst eine Minute vor der ersten Pause konnte Sven Felski den Bann brechen und seine Farben in Führung bringen. Im zweiten Drittel waren die Eisbären dann konzentrierter im Torschuß, zweimal Steen, Roupe und Wahlberg sorgten für einen deutlichen 5:0-Zwischenstand. Der wurde bis zum Schluß durch Felski und Corriveau noch auf 7:0 ausgebaut. Der erste Schritt in Richtung Finale war also vollbracht.

Am nächsten Tag ging es gegen den Vierten der französischen Nationalliga Grenoble „Les Bruleurs De Loups", oder einfacher, „Die Wölfe". Diese Begegnung war sicherlich die beste im gesamten Turnier, beide Teams waren zu diesem Zeitpunkt Spitze in ihren Ligen und Fernsehreporter Jochen Sprentzel kam in der Live-Übertragung bei B1 zum Schluß, *„daß beide Teams weitaus stärker sind, als die jeweiligen Nationalmannschaften beider Länder"*. Und Udo Döhler im Tor staunte nicht schlecht, als die Franzosen ihm zum Ende des ersten und zu Beginn des zweiten Drittels zwei Pucks ins Netz zauberten und nicht unverdient mit 2:0 in Front lagen. Lag es vielleicht daran, daß die offizielle Ansetzung vorsah, Grenoble als Heimteam zu nennen und deshalb unsere Eisbären auf der Gästebank Platz nehmen mußten? Auf der Bank also, auf der man bis vor zwei Jahren noch Niederlage um Niederlage im Sportforum kassierte. Lenz Funk jr. erinnerte sich als erster daran, daß man auch als Gast in Berlin gewinnen kann und schaffte nach einer halben Stunde den Anschluß. War das etwa das Signal zum Aufbruch? Anscheinend, denn Verteidiger Darren Durdle gelang noch vor der Pause der Ausgleich. Doch im Schlußabschnitt verflachte das Spiel der Berliner wiederum, die Franzosen hatten die eine oder andere gute Einschußmöglichkeit, die aber zum Glück ungenutzt blieben, auch weil Döhler im EHC-Gehäuse jetzt tadellos hielt. Und als keiner mehr daran glaubte, schlug wie der Blitz aus heiterem Himmel Yvon Corriveau zu. 38 Sekunden vor dem Ende der Begegnung nutzte er eine Unachtsamkeit der Franzosen und versenkte die Scheibe am verdutzten Christobal Huet vorbei im kurzen Eck. Am Ende glücklich gewonnen, aber wer fragt schon danach, denn der Weg nach Tampere schien endgültig geebnet.

Internationales Flair in Hohenschönhausen

Nachdem sich am Abend in der rein norwegischen Auseinandersetzung Valerenga Oslo mühelos mit 8:3 gegen Trondheim durchsetzen konnte, ging es am letzten Turniertag gegen die Hauptstädter aus dem hohen Norden. Ein Punkt hätte den Berlinern gereicht, um den angestrebten Finaleinzug perfekt zu machen. Und ohne sich großartig ein Bein ausreißen zu müssen, bezwang man den norwegischen Vizemeister in einem Spiel ohne Glanz mit 4:1. Die Tore erzielten dabei Darren Durdle, Thomas Sjögren, Chris Govedaris und Mikael Wahlberg. Zwischenzeitlich verkürzten die Gäste auf 1:2. Nach der Schlußsirene war verständlicherweise der Jubel im Eisbärenlager groß, hatte man doch wieder ein kleines Mosaiksteinchen dem Bild der wundersamen Auferstehung des EHC Eisbären beigefügt. Zum Abschluß des Halbfinals bezwang Grenoble die bemitleidenswerten, allerhöchstens Erstliganiveau vorweisenden Trondheimer mit 15:3. Unter dem Jubel der Fans nahm der damalige Kapitän Thomas Steen den Pokal entgegen. Und auch die Chefetage des EHC hatte allen Grund zur Freude. Vom Council der IIHF gab es für die Durchführung des dreitägigen Turniers im Sportforum Lob von allen Seiten. Zwar blieben die Zuschauerzahlen ein wenig hinter den Erwartungen zurück, zu den Spielen mit Eisbären-Beteiligung kamen im Schnitt 2.000 Fans, doch war die Stimmung trotzdem recht gut. Außerdem zeigten sich unsere Fans den anderen Mannschaften gegenüber aufgeschlossen, besonders die arg gebeutelten Trondheimer hatten es den Berlinern angetan. Trotz deftiger Niederlagen wurde das junge Team kräftig unterstützt. Nachahmung empfohlen!

Nun galt es also für die Eisbären, sich und das deutsche Eishockey würdig und erfolgreich in Tampere zu vertreten. Neben dem gesetzten Gastgeber und souveränen Tabellenführer der „SM-Liiga", Ilves Tampere, traf man am letzten Wochenende des Jahres 1997 in der mittelfinnischen Industriestadt auf den slowakischen Vertreter HC Kosice und das russische Team von Salavat Ulaev Ufa.

Die Voraussetzungen für die Eisbären konnten besser nicht sein. 14 Tage vorher trennte sich der Verein von Trainer Ron Kennedy. Seinem Nachfolger, dem bisherigen Co-Trainer Peter John Lee, gelang zwei Spieltage vor dem Vorrundenschluß der erhoffte Einzug in die Meisterrunde der DEL. Somit konnte man in Tampere völlig unbeschwert aufspielen, zumindest was die heimische Liga betraf. So mußte man nicht immer mit anderthalb Ohren in Deutschland beim Spielgeschehen der letzten beiden Spieltage sein.

Trotzdem der Liga-Alltag in Deutschland weiterging, richteten sich viele Blicke zur Endrunde nach Finnland und zu den Eisbären. Denn auf internationalem Boden war für DEL-Teams 1997 wieder einmal nicht viel zu erben. Alle drei Vertreter Deutschlands in der Europaliga mußten schon nach der Vorrunde die Segel streichen, die Wertigkeit der deutschen Eliteliga war einmal mehr in Frage gestellt. Einzig die Eisbären zogen in die Endrunde eines internationalen Wettbewerbes ein, auch wenn dieser Continental-Cup eben noch nicht den Stellenwert des alten Europapokals hat. Immerhin fehlten u.a. mit der Nichtteilnahme Schwedens Teams aus der stärksten Liga Europas.

Doch die Verantwortlichen der Eisbären wollten sich den Cup nicht schlechtreden lassen. Zwar schrieb man sich den Cupgewinn nicht als unbedingtes Muß auf die Fahnen, doch etwas für das angekratzte Image der DEL und natürlich für das internationale Ansehen des eigenen Vereins wollte man schon tun. Nur ging dieses Vorhaben des Vorstands scheinbar nicht mit dem der Mannschaft konform. Pit Lee gab seinen Mannen nämlich über Weihnachten frei, letzter Trainingstag war der 23. Dezember, einen Tag vor dem Turnier stand man wieder auf dem Eis. Ebenfalls verwunderte die Experten im Vorfeld die späte Anreise des Teams zum Spielort. Erst am ersten Turniertag traf die Mannschaft in Tampere ein, ging ohne ein einziges Mal das Eis getestet zu haben, am Nachmittag zum Auftaktspiel gegen Kosice in der „Tampereen Jäähalli" im Stadtteil Hakametsän zu Werke.

Bevor es allerdings soweit war, mußte der EHC Eisbären erst einmal eine Schrecksekunde der besonderen Art überstehen. Nicht, daß das pünktlich einsetzende Schneetreiben und die -6 Grad C ungewöhnlich für diese Jahreszeit in Finnland waren. Vielmehr stand das Mitwirken des einzigen Finnen im Dreß der Eis-

Derek landete im All-Star-Team

bären, Niklas Hede, auf der Kippe. Hede, schon seit dem Weihnachtsfest in seiner Heimat, hatte nämlich seinen Paß im Hotelzimmer liegenlassen. Und da es bei internationalen Turnieren gang und gäbe ist, sich aufgrund des Passes zu legitimieren und dafür eine bestimmte Frist einzuhalten ist, war guter Rat teuer. Letztendlich setzte man kurzer Hand „Flocko" Funk in ein Taxi, damit das Personaldokument des kleinen Finnen noch rechtzeitig beschafft werden konnte. Was wäre das für eine Schmach für den flinken Außenstürmer der Eisbären gewesen, wenn ihm durch eine Unachtsamkeit das Mitwirken vor „heimischen" Publikum, immerhin kamen seine Frau Heidi, seine Eltern und Schwiegereltern sowie Bruder Markus jeden Tag 250 Kilometer aus dem kleinen Städtchen Porvoo nach Tampere, verwehrt geblieben wäre! Doch nach einigen bangen Minuten kam endlich die Entwarnung. Der Paß war da und Hede durfte spielen. Nun galt es sich also auf den HC Kosice zu konzentrieren, seines Zeichens Vizemeister der Slowakei. Vielmehr wußte man auch nicht über das Team um den ehemaligen NHL-Haudegen Ivan Droppa, in dessen Reihen aber aktuelle bzw. ehemalige Nationalspieler wie Vlastimil Plavucha, Peter Pucher oder Torhüter Miroslav Simonovic standen. Vom Papier her ging man im Vorfeld des Turniers davon aus, daß die Slowaken vermutlich der leichteste Gegner sein würde. Und es ließ sich für die Eisbären auch ganz gut an. Den schnellen Rückstand nach drei Minuten durch Rene Pucher steckte das Lee-Team glänzend weg und ging selbst in der 8. Minute innerhalb von 32 Sekunden durch Govedaris und Roupe in Führung. Im weiteren Verlauf des Auftaktdrittels erarbeiteten sich die Bären eine Vielzahl guter Einschußmöglichkeiten, doch scheiterten sie an Pfosten oder Simonovic, der neuen Nummer 1 in der slowakischen Nationalmannschaft. Die Stimmung unter den gut 150 mitgereisten Fans aus der Hauptstadt war vorzüglich und in Anbetracht des wahrscheinlichen Auftaktsieges, konnte man auch die horrenden Bierpreise von im Schnitt sieben bis acht Mark für den halben Liter besser ertragen. Doch man hatte die Rechnung ohne den Wirt gemacht. Im zweiten Drittel wurde der EHC von Kosice regelrecht vorgeführt. Viermal schlug es hinter oder über Udo Döhler im Bärenkäfig ein und die alte Eishockeyweisheit, daß ein am Boden liegender Torwart

Auftaktniederlage in Tampere

ein geschlagenen Torwart ist, wurde einmal mehr bekräftigt. Nun spülten die Eisbärenfans an den zahlreichen Bierständen in der Eishalle ihren Frust herunter. Mehrmals war nach der 2:5-Niederlage aus ihren Mündern die Frage zu hören, weshalb man denn überhaupt hierher gekommen sei? Niederlagen könne man sich genauso gut zu Hause betrachten. Doch die Auftaktschlappe sollte noch nicht der Tiefpunkt dieses Abends für die Fans sein. Das groß angekündigte Abendessen mit der Mannschaft fiel aus, Trainer Lee sprach lediglich ein paar Worte der Entschuldigung zu den Anhängern und das war's dann auch schon. Die Mannschaft wolle jetzt schlafen, hieß es zum Abschluß noch. Nur hatte das Team jetzt die Rechnung ohne die Boulevardpresse gemacht. Denn längst nicht alle Mitglieder der Mannschaft hatten Lust aufs Hotelzimmer. Vielmehr lud ein ortskundiger Crack die Journalie mit ein, ein paar nette Ecken Tamperes kennenzulernen. Halten wir es dem Spieler zugute, dies in keiner böswilligen Absicht betrieben zu haben. Doch der Mannschaft hat er damit einen Bärendienst erwiesen. Denn Teile der Presse nutzten den Streifzug durch das Nachtleben sogleich schamlos aus, um Sensationsmeldungen durch den Ticker zu jagen. „Fans belogen! Eisbären soffen bis nachts um drei!", war nur eine der peinlichen Entgleisungen in diesen Tagen. Derart schlecht gelaunt ging es am zweiten Turniertag gegen den großen Favoriten Ilves Tampere. Der Vorjahresvierte der finnischen Liga setzte sich in seinem ersten Spiel ohne große Probleme gegen die Russen von Salavat Ufa mit 6:2 durch. Und nach sechs Minuten gingen die Finnen auch in Überzahl durch Peter Larsson mit 1:0 in Führung. Doch die Eisbären hielten erstaunlich gut dagegen, besonders das harte, körperbetonte Spiel mißfiel dem Gastgeber gewaltig. Konnte in den ersten zwanzig Minuten Korhonen im Tor von Ilves noch die Angriffe der Berliner abwehren, war er in 23. Minute erstmals geschlagen. Chris Govedaris erzielte den verdienten Ausgleich für die Eisbären und die heimischen Fans rieben sich verdutzt die Augen, rechneten sie doch mit einem ebenso deutlichen Erfolg wie am Vorabend. Taten sie das 1:1 nach 40 Minuten noch als Betriebsunfall ab, der ja noch zu korrigieren ging, stand ihnen acht Minuten vor der Schlußsirene das blanke Entsetzten ins Gesicht geschrieben. McKim, Corriveau, Svensson und Durdle schossen die Eisbären mit 5:1 in Front. 5:1 - das hätten selbst die kühnsten Optimisten im Berliner Lager ganz sicher nicht für möglich gehalten. Doch noch war ja nicht Schluß. Wieder mit einem Mann mehr auf dem Eis gelang Ilves durch Vesa Viitakoski der zweite Treffer. Und der russische Referee Konstantin Komissarov hatte weiterhin Mitleid mit den Finnen. Fortan bevölkerten im wahrsten Sinne des Wortes Eisbärenspieler die Sünderbank und Tampere konnte sich mit nun anhaltend zwei Spielern mehr auf dem Eis austoben. Folgerichtig kam innerhalb von 54 Sekunden der Gastgeber durch Joni Lehto und erneut Viitakoski auf ein Tor heran. Und noch waren 85 Sekunden zu spielen. Doch mit etwas Glück und jeder Menge Können retteten die Bären den hauchdünnen Vorsprung über die Runden und am Ende lag man sich überglücklich in den Armen, auf dem Eis wie auch auf der Tribüne. Die Fans der Eisbären machten über die gesamten sechzig Minuten ein Heidenspektakel in der mit 3.390 Zuschauern noch nicht einmal bis zur Hälfte gefüllten Eishalle. Das hatten sie in Tampere noch nicht erlebt. Da kommen die schlechten (Eishockey-) Deutschen und schlagen ein Team der ihrer Meinung nach besten Eishockeynation Europas und dominieren zugleich auch noch das Geschehen auf den Traversen. Da Kosice gegen Ufa etwas schwächelte und beim 2:2 einen Punkt abgab, tat sich dem EHC auf einmal die Chance auf, bei einem Sieg gegen Salavat und einer gleichzeitigen Niederlage Kosices gegen Ilves, als erste deutsche Mannschaft überhaupt einen europäischen Vereinspokal zu gewinnen.

Die Stimmung war also prächtig im Eisbärenlager. Die Fans aus Berlin feierten in den zahlreichen Pubs Tamperes bis früh in den Morgen den Erfolg über die Finnen und stießen dabei immer wieder auf Verwunderung und Verständnislosigkeit bei den Nordländern. Nicht nur, daß der Continental-Cup für den finni-

Eisbären-Fans auf Tour

Foto: Wreh

Schneeparadies im hohen Norden

Foto: Wreh

schen Eishockeyfan sowieso im Schatten der gleichzeitig in Helsinki und Hämeenlinna stattfindenden Junioren-WM stand (zu den Spielen der Gastgeber kamen 13.000 Zuschauer), auch die ausdauernde Fähigkeit des Alkoholkonsums der Deutschen sorgte für so manches Kopfschütteln bei den Söhnen Suomis.

Nachdem am darauffolgenden Tag die Köpfe wieder frei waren, konzentrierte sich alles auf den Finaltag des Turniers. Mittlerweile war auch die Presse in der Heimat den Bären wieder wohlgestimmt und drückte dem EHC die Daumen...

So weit, so gut - hin zum Match. Wie sah die Konstellation vor den abschließenden Begegnungen aus? Kosice ging mit 3 Punkten von der Pole Position aus in den letzten Tag. Dahinter folgten die Eisbären und Ilves mit je 2 Zählern, wobei die Berliner über den besseren direkten Vergleich verfügten. Salavat Ulaev hatte 1 Punkt, konnte aber bei einem Sieg gegen den EHC und bei einer gleichzeitigen Niederlage von Ilves noch auf den zweiten Rang vorstoßen. Kosice genügte schon ein Remis gegen Tampere zum Cupgewinn, die Eisbären benötigten zum 1. Platz bei einem eigenen Erfolg die Hilfe von Ilves gegen Kosice. Ilves selbst mußte auf Ufa hoffen und eben die Slowaken bezwingen.

Los ging es mit der Partie Eisbären gegen Ufa, ein völlig unbeschriebenes Blatt. Einzig Stürmer Roustem Gabdouline war den Insidern aus der erweiterten russischen Nationalmannschaft bekannt. Desweiteren verfügte Salavat über ein recht junges, unerfahrenes Team, was die Bären recht zuversichtlich in die Begegnung gehen ließ. Und es ließ sich auch gut an. Der EHC übernahm vom ersten Bully weg die Initiative und spielte sich gute Chancen zur Führung heraus, scheiterte aber immer wieder an Vasilijev im Tor der Russen. Auf den Rängen warteten die Fans ungeduldig auf das erste Tor für ihre Eisbären. Es dauerte bis zur 12 Minute, als sie Yvon Corriveau endlich erlöste. In Überzahl nutzte er eine Vorlage von Rob Cowie aus und versetzte die Supporter aus Berlin in einen wahren Freudentaumel. Die riesige Blockfahne war noch nicht wieder zusammengerollt, da wurde sie zur Freude aller wieder ausgerollt. Nur 41 Sekunden nach dem 1:0 ließ Pelle Svensson den zweiten Treffer für die Eisbären folgen. Alles schien in geordneten Bahnen zu laufen. Doch versäumten es die Eisbären, den Sack schon frühzeitig zuzumachen. Wie schon gegen Kosice schlichen sich Unachtsamkeiten ins Spiel des EHC ein. Die Fans wurden in ein Wellenbad der Gefühle versetzt, mal oben, mal unten. Nach vierzig Minuten waren alle Berliner ganz tief unten. Zweimal Shajakhmetov und einmal Kalatchev bezwangen den wieder für Brunetta ins Tor zurückgekehrten Udo Döhler zur 3:2-Führung für die Russen. Statt Cupsieg drohte auf einmal der vierte und damit letzte Platz in der Finalrunde. Natürlich frohlockten die meisten der knapp 1.500 Zuschauer angesichts des Zwischenstandes, war nun die Bahn frei für Ilves. Außerdem zeigten die Deutschen hartes Eishockey und das mißfiel den Finnen gewaltig. Doch die Eisbären, die fortan auch gegen die finnischen Fans spielten, ließen sich nur wenig davon beeindrucken. Welle auf Welle wütender Angriffe bewegten sich nun auf das Tor von Salavat zu, doch ohne verwertbares Ergebnis. In der 52. Spielminute dann endlich die Erlösung für den Berliner Anhang und die Mannschaft selbst. Andy McKim zog einfach mal ab, die Scheibe zappelte im Netz - 3:3. Ein Punkt war aber zu wenig für die Bären. Was würde Pit Lee auf der Bank tun? Würde er in der letzten Minute Döhler für einen weiteren Feldspieler opfern. Während man auf der Tribüne über solcherlei Gedankenspiele sinnierte, erhielt Svensson zwei Strafminuten, weil er den russischen Goalie attackiert hatte. Das gefiel Ufas Kapitän Safin nicht besonders und binnen weniger Minuten entwickelte sich auf dem Eis eine zünftige Keilerei, in deren Verlauf sich Svensson eine klaffende Kopfwunde zuzog. Der Schwede war somit aus dem Kampfgeschehen ausgeschieden, für ihn kam Govedaris den körperlich etwas unterlegenen Wahlberg und Hede zu Hilfe. Das

Quartett vervollständigten Biafore und Andrusak, auf deren Qualitäten im Infight hier nicht näher eingegangen werden muß. Und wer „Eisen" Corriveau kennt, der weiß, welche Mühe der Betreuerstab der Bären hatte, ihn auf der Bank zu halten. Nach gut fünf Minuten hatten sich die Gemüter auf beiden Seiten abgekühlt. Schiedsrichter Marko Lepaus verhängte insgesamt 87 Strafminuten, darunter Spieldauerdisziplinarstrafen für Govedaris und Gabdouline sowie eine Matchstrafe für Safin. 1 Minute und 42 Sekunden waren zu diesem Zeitpunkt noch zu spielen. Die Frage war, welches Team eventuell mit taktischen Vorteilen aus dem Gefecht ging und ob Udo Döhler das Tor verließe. Doch nicht die Bären wollten den Goalie herausnehmen, sondern die Russen, die ja bei einem eigenen Sieg noch Zweiter hätten werden können. Aber auf dem halben Wege überlegte es sich Vasilijev doch anders und wollte in seinen Käfig zurück. Pech für ihn, daß die Eisbären zu diesem Zeitpunkt wieder in Scheibenbesitz waren. McKim luchste einem russischen Verteidiger den Puck ab und zog unwiderstehlich davon. Der EHC-Block hielt den Atem an und Andy behielt kühlen Kopf. An Ufas Torhüter vorbei drosch er die Hartgummischeibe zum 4:3 in die Maschen. Danach spielten sich auf den Rängen unglaubliche Szenen ab. Solch einen Torpogo hatten sie in Finnland noch nicht gesehen. Der Autor dieser Zeilen sprang mit einem Camcorder bewaffnet gleich drei Reihen auf einmal nehmend in Sicherheit, um von der Bande aus alles auf Zelluloid zu bannen. Die letzten 40 Sekunden vergingen viel zu langsam, doch auch sie gingen vorbei. Aus und Sieg. Das abschließende Penaltyschießen wurde ebenso wie die an den beiden Tagen davor gewonnen und alles träumte schon vom Pokal.

Unbeweglicher Keeper

Foto: Wreh

Daß es dann doch nicht so kam, lag nicht etwa an Ilves Tampere, sondern vielmehr an den bärenstarken Slowaken vom HC Kosice. Zurecht setzten sie sich in einem Turnier mit vier gleichstarken Teams durch. Bis fünf Minuten vor dem Ende hätte es aber beinahe die Überraschung in Form des Sieges der Eisbären gegeben. Ilves führte mit 4:3 und die Fans aus Berlin schrien sich die Seele aus dem Leib, um Tampere zu unterstützen. Doch leider reichte es nicht. Den Slowaken gelang der Ausgleich und, als Vesa Toskala sein Platz im Tor der Finnen räumte, sogar noch der Siegtreffer. Schade für die Eisbären, denn nach dem schwachen Start steigerte sich das Lee-Team fortwährend und bei ein bißchen mehr Fortüne wäre der Coup aufgegangen.

Continental-Cup-Sieger bis fünf Minuten vor Schluß

So bleibt unter dem Strich ein hervorragender zweiter Platz und eine Prämie von 20.000 DM. Als Dank an die mitgereisten Fans übergab Marc Fortier den Pokal für den Zweiten an die Treuesten der Treuen und jeder der Berliner Supporter wollte einmal den Ehrenpreis berühren oder sich mit ihm ablichten lassen. Als beste Einzelspieler des Tournaments wurden Miroslav Siomonovic (Tor/Kosice), Derek Mayer (Verteidiger/Eisbären) und Raimo Helminen (Stürmer/Ilves) ausgezeichnet.

Die Mannschaft und ein Großteil der Fans verließ sofort nach der Siegerehrung Tampere so unauffällig wie sie vor zwei Tagen gekommen sind. Ein kleiner Trupp Fans blieb noch für kurze Zeit in der Stadt, um die Nacht zum Tage zu machen, doch auch dann hatte Tampere seine geliebte Ruhe wieder.

Hoffen wir nun für die aktuelle Spielzeit in der Europaliga (EHL), daß der EHC Eisbären Berlin ebenso in den Spielen gegen Dukla Jihlava, Djurgarden Stockholm und Jokerit Helsinki für Furore sorgen wird und eventuell wieder der Sprung in die Endrunde eines europäischen Pokalwettbewerbs gelingen wird.

Michael Lachmann

Statistik

Halbfinalturnier vom 14. - 16.11.1997 in Berlin

Valerenga Oslo - Grenoble LBL 2:3 (0:0, 0:2, 2:1)

EHC Eisbären - Trondheim IK 7:0 (1:0, 4:0, 2:0)
Tore: 1:0 (18:30) Felski (Hede), 2:0 (21:24) Steen (Sjögren), 3:0 (23:10) Roupe (F. Funk, L. Funk), 4:0 (31:27) Steen (Corriveau, Mayer - 5-4) 5:0 (37:05) Wahlberg, 6:0 (47:54) Felski (Andrusak, Carlsson), 7:0 (54:16) Corriveau (Sjögren)
Zuschauer: 2.000
Strafminuten: 8/10

Grenoble LBL - EHC Eisbären 2:3 (1:0,1:2, 0:1)
Tore: 1:0 (17:55) Savard, 2:0 (24:15) Barin (Hartogs), 2:1 (30:37) L. Funk (Rhodin), 2:2 (37:55) Durdle (Govedaris - 5-4), 2:3 (59:22) Corriveau
Zuschauer: 1.700
Strafminuten: 8+10 für Koivisto/10

Trondheim IK - Valerenga Oslo 3:8 (0:2, 1:1, 2:5)

EHC Eisbären - Valerenga Oslo 4:1 (1:0, 1:1, 2:0)
Tore: 1:0 (11:35) Durdle (Govedaris), 2:0 (20:15) Sjögren (Fortier), 2:1 (23:51) Sikela (Rath, Boisvert - 4-4), 3:1 (47:17) Govedaris - 4-4, 4:1 (49:12) Wahlberg (L. Funk)
Zuschauer: 2.400,
Strafminuten: 18+Spieldauer für Chitaroni/12

Trondheim IK - Grenoble LBL 3:15 (1:6, 1:3, 1:6)

Abschlußstand

1. EHC Eisbären	3	14:3	6
2. Grenoble LBL	3	20:8	4
3. Valerenga Oslo	3	11:10	2
4. Trondheim IK	3	6:30	0

Endrundenturnier vom 26. - 28.12.1997 in Tampere/Finnland

HC Kosice - EHC Eisbären 5:2 (1:2, 4:0, 0:0)
Tore: 1:0 (03:00) R. Pucher (Baca), 1:1 (07:20) Govedaris (Cowie, McKim - 5-4), 1:2 (07:52) Roupe (Steen), 2:2 (23:31) Baca (Zubek - 5-4), 3:2 (27:45) Plavucha (R. Pucher, P. Pucher), 4:2 (32:29) R. Pucher (P. Pucher, Jasecko), 5:2 (39:15) Plavucha (R. Pucher, Jasecko - 4-5)
Zuschauer: 2.588
Strafminuten: 16/16

Ilves Tampere - Salavat Ulaev 6:3
Salavat Ulaev - HC Kosice 2:2

EHC Eisbären - Ilves Tampere 5:4 (0:1, 1:0, 4:3)
Tore: 0:1 (05:46) Larsson (Measures, Helminen -5-4), 1:1 (22:22) Govedaris (McKim, Hede), 2:1 (44:17) McKim (Sjögren), 3:1 (47:17) Corriveau (Fortier), 4:1 (50:35) Svensson (Fortier, Chitaroni), 5:1 (52:25) Durdle (Leask), 5:2 (54:34) Viitakoski (Helminen, Measures - 5-4), 5:3 (57:41) Lehto (Larsson - 5-3), 5:4 (58:35) Viitakoski (Haapakoski - 5:3)
Zuschauer: 3.390
Strafminuten: 24+10 für Wahlberg und 10 für Mayer/12

EHC Eisbären - Salavat Ulaev 4:3 (2:0, 0:3, 2:0)
Tore: 1:0 (11:07) Corriveau (Cowie - 5-4), 2:0 Svensson (Wahlberg, Biafore), 2:1 (20:29) Shajakhmetov (Junusov 5-4), 2:2 (23:03) Shajakhmetov (Junusov), 2:3 (29:58) Kalatchev, 3:3 (51:16) McKim (Biafore) 4:3 (59:20) McKim - 4-4
Zuschauer: 1.352
Strafminuten: 18+Spieldauer für Govedaris/ 16 + Spieldauer für Gabdouline und 5+Match für Safin

Ilves Tampere - HC Kosice 4:5

Abschlußstand

1. HC Kosice	3	12:8	5
2. EHC Eisbären	3	11:12	4
3. Ilves Tampere	3	14:13	2
4. Salavat Ulaev	3	8:12	1

Skoda Auto European Hockey League IIHF Saison 1998/99

Chris Govedaris schärft auch in der EHL wieder seine Klinge

Foto: Sauer

Nachdem die Eisbären in der abgelaufenen Saison durch die Teilnahme am Continental-Cup schon einmal ins internationale Geschäft reinschnuppern konnten, geht es 1998/99 in der Skoda Auto European Hockey League richtig zur Sache. Als Sieger der letztjährigen DEL-Meisterrunde konnte sich der EHC (neben Mannheim und Frankfurt) schon frühzeitig für die attraktive „Champions League" des Eishockeys qualifizieren. Die Bilanz bundesdeutscher Clubs im Europacup liest sich nicht gerade wie ein Ruhmesblatt, nicht ein einziger Verein konnte bis dato den Titel erringen. Dem am nächsten kamen die Kölner Haie, die 1994/95 im Endspiel erst im Penalty-Shoot-Out gegen Jokerit Helsinki (Gruppengegner der Eisbären in der EHL 1998/99) unterlagen. Der EHC brennt jedenfalls darauf, erstmals nach 1988/89 (damals als SC Dynamo) wieder in eine Europacup-Halbfinalrunde einzuziehen...

Gruppenspiele (15.9-8.12.1998)

Gruppe A
Dukla Jihlava
Djurgarden IF
Eisbären Berlin
Jokerit Helsinki

Gruppe B
Färjestads BK
Frankfurt Lions
HIFK Helsinki
HC Slovan Bratislava

Gruppe C
Dynamo Moskau
EV Zug
Valerenga IH
VEU Feldkirch

Gruppe D
HC Bolzano
Ilves Tampere
Leksands IF
Manchester Storm

Gruppe E
Grenoble
HC Fribourg-Gotteron
HC Sparta Prag
Metallurg Magnitogorsk

Gruppe F
Ak Bars Kazan
Ayr Scottish Eagles
Chemopetrol Litvinov
Die Adler Mannheim

Die ersten beiden jeder Gruppe kommen in die Play-off-Runde, die am 5.1. und 12.1.1999 stattfindet (Hin und-Rückspiel). Die besten sechs Teams bestreiten vom 22.1.-24.1.1999 ein Halbfinalturnier in zwei Gruppen à drei Mannschaften (an zwei verschiedenen Spielorten). Die besten Vier spielen am 13./14.2. im Überkreuzvergleich die Teilnehmer am Endspiel sowie am Spiel um den dritten Platz der EHL-Saison 1998/99 aus.

Gespielt wird in der Skoda Auto European Hockey League IIHF 1998/99 grundsätzlich Dienstags.

Hier die Ansetzungen des EHC Eisbären Berlin in der Vorrunde:

Heimspiele:

Di., 15.09.1998 17.30 Uhr
EHC Eisbären Berlin-HC Dukla Jihlava

Di., 29.09.1998 20.00 Uhr
EHC Eisbären Berlin-Djurgarden IF

Di., 27.10.1998 20.00 Uhr
EHC Eisbären Berlin-Jokerit Helsinki

Die Dauerkarte Stehplatz kostet 50,- DM (ermäßigt 35,- DM), Sitzplätze sind für alle drei Spiele zusammen zwischen 110,- DM und 140,- DM zu haben.

Auswärtsspiele:

Di., 13.10.1998 18.30 Uhr
Jokerit Helsinki-EHC Eisbären Berlin

Di., 17.11.1998 20.00 Uhr
Djurgarden IF-EHC Eisbären Berlin

Di., 01.12.1998 17.30 Uhr
HC Dukla Jihlava-EHC Eisbären Berlin

Adressen:

Hockey Dukla Jihlava
Seifertova 26, 586 01 Jihlava, Czech Republic
Tel.: +420.66.23328 oder 23327
Fax: +420.66.23328 oder 23327

Djurgarden IF
Rökerigatan 20, S-121 62 Johanneshov, Schweden
EHL-Manager: Ingvar Carlsson
Tel.: +46.8.556 10800
Fax: +46.8.392388
E-Mail:
anders.antonsson@dif-hockey.a.s.e.

Jokerit Helsinki
Nordenskjöldinkatu 7, SF-00250 Helsinki, Finnland
EHL-Manager: Matti Virmanen
Tel.: +358.9.4772188
Fax: +358.9.4772750
E-Mail:
leena.harkimo@hartwell-arena.com

Lorenz Funk, Manager des EHC Eisbären Berlin, ist übrigens für diese Saison als deutscher Vertreter in den Vorstand der EHL gewählt worden.

Unsere Gegner:

HC Dukla Jihlava

Gründungsjahr: 1956
Vereinsfarben: Gelb/Rot
Nationale Meisterschaften: 1967, 1968, 1969, 1970, 1971, 1972, 1974, 1982, 1983, 1984, 1985, 1991
Spengler Cup-Sieger (Davos): 1966, 1967, 1969, 1979, 1983
Europacup-Finalist: 1968, 1971, 1973, 1977, 1983, 1985, 1986
Stadion: Horacky zimi (8.200)

Von den drei Gruppengegnern des EHC Eisbären Berlin ist der HC Dukla Jihlava sicherlich das unbeschriebenste Blatt (und von der Papierform her der leichteste Kontrahent), doch wie technisch stark das osteuropäische Eishockey ist, das hat nicht zuletzt die brillante Vorstellung des HC Kosice bei der Continental-Cup-Endrunde in Tampere gezeigt. Vorsicht ist also geboten, Jihlava wird sich Helsinki, Stockholm und Berlin sicherlich nicht kampflos ergeben!

Zwar ist das Team von Coach Josef Augusta mit zwölf Titelgewinnen tschechischer Rekordmeister, doch der letzte Erfolg liegt bereits sieben Jahre zurück! In den '90er Jahren lief der HC Dukla Jihlava in der „Staropramen Extra League of Hockey" (SELH) der Konkurrenz zumeist hinterher.

Etwas merkwürdig mutet der Qualifikationsmodus der EHL also schon an, während alle anderen teilnehmenden Länder die besten drei bzw.

besten zwei (z.B. Großbritannien) ins Rennen schicken, scheint die Tschechische Republik nach dem Motto „Wer will, der kann" zu verfahren. National zählte Jihlava in den letzten Spielzeiten nun wirklich nicht mehr zur Creme de la Creme, in der Saison 1996/97 konnte man sich als 13. der Vorrunde erst in der Relegation gegen den Zweitligisten HC Kaucuk Kralupy den Verbleib in der Extra League sichern (EHC-Fans erinnern sich sicherlich noch recht lebhaft an den „Schwenningen-Effekt"). Lediglich 2.195 Fans passierten im Durchschnitt die Stadiontore. In der Spielzeit 1997/98 ging es zwar ein wenig bergauf, doch auch im letzten Jahr rissen die Tschechen keine Bäume aus. Als 9. der Regular Season (von 12 Teams) verpaßte man die Teilnahme an den Play-offs um einen Platz. Die eher durchwachsene Bilanz lautete 51 Punkte aus 52 Spielen (21 Siege, 9 Unentschieden, 22 Niederlagen) bei einem negativen Torverhältnis von 137:139. Bester Scorer von Jihlava (12. der Liga-Rangliste) war Peter Vlk, der in 50 Partien 47 Punkte erzielte (22 Tore und 25 Assists). Auf ihn wird die EHC-Abwehr sicherlich ein Auge werfen müsssen, doch ansonsten müssen die Tschechen erst noch beweisen, daß sie wirklich noch immer zu den besten 24 Teams Europas zählen!

Da Jihlava, südöstlich von der tschechischen Hauptstadt Prag gelegen, von Berlin aus per Bahn, Bus oder PKW recht schnell zu erreichen ist (selbst im Vergleich zu DEL-Auswärtsspielen wie Landshut oder Mannheim), ist zu erwarten, daß sich das EHC-Team am 1.12.1998 über eine große Anzahl von Eisbären-Fans freuen sollte!

Djurgarden IF Stockholm

Gründungsjahr: 1891
Nationale Meisterschaften: 1950, 1954, 1955, 1958, 1959, 1960, 1961, 1962, 1963, 1983, 1989, 1990, 1991
Europacup-Sieger: 1991, 1992
Stadion: Globen (8.700)

Stockholm ist eine der Eishockeyhochburgen Schwedens, ja ganz Skandinaviens. Fußball spielt hier nur eine untergeordnete Rolle, in der Stadt der tausend Inseln greifen schon die Kleinkinder lieber zu Schlittschuhen und Eishockeystöcken als zum runden Leder – die schnellste Mannschaftssportart der Welt ist hier unangefochten König! Immerhin sechsmal war die Stadt Austragungsort einer Eishockey-Weltmeisterschaft: 1949, 1954, 1963, 1969, 1970 und 1989. Auf lokaler Ebene gibt es vier Teams (allesamt mit einer Tradition von mehr als 100 Jahren), die um die Gunst der Fans streiten: AIK, Göta, Hammarby IF und eben Djurgarden, der erfolgreichste Verein der schwedischen Hauptstadt. 1891 gegründet, wird seit 1926 bei Djurgarden IF Stockholm auch Eishockey gespielt, die erfolgreichste Periode des Clubs waren ohne Zweifel die '50er (fünf Meistertitel) und 60'er Jahre (vier Meistertitel), bis 1992 brachten es die Mannen aus dem Johanneshov immerhin auf 13 nationale Titel, 1991 und 1992 schaffte man international sogar das „Double" und holte zweimal hintereinander den Europacup.

In der Saison 1996/97 belegte man nach der Regular Season mit 59 Punkten und 186:135 Punkten den vierten Platz, in den Play-offs scheiterte man schon in der ersten Runde am ungeliebten Lokalrivalen AIK, die ernüchternden Resultate lauteten: 5:3, 3:6, 2:3 und 2:3. In der abgelaufenen Saison drehte Djurgarden dafür aber wieder richtig auf und belegte nach der Vorrunde vor dem Erzrivalen Färjestad den ersten Platz. Herausragender Akteur war dabei Patric Kjelberg (bester Torschütze und zweiter der Scorerliste), der in 46 Partien 30 Tore schoß, 18 Vorlagen gab (48 Scorerpunkte) und dabei nur 14 Strafzeiten kassierte. In der +/- Statistik brachte es Kjelberg auf überragende +27.

Leider reichte es am Ende der Saison für das Team aus Stockholm aber nur zum 2. Platz in der „Swedish Elitserien", denn im hart umkämpften Finale drehte Färjestad den Spieß um und gewann nach 4:0, 1:4, 1:5 und 5:2 im entscheidenden fünften Spiel denkbar knapp mit 2:1 in Overtime. Vielleicht gibt es für die Mannen aus Stockholm auf internationalem Eis die Chance auf Revanche, denn natürlich sind beide Teams für die EHL 1998/99 qualifiziert. Neben Jokerit fällt auch Djurgarden die Favoritenrolle für die Gruppe A zu, vor allem in Stockholm dürfte der EHC als krasser Außenseiter gelten, vor heimischer Kulisse im „Wellblechpalast" könnte dagegen eine Überraschung durchaus im Bereich des Möglichen liegen!

Von den drei Auswärtsfahrten nach Jihlava, Helsinki und Stockholm dürfte letztere (vom eigentlichen Spiel einmal abgesehen) die größten touristischen Reize besitzen.

Die ganze Stadt Stockholm, im Jahre 1252 zum ersten Male urkundlich erwähnt, breitet sich über insgesamt 14 Inseln aus, genau dort, wo der Mälarsee in die Ostsee fließt, und hat inklusive aller Vororte eine Einwohnerzahl von 1,6 Millionen. Die wahrscheinlich sauberste Hauptstadt der Welt mit seiner bezaubernden Altstadt (Gamla stan) wurde für das Jahr 1998 zur Kulturhauptstadt Europas gekürt. Für den November steht das Stockholm Open, ein internationales Tennistunier, das Stockholm Filmfestival (Weltpremieren aus dem Alternativ-Genre) und die International Horse Show (Weltcup mit Pferdeschau) auf dem Veranstaltungskalender. Wer einen Tag mehr mitbringt, dem sei als spezieller Tip eine „Kreutzfahrt der tausend Inseln" mit der MS Waxholm III ans Herz gelegt, ein Erlebnis, das man so schnell nicht vergessen wird.

Aber auch ansonsten hat die Stadt einiges zu bieten, von interessanten Ausstellungen (u.a. im neueröffneten Museum für Moderne Kunst), über reichhaltige Shopping-Möglichkeiten im Innenstadtbereich bis hin zum pulsierenden Nachtleben, das sowohl gemütliche Pubs (deren Schwerpunkt an der Södermalm liegt) und urige Restaurants aber auch angesagte Nightclubs und Discotheken umfaßt.

Doch Vorsicht, Bill Bryson, begnadeter Autor von diversen köstlichen Reise-Romanen (u.a. „Notes from a small Island", „The lost Continent" oder „Neither here nor there") weiß über das Preisgefüge und vor allem die kulinarischen Genüsse der schwedischen Hauptstadt nicht nur Gutes zu berichten. Sein Urteil über die Kochkünste in der Tre Kroners-Metropole fällt vernichtend aus: *„Es war wahrscheinlich das furchtbarste Essen, das ich je außerhalb einer Krankenhaus-Cafeteria zu mir genommen habe – ein grauer Salat mit wässrigen Gurken und Champignons, die nach alter Zeitung geschmeckt haben. Dazu eine Lasagne, die weniger gekocht als gequirrlt worden zu sein schien. Jedes Mal, als ich die Lasagne mit Messer und Gabel bearbeitete, zog sie sich zurück, als ob sie Angst davor gehabt hätte, von mir gequält zu werden. Nirgendwo anders in Europa hätte ein Lokal so schlechtes Essen servieren dürfen, ohne pleite zu gehen, doch hier standen Schlangen vor der Eingangstür. Ich aß alles auf, weil ich hungrig war und weil es mich genauso viel Geld gekostet hatte wie ein ganzes Wochenende in Brighton..."* [Quelle: Billy Bryson, „Neither here nor there", S. 153-154, Übersetzung aus dem Englischen vom Verfasser]. Das derartig beschriebene Restaurant nennt sich übrigens Matpalatset und befindet sich in der Norrmalmstorg – soweit unser Tip für Feinschmecker... Stockholm ist von einem sehr ausgeprägten öffentlichen Verkehrsnetz durchzogen (U-, Regional-, und-Straßenbahnen sowie Busse), welches den Verzicht auf das eigene Auto leichtmacht. Bei einem mehrtägigen Aufenthalt empfiehlt sich der Kauf eines Dauerbillets (der sogenannten Stockholm-Karte), da die Einzelfahrscheine recht teuer sind.

Schwedische Fans glänzen durch Einfallsreichtum!

Foto: Sauer

Das Duell Djurgarden IF Stockholm gegen den EHC Eisbären Berlin findet am 17.11.1998 um 20.00 im Globen statt (Stadtteil Johanneshov). Die Halle (unweit der Fußball-Arena Söderstadion gelegen) ist mit öffentlichen Verkehrsmitteln (U-Bahn-Station Globen auf der grünen Linie, südliche Richtung) äußerst bequem zu erreichen. Eintrittskarten sind seit August unter der Telefonnummer 0046/86967540 erhältlich.

Wer über einen Internet-Anschluß verfügt, der findet unter folgender Adresse alle relevanten Informationen über die Stadt Stockholm: http:/www.stoinfo.se. Die Postanschrift lautet: Tourist Centre, Sweden House, Hamngatan 27, Box 7542, SE-

103 93 Stockholm, Schweden. Tel. +46-8-789 24 95, Fax +46-8-789 24 91. Die Globen Arena direkt ist per Internet unter http:/www.globen.se erreichbar.

Jokerit Helsinki

Gründungsjahr: 1967
Nationale Meisterschaften: 1973, 1992, 1994, 1996, 1997
Europacup-Sieger: 1995, 1996
Trikotfarben: Blau (zuhause), Weiß (auswärts)
Stadion: Hartwell Arena (13.500 Zuschauer)

Im Gegensatz zu den Lokalrivalen IFK (1897 gegründet), HJK (1929 erstmals Meister), HSK (Meister 1934) und KIV (Meister 1939) ist Jokerit ein relativ junger Verein, der erst 1967 aus der Taufe gehoben wurde. Im Frühjahr 1967 spielten zwei Eishockey-Teams aus Helsinki, namentlich IFK und Töölön Vesa um den Einzug in die 1. Finnische Liga, die sich damals „SM-sarja" nannte. Töölön verlor die Play-offs und löste sich in Folge auf. Um die Tradition von Vesa fortzusetzen, wurde Jokerit im selben Jahr von Aimo Mäkinen gegründet. Jener „Mr. Jokerit" hielt das Team für die nächste Dekade durch seinen finanziellen Einsatz am Leben. Zu jener Zeit fanden in Helsinki große soziale Umwälzungen statt, in großem Maße zogen die Menschen vom Land in den Großraum Helsinki. Viele zugezogene Kinder und Jugendliche fühlten sich von den traditionellen Hockey-Teams Helsinkis nicht repräsentiert. Jokerit schloß diese Lücke und konnte somit auf ein großes Kontingent von Jugendspielern und riesige Fanmassen bauen.

Nach zwei Jahren im Unterhaus der finnischen Liga stieg Jokerit 1969 in die „SM-sarja" auf und wurde auf Anhieb Fünfter. Die Steigerung hielt weiter an: 1970/71 errang das Team den 2. Platz und 1972/73 wanderte die erste Trophäe in den Schrank der „Joker". In der folgenden Saison setzte sich Jokerit in der ersten Runde des Europacups gegen Dynamo Weißwasser durch, scheiterte später aber an Leksand aus Schweden. 1990/91 ging es abermals um europäische Ehren und die Blau-Weißen standen wiederum ihren Mann. Nachdem man das Viertelfinaltunier in Herning als Sieger abschließen konnte, setzte man sich als bester Gruppendritter nur ganz knapp im heimischen Helsinki durch. Im Finalturnier besiegte Jokerit im Spiel um Platz 3 die wesentlich höher eingeschätzten Milano Devils mit 4:2. 1994/95 gelang dann sogar der ganz große Sprung, Jokerit richtete das Finalturnier des Europacups selbst aus und gewann es unangefochten!

Ari Sulander – langjähriger Rückhalt von Jokerit Helsinki und dem finnischen Nationalteam

Foto: Sauer

In der nächsten Saison gab die mittlerweile gewachsene Mannschaft, gespickt mit diversen Nationalspielern, auf internationalem Eis ihre Visitenkarte in einem deutschen Stadion ab. In einem legendären Finalspiel besiegte man die Kölner Haie im Penalty-Shoot-out, nachdem es sowohl nach regulärer Spielzeit wie auch in der Overtime keine Entscheidung gegeben hatte. Jokerit Helsinki holte zum zweiten Male den Europacup nach Finnland und verschaffte sich damit großen Respekt, vor allem bei der lokalen Konkurrenz!

Auch national hatte Jokerit in den '90er Jahren fast immer ein Wörtchen mitzureden, wenn es um den Titel ging: 1992, 1994 und 1996 landete das Team jeweils ganz oben auf dem Treppchen. Nachdem man 1997 erneut den Meistertitel der „Finnish Hockey League" erringen konnte, startete Jokerit natürlich auch in die Saison 1997/98 als leichter Favorit. Bereits in der Vorrunde deutete sich aber an, daß die „Joker" nur selten in der Lage waren, ihre überzeugenden Leistungen aus dem Vorjahr zu wiederholen. Nach den 48 Spielen der Vorrunde stand der Emporkömmling aus der finnischen Hauptstadt lediglich auf dem vierten Tabellenplatz; die Bilanz: 53 Punkte (24 Siege, 5 Unentschieden, 19 Niederlagen) bei lediglich 139:137 Toren. Herausragender Scorer bei den Blau-Weißen war nach der Vorrunde Mika Nieminen; seine Bilanz in allen 48 Vorrundenspielen: 16 Tore, 25 Assists (41 Scorerpunkte) sowie 37 Strafminuten, in der +/- Statistik erreichte er einen Wert von +6. Insgesamt landete er damit aber nur auf Rang 8. der besten Scorer der Regular Season. Auch in den Play-offs lief es für Jokerit nicht so rund wie in der vorigen Saison, am Ende mußte man sich mit einem relativ enttäuschenden 3. Platz zufriedengeben. Den Titel spielten Lokalrivale IFK Helsinki und Ilves Tampere, Kontrahent des EHC Eisbären Berlin in der letztjährigen Continental-Cup-Endrunde, unter sich aus. Die Luchse aus Tampere mußten sich letztendlich mit drei Niederlagen in Folge relativ klar geschlagen geben. Trotz oder gerade wegen des enttäuschenden Abschneidens Jokerits in der abgelaufenen Saison werden die Finnen sicherlich den „Joker" ziehen, wenn es in der Gruppe A um die beiden ersten Plätze und damit um den Einzug in die Play-off-Runde geht. Vor allem zuhause in der 13.500 Zuschauer fassenden Hartwall-Arena (eines der schönsten und modernsten Stadien Europas, welches dem Verein selbst gehört, ein absolutes Novum im finnischen Eishockey) ist das Team eine Macht. Der Zuschauerzuspruch bei internationalen Begegnungen läßt dagegen ein wenig zu wünschen übrig, für die Finnen (sowie für alle anderen Skandinavier auch) zählt zuerst einmal die nationale Meisterschaft, alle anderen Wettbewerbe sind von zweitrangiger Bedeutung. Der reisefreudige Berliner Anhang wird sich also auch in der riesigen Hartwall-Arena lautstark bemerkbar machen...

Matthias Mader

Foto: Sauer

Internationaler Erfolg mit internationalem Team?

Yvon Corriveau – Mr. Zuverlässig

In keiner Mannschaftssportart kommt ein Verein ohne Teamgeist und Zusammenhalt aus, will er erfolgreich sein. Dabei sind neben den Sponsoren, dem Vorstand, der Geschäftsstelle und den Trainern vor allem die Sportler entscheidend. Die Vizemeisterschaft haben die Eisbären zwar als Mannschaft errungen, dennoch besteht eine solche Gemeinschaft immer auch aus Einzelspielern, die Höhen und Tiefen haben. Im folgenden soll nun, nicht nur auf die Mannschaft im Ganzen, sondern auf die Spieler im einzelnen eingegangen werden. Diese Einschätzung erhebt keinen Anspruch auf Vollständigkeit und minutiöse Beurteilung der Spieler, wie es in der Tagespresse beispielsweise möglich ist, sie soll mehr einen groben Rückblick auf das Leistungsvermögen des Einzelnen in der vergangenen Saison geben und gleichzeitig eine Einschätzung des Verbesserungswürdigen für die beginnende sein...

Foto: Sauer

Torhüter:

Udo Döhler Nr.17

Udo Döhler ist bei den Eisbären sicher einer der umstrittensten Spieler. Natürlich steht und fällt ein Eishockeyteam mit der Leistung des Torhüters, doch der Leistungsunterschied zwischen ihm und Mario Brunetta ist nicht so gravierend wie er oftmals dargestellt wird. Vor allem der unkonventionelle Stil, den der 30jährige zumeist bevorzugt, ist seinen Kritikern ein Dorn im Auge. Außerdem wird, ob seiner nicht gerade katzenartigen Beweglichkeit am Boden, immer wieder von Übergewicht geredet. Doch man kann sagen, was man will, er ist ein gleichwertiger Torhüter. Sein Pech war, daß er die ihm zu Saisonbeginn gebotenen Chancen nie brillant nutzen konnte. So spielte er in seinen elf Saisonspielen sehr solide, aber nie so überragend, daß er Mario Brunetta hätte den Stammplatz streitig machen können. Zum anderen hatte er in Ron Kennedy nun nicht gerade seinen größten Fan bzw. Förderer zum Trainer. Nachdem dann Peter John Lee für die Aufstellung verantwortlich zeichnete, waren die avisierten Saisonziele schon fast zu weit entrückt. So stand für den neuen Trainer ein Torhüterduell nicht mehr zur Debatte. Lee entschied sich für Brunetta und Udo wurde nur noch sporadisch eingesetzt. Doch auch in diesen Situationen war auf ihn Verlaß. Glück für die Eisbären, munkelte man doch schon, daß die vergangene Saison seine letzte bei den Eisbären sein könnte, da er Dirk Perschaus Rückennummer 17 übernahm. Für die neue Spielzeit kann es bei ihm nur heißen: „Neue Saison, neues Glück". So wird er sicher den Zweikampf mit Mario Brunetta wieder aufnehmen, die Nummer 1 im Bärentor zu werden, oder zumindest mehr als elf Saisonspiele zu bestreiten. Mit dem Einstieg der Eisbären in die Europaliga wird er dazu reichlich Gelegenheit haben, denn drei Spiele in einer Woche wird man wohl einem Goalie nicht unbedingt ständig antun. Dabei sei noch erwähnt, daß Udo, neben seinen elf Saisonspielen, von den sechs Continental-Cup-Spielen fünf bestritt und vier davon gewann. Da er ebenfalls immer noch zum Nationalmannschaftskader gehört, dürfte er auch für diese Aufgabe gewappnet sein.

Udo für Deutschland

Foto: Sauer

Spiele: 11
Tore: 0
Assists: 0
Points: 0
Strafminuten: 0

Mario Brunetta Nr.20

Der 31jährige Italo-Kanadier begann stärker als in seiner ersten Spielzeit bei den Eisbären. Der Trainer setzte zu Beginn der Saison endlich auf den Konkurrenzkampf zwischen den beiden Keepern und dies zahlte sich vor allem bei Brunetta aus. Seine Fangsicherheit hat sich verbessert und er sollte sich im Laufe der Saison sogar nochmals steigern können. Insgesamt 50 Spiele bestritt Brunetta in dieser Saison für die Eisbären. Mit einer Save-Quote von 91,39%, liegt er damit über seiner Vorjahresbilanz von 88.34%. Natürlich hatte auch er nicht nur lichte Momente, errinnert sei hier nur an das 2:7 in Frankfurt. Allerdings überwogen die positiven Eindrücke in dieser Saison jedoch. So hielt er dem Team in den meisten Fällen den Rücken frei und sorgte dafür, daß der Gegner nie entscheidend davonziehen konnte und man im Spiel blieb. Auch Mitte November, nachdem man das Continental-Cup-Finale erreicht hatte, das Team in ein Loch fiel und die ersten Niederlagen der Saison kassierte, war Brunetta einer der wenigen, die Normalform erreichten. Zwar merkte man auch ihm noch etwas Nervosität an, wenn seine Vorderleute patzten, doch seine Sicherheit nahm zu. Ein Vorteil für Mario war dabei natürlich, daß er diese Situation in ihrer Entstehung nicht miterlebt hatte, da er Anfang November mit dem italienischen Nationalteam unterwegs war. Nachdem die Eisbären sich dann wacker beim Continental-Cup-Finale geschlagen hatten, und für die Meisterrunde qualifiziert waren, spielte das ganze Team befreiter auf. Auch Brunetta war damit sichtlich eine Last von den Schultern genommen. Zum wahren Matchwinner avancierte „Super-Mario“ allerdings erst, nachdem er aus Nagano zurückgekehrt war. Selbst Brunetta-Fans waren begeistert, und trauten ihren Augen nicht. Nicht nur Riesenreflexe sondern auch die Vereitelung von 100%igen Chancen und das verbesserte Mitspielen im Feld sprangen dabei ins Auge. So konnte Mario sich über Shut-out Nummer zwei und drei in dieser Saison freuen. Beim 4:0 in Köln initiierte er den zweiten Auswärts-Shout-out der Eisbären überhaupt, und beim 2:0 gegen Landshut im Halbfinale seinen zweiten in den Play-offs für die Eisbären. Mit solchen Leistungen gab er den Ausschlag für das Erreichen des ersten Tabellenplatzes nach Abschluß der regulären Saison und die Erringung der Vizemeisterschaft. Wenn Mario Brunetta das Niveau halten kann, welches er am Saisonende erreichte, braucht es uns um die aktuelle Saison nicht Bange zu werden. Er hat endlich bewiesen, was in ihm steckt und die Eisbären können mit einem Brunetta in dieser Form auch den ganz großen Wurf schaffen. Abzuwarten bleibt, wie Mario, sollte er weiterhin die alleinige Nummer 1 bleiben, die Mehrbelastung in der Europaliga verkraftet. Vielleicht sollte der Trainer zu Saisonbeginn wieder beiden Goalies vertrauen (soweit die Leistung stimmt), um sich erst zu den entscheidenden Phasen der Saison

Der beste EHC-Keeper aller Zeiten? Foto: Sauer

für einen zu entscheiden. Mario Brunetta sollte weiterhin seinem aus Nagano mitgebrachten Talisman vertrauen und weiter an sich arbeiten. Das Spiel im Feld, die Fangsicherheit (Vermeidung von Abprallern) und das Klären mit der Stockhand sind die Dinge, die Brunetta noch verbessern könnte. Gelingt ihm dieses, kann er vielleicht auch das Duell mit Mike Rosati um die Nummer 1 im italienischen Nationaltor für sich entscheiden.

Spiele: 50
Tore: 0
Assists: 3
Points: 3
Strafminuten: 2

Manuel Groß Nr.30
Er sollte eigentlich ebenso wie Frank Richardt und Björn Barta im Kader für das DEL-Team der Eisbären stehen. Doch durch die Neugründung des Stammvereins konnten die drei Nachwuchsspieler nicht die Mindestmitgliedschaft von zwei Jahren in diesem vorweisen und somit keine Doppellizenz erhalten um bei Profis und Junioren zu spielen. So entschieden sich Barta und Groß für die Junioren. Als die Eisbärenjunioren die Endrunde jedoch nicht erreichten, meldeten sie im Seniorenbereich für den Regionalliga-Cup. Für Manuel Gross wurde daraufhin im Januar, er spielte nun ja nicht mehr im Juniorenbereich, eine DEL-Lizenz beantragt. Nachdem er diese erhalten hatte, durfte er gegen die Frankfurt Lions erstmalig bei den „Männern" auf der Bank sitzen, da Brunetta wegen Krankheit nicht aufgestellt werden konnte. Im Agrippina-Cup kam Manuel dann zu seinem ersten Einsatz im DEL-Team der Eisbären. Zwar waren einige Nationalspieler nicht dabei, doch auch der Gegner, die Caps, trat nicht in Bestbesetzung an. Das Spiel endete 7:5 für die Caps. Mehr braucht man zu dieser Partie nicht zu sagen. Manuel mußte in diesem Match einiges an Lehrgeld zahlen. Allerdings waren die Eisbären den gegnerischen Spielern sehr hilfreich beim Scoren und wurden vom Trainer dafür auch in aller Öffentlichkeit gerügt. Einen solchen Einstand hatte er nicht verdient. Mit einem anders agierenden Team hätte er in diesem Spiel einen Sieg erringen können, zumal auf der Gegenseite David Berge das Tor hütete. Manuel wechselte nun zum RSC Erfurt Black Dragons. Mit viel Fleiß und einer professionellen Einstellung, kann Manuel vielleicht einmal Stammkeeper in einer Profiliga werden. Sein größtes Plus ist, daß er sehr gut mitspielen kann und über gute Reflexe verfügt.

Spiele: 1
Tore: 0
Assists: 0
Points: 0
Strafminuten: 0

Verteidiger:

Robert Leask Nr.5
Er ist der ruhigste Spieler im Team der Eisbären und mit 27 Jahren einer der Jüngeren. Auch Rob Leask stammt aus Kanada und besitzt einen irischen Paß. Ihn traf es in dieser Saison besonders hart. Auch er hatte sich schon zu Beginn der zweiten Spielzeit bei den Eisbären gesteigert, und man konnte ihm noch mehr zutrauen. Leider war es aber um seine Gesundheit nicht besonders gut bestellt. Vor allem eine langwierige Rückenverletzung machte ihm zu schaffen. So konnte er nur 40 Spiele für die Bären bestreiten. Rob, von einigen Fans ob seines teilweise nicht gerade körperbetonten Spiels „Mutti Leask" genannt, hatte sich aber scheinbar eine härtere Gangart auf die Fahnen geschrieben. 73 Strafminuten sind nicht gerade wenig. Sein Offensivspiel brachte ihm 7 Scorerpunkte (4 Tore/3 Assists) ein, doch damit war er ebenso erfolreich wie Magnus Roupe, welcher ja bekanntlich Stürmer ist (bei ebenfalls 40 Einsätzen). Auch an seinem Schuß hat Rob gearbeitet. Konnte man früher zu den meisten seiner Versuche Wurf sagen, so kommt dem Betrachter diese Bezeichnung nun seltener über die Lippen. Hier liegen aber noch einige Reserven. Trotz derlei Mängel wird er oft in Unterzahl eingesetzt, da er doch sehr defensiv orientiert spielt. Außerdem sind seine Maße von 1,88 m Größe und 95 kg Gewicht ideal für einen Verteidiger. Sicher hat Rob Leask gerade durch sein Alter noch eine Menge Steigerungsmöglichkeiten. Auch stocktechnisch könnte er noch einiges verbessern, da auch sein Paßspiel teilweise nicht das beste ist. Mit dem Vertauen das ihm die Trainer entgegen bringen und wenn er von Verletzungen verschont bleibt, kann man für die neue Spielzeit sehr gespannt sein.

Spiele: 40
Tore: 4
Assists: 3
Points: 7
Strafminuten: 73
+/-: 4

Darren Durdle Nr.18
Der einzige Anglo-Kanadier im Team der Eisbären ist 35 Jahre alt und gehört somit zu den Oldies im Team. Sein Manko war die mangelnde Sicherheit in der Defensive. Leichtfertige Scheibenverluste ohne Bedrängnis und eine zum Saisonende abfallende Formkurve, führten zur Ausmusterung aus dem Kader. Obwohl der „Doc" im Jahr zuvor noch 25 Punkte erzielte, konnte er nunmehr nur 11(2/9) für sich verbuchen. Eine Steigerung wäre nötig gewesen, um im Team zu bleiben, doch auch eine Verletzung warf ihn dabei zurück. Solide Partien waren seltener als im Vorjahr, doch trotzdem hatte er immer noch die Ruhe weg. So konnte er mit seinen Mitteln immer noch viel Verwirrung und

auch Wirkung bei den gegnerischen Angreifern erzielen. Sein Spiel nach vorne war auch wie gewohnt abgeklärt, doch brauchte er für seine Offensivaktionen mehr Platz als im Vorjahr, und war somit auch nicht mehr so torgefährlich. Daß in seinem Alter auch die Schnelligkeit leidet, dürfte weithin bekannt sein und ich denke, hier konnte man ihm keinen Vorwurf machen, da auch sein Einsatz vorbildlich war. So machte er, um seinen alten Standard wieder zu erreichen, Trainingssonderschichten, teils mit, teils ohne Trainer. Wer Darren in den letzten zwei Jahren beobachtet hat, wird wissen, daß es ihn sehr geschmerzt hat, die Finals nicht mit bestreiten zu dürfen. Denn schon ein Jahr zuvor waren die Finalspiele sein großes Ziel. Wenn es dem Doc gelingen sollte, nochmals ein Formhoch zu erreichen und dieses zu konservieren, wäre Durdle durch seine Erfahrung und Cleverneß ein solider achter Verteidiger, der vielleicht dann auch noch mal um eine Meisterschaft mitspielen kann. Seine +/- Statistik von 16 Punkten in nur 45 Spielen, bedeutet immerhin noch Platz sechs in der internen Wertung (gemeinsam mit Andrew McKim!). In der Saison 1998/99 will der „Doc" noch einmal richtig angreifen und hat sich für dieses Vorhaben die neue Rückennummer 23 ausgesucht. Viel Erfolg damit! Wir drücken beide Daumen...

Spiele: 45
Tore: 2
Assists: 9
Points: 11
Strafminuten: 22
+/-: 16

Greg Andrusak Nr.24

Der Kanadier mit irischem Paß hatte in der abgelaufenen Saison Höhen und Tiefen. In der Eisbärenabwehr meist fürs Grobe zuständig, fiel ein ums andere Mal wieder sein teilweise übertriebener physischer Einsatz auf. Verlor er an einem schlechten Tag mehrere Zweikämpfe, versuchte er durch rüdes Spiel seine Fehler auszumerzen. Obwohl er ruhiger und abgeklärter agiert (73 Strafminuten) als in der ersten Saison bei den Bären (190 Strafminuten), ist er immer noch der Verteidiger mit dem aggressivsten Auftreten. Wenn er allerdings in Form ist und einen guten Tag hat, kann man ihn getrost zu den besten Verteidigern zählen. Dann besticht er durch harten, fairen Einsatz, genaue Pässe und gute Schüsse von der blauen Linie. Allerdings war sein Spiel immer wieder sehr von seinem Temperament geprägt. So hält „Greg The Check" auch mit seiner Meinung nicht hinter dem Berg und bekam dies alsbald zu spüren. Bereits in der Vorrunde legte er sich mit Trainer Ron Kennedy an und wurde von diesem auf die Tribüne bzw. die Bank verbannt. Sein Fleiß im Training brachten ihn jedoch nach einiger Zeit wieder ins Team zurück. Pech hatte „Zag" auch zum Ende der Saison, als er verletzungsbedingt einige Spiele pausieren mußte. Mit 43 Einsätzen hat Andrusak zehn Spiele weniger als in der Vorsaison bestritten, in der er allerdings deutlich mehr scorte. So finden sich lediglich 11 Punkte (3/8) auf seinem persönlichen Konto, welches im Vorjahr 25 aufwies. Doch mit 28 Jahren hat er noch einige Zeit Profihockey zu spielen und kann noch an sich arbeiten. So sollte er doch langsam sein Temperament zügeln und konzentriert spielen. Seine Vorstöße ins gegnerische Angriffsdrittel sollten abwechslungsreicher sein als bisher, denn einen Guido Hiller hatten wir schon einmal und sehr erfolgreich sind diese Ausflüge auch nicht gewesen.

Spiele: 43
Tore: 3
Assists: 8
Points: 11
Strafminuten: 73
+/-: 4

Leif Carlsson Nr.25

Mit 98 kg Körpergewicht steht der 29jährige EHC-Verteidiger aus Schweden wie ein Fels in der Abwehr. Zumal er außerdem meist total die Ruhe weg hat, schafft es so schnell kein gegnerischer Stürmer an ihm vorbei. Überhaupt denkt man ab und an, wenn man sein Spiel betrachtet, er wäre gerade aus einem Wikinger-Comic entsprungen. Neben dieser Stärke, der er sich durchaus bewußt ist, so wird selbst ein Corriveau von ihm im Training schon einmal verlacht, besitzt Leif einen unglaublich harten Schuß. Des öfteren wurde von den Fans schon gefordert, daß er die 200 km/h-Kelle auspackt. Einzig an der Genauigkeit seiner Schüsse haperte es noch. 18 Punkte (4/14) stehen in der abgelaufenen Saison auf seinem persönlichen Konto. Wobei vier Tore bei seinem fulminanten Blueliner eine eher magere Ausbeute in 54 Spielen waren. Sein Manko war die fehlende Beweglichkeit. Sein Körperspiel könnte durchaus ein wenig dynamischer sein, damit wäre er in der Abwehr unausrechenbarer. Auch den ein oder anderen Check mehr könnte er verteilen, beschränkte er sich doch zumeist darauf, den Gegner fast freundschaftlich an der Bande zu blockieren. An der Scheibe kann er durchaus auch glänzen. Gelegentlich übertrieb er den ruhigen Spielaufbau jedoch und schnelle Spitzen des Gegners wußten daraus Kapital zu schlagen. Mit nur 14 Strafminuten war er jedoch vor Durdle (22) und Rhodin (24) der diszipliniertestе Eisbärenverteidiger. Nur Stürmer Sjögren hat mit lediglich acht Minuten noch weniger Zeit auf der Strafbank verbracht als Carlsson. Somit zählt Leif zu den fairsten Verteidigern der Liga und dazu gehört schon eine gehörige Portion Abgeklärtheit und Klasse.

Spiele: 54
Tore: 4
Assists: 14

Points: 18
Strafminuten: 14
+/-: 7

Derek Mayer Nr.26
Der kanadische Publikumsliebling Derek Mayer, vor zwei Spielzeiten als einer der drei Ausländer bei den Eisbären verpflichtet, bestritt eine sehr gute Saison. Sichtlich entspannt kehrte er aus der Sommerpause nach Berlin zurück. Fast vergessen waren all die Anfeindungen und Beschimpfungen aus dem ersten Jahr, und so spielte er auch sehr viel befreiter auf. Wie immer gnadenlos hart am Mann aber fair, so wie es im Eishockeysport sein soll, legte er den Grundstein für seine Leistung. Auch taktisch hat Derek sich stark verbessert. Hatte man im ersten Jahr das Gefühl, daß er von sich dachte, er sei der einzige Eisbärenverteidiger, der den Puck ins gegnerische Drittel führen darf, so spielte er nun sicher aus der Abwehr heraus und ging sehr überlegt in die Offensive. Wenn sich die Chance bot, nutzte er diese allerdings auch sehr konsequent. So ist er nach Cowie und Rhodin mit 22 Punkten (9/13) drittbester Verteidiger und noch vor einigen Stürmern zu finden. Auch er hat trotz vieler Unterzahleinsätze noch eine positive +/- Bilanz (2). Überragend an Derek waren seine Zieher von der blauen Linie, damit hatte er am meisten Erfolg, aber auch sein Schlagschuß ist nicht zu verachten. Verbesserungswürdig erscheint mir bei Mayer noch das Stellungsspiel. In einigen Situationen war er nicht Herr der Lage, da er falsch stand. Teilweise spielte er auch Pässe zu überhastet oder ungenau, obwohl er Zeit genug hatte. Sein Einsatz hingegen ist vorbildlich und er ist eine große Stütze der Mannschaft. Auch die Fans haben ihm diese zweite Saison bei den Bären leichter gemacht als die erste, da immer noch jede spektakuläre Aktion von ihm lauthals gefeiert wird. Wie vernarrt die Fans in Derek Mayer sind, beweist der Preis, der bei der Saisonabschlußfeier für sein Play-off-Trikot erzielt wurde. 780,- DM ließ sich der neue Besitzer diesen Spaß kosten. Unseren herzlichen Glückwunsch!

Spiele: 57
Tore: 9
Assists: 13
Points: 22
Strafminuten: 79
+/-: 2

Publikumsliebling Derek Mayer in der Kabine

Foto: Sauer

Frank Richardt Nr.39
Der 20jährige Verteidiger aus dem eigenen Nachwuchs ist mit 1,93 m der größte im Team. Leider hatte aber auch er schlechte Karten zu einem Einsatz zu kommen. So drückte er zwar einige Male die Bank, doch aufs Eis ging er nur zum Absitzen von Strafzeiten. Gemeinsam mit Manuel Gross spielte er dann im Agrippina-Cup und machte seine Sache dort recht ordentlich.

Am selben Wochenende vertrat er die Eisbären noch in einem DEL-All-Star-Game in Dresden, wo er sogar scoren konnte. Um Spielpraxis zu bekommen, wird „Ritch" in dieser Saison auch wieder im Team der Juniors spielen. Gleichzeitig hat er aber auch eine Lizenz für die DEL und trainiert weiterhin in beiden Teams.

Spiele: 5
Tore: 0
Assists: 0
Points: 0
Strafminuten: 0

Chad Biafore Nr.44
Mit Chad Biafore kommen wir zum zweiten Italo-Kanadier im Eisbärenteam. Der 30jährige spielte ebenfalls seine zweite Saison in Hohenschönhausen. Er ist der Typ des ruhigen Arbeiters, ohne den ein Team nicht bestehen kann. Er spielt meist ohne Schnörkel und ist sehr konstant in seiner Leistung geworden. Vor allem viel Sicherheit ist bei ihm in der letzten Spielzeit dazu gekommen. Nach der Ausmusterung von Darren Durdle war er zwar nur der siebente Verteidiger, doch er konnte die ihm gestellten Aufgaben erfüllen. Querpässe vor dem Tor und riskante Abspiele sind nur noch selten von ihm zu sehen. Betrachtet man den gesamten Kader, hat „Chaddy", für seine Voraussetzungen, wohl am meisten Boden gutgemacht und die größte persönliche Verbesserung erzielt. Mit 11 Scorerpunkten (1/9) brachte er zwar nur zwei Punkte mehr als in seiner ersten Eisbärensaison auf sein persönliches Konto, aber er durfte sich beim denkwürdigen 10:3 gegen die mittlerweile verschiedene DEG als Torschütze eintragen. Mit 97 Strafminuten belegt er Platz 2 der internen Sünderstatistik. Man kann jedoch nicht sagen, daß Biafore unfair wäre, dafür sind andere Verteidiger der Liga zuständig...

Natürlich ist sein Offensivpotential beschränkt und er für das Zerstören zuständig, doch mit seinem Einsatz macht er technische Schwächen wieder wett. Auch seine +/- Statistik kann sich sehen lassen. Dort liegt er in der internen Wertung mit 23 Punk-

Chaddy – der ehrliche Arbeiter

Foto: Sauer

ten an zweiter Stelle hinter Niklas Hede. Biafore hat vor allem stocktechnisch noch Reserven, gelingt es ihm dort, noch etwas mehr zu mobilisieren, könnte er für mehr Belebung im Spiel nach vorne sorgen und durch schnelleres Umschalten das Spiel der Eisbären unausrechenbarer für den Gegner machen. An ihm sollte das Spiel mit vier Verteidigungsreihen nicht scheitern. Er ist ein vollwertiger Verteidiger, mit dem man trotz einiger Abstriche rechnen kann.

Spiele: 57
Tore: 1
Assists: 10
Points: 11
Strafminuten: 97
+/-: 23

Rob Cowie Nr.55
Der 30jährige Kanadier spielte die erste Saison bei den Eisbären und schlug ein wie der Blitz. Nicht nur, daß er sein Handwerk gut beherrscht, nein, in ihm hat das Team auch einen neuen Antreiber gefunden. Cowie ist ein Offensivverteidiger bester Güte. Seine Spielweise erinnert sehr an die eines Coffey, Bourque oder Chelios. Ein unbändiger Offensivdrang gepaart mit einem knallharten Schuß, ein gutes Auge und schnelle Antritte, trotz 95 kg Gewicht, stechen bei ihm besonders hervor. Auch sein sehr offenes Wesen und die Tatsache, daß er für jeden Spaß zu haben ist, machten ihn schnell zum Führungsspieler. Aber er ist nicht fehlerlos. Läuft es bei ihm nicht, so fehlt ihm offensichtlich ab und an die Lust. Teilweise ist seine Spielweise auch ein wenig überheblich. So fand auch er im Novemberloch selten zu seiner Form und konnte so wenig Akzente setzen. Im Continental-Cup-Finale war er ebenfalls nicht der Beste. Erst im Januar stieg seine Formkurve wieder steil an und er konnte überzeugen. Mit 49 Punkten (14/35) war er der beste EHC-Verteidiger und belegte somit Platz vier in der Eisbärenscorerliste. Seine +/- Bilanz weist 12 Punkte auf. Wie es jedoch bei den meisten Offensivverteidigern ist, hat Rob vor allem im Defensivverhalten seine Schwächen. So manches Mal schaute er bei Gegentreffern zu, da er sich für keinen Angreifer entscheiden konnte und, als er endlich soweit war, hatte es schon im eigenen Gehäuse eingeschlagen. Auch sein Körperspiel ist gerade um das eigene Tor herum nicht zielgerichtet genug, in den Ecken und an der Bande dagegen kann er mächtig austeilen. Alles in allem hat Cowie eine grandiose erste Saison bei den Eisbären gespielt und wenn er an seinem Defensivverhalten arbeitet, kann er ohne Probleme zum besten Verteidiger der Liga werden. Freuen wir uns auf mehr, vielleicht ist ihm ja im Sommer ein neuer Jubel eingefallen. Auf jeden Fall wird der eine oder andere Spieler wieder gewisse Späße über sich ergehen lassen müssen.

Spiele: 58
Tore: 14
Assists: 35
Points: 49
Strafminuten: 90
+/-: 12

Thomas Rhodin Nr.56
Der 27jährige Neuzugang aus Schweden hatte anfangs seine Probleme bei den Eisbären. In der Vorbereitung waren alle Mann an Bord und Schwächen zeigte kaum jemand. „Toto" konnte jedoch nicht so recht überzeugen und durfte sich die ersten Saisonspiele von der Tribüne aus ansehen. Als er dann wieder ins Team rückte, wurde sein Spiel allerdings von Partie zu Partie sicherer und er begann, die Fans zu verzücken. Soliden Abwehrleistungen folgte ein sehr sicheres Aufbauspiel. Vor allem Lenz Funk sen. war nach seiner ersten Vorlage entzückt: *„Hobt's ihr dös g'sehen, i hob's doch g'sagt, der konns!"* 29 Punkte (6/23) in nur 49 Saisonspielen unterstreichen andererseits ebenfalls recht deutlich sein ausgeprägtes Spielverständnis auch im Angriff. Damit wurde er nach Cowie zum zweitbesten Verteidiger in der Scorerwertung der Bären. Allein sein Kopf schien ihm öfter einen Strich durch die Rechnung zu machen. Wenn im Spiel der Bären viel Leerlauf war, versuchte er zwar, das Spiel von hinten heraus zu gestalten, er wollte es dann aber immer ganz genau und gekonnt machen. So blieben vermeidbare Fehler nicht aus, und nur der geniale Einfall zählt nicht, wenn die Ausführung nicht stimmt. Dieses Manko zeigte sich besonders deutlich in den Play-offs. Genial gedachte Pässe, die jedoch ihr Ziel verfehlten und ungenaue Schüsse von der blauen Linie, welche meist schon die gegnerischen Stürmer abfingen und dann gefährliche Konter fuhren, waren zu oft zu sehen. Darum sollte Thomas in der kommenden Saison noch etwas kaltblütiger werden und lieber einmal mehr auf Sicherheit setzen. Da er jedoch in der regulären Saison zeigte, was er kann, sollte uns nicht bange sein. Vielleicht kann er uns ja in seinem zweiten Jahr bei den Eisbären noch etwas mehr überraschen als im ersten.

Spiele: 49
Tore: 6
Assists: 23
Points: 29
Strafminuten: 24
+/-: 5

Stürmer:

Thomas Sjögren Nr.7
Mit einer Punktebilanz von 31 Toren und 20 Vorlagen wurde der 30jährige Schwede vom finnischen Club Jyp HT Jyväskkylä ganz klar als Torjäger verpflichtet. Schon in den ersten Spielen erfüllte er die Hoffnungen, die man in ihn gesetzt hatte. Nach nur fünf Spieltagen führte er mit sechs Tref-

fern bereits die Torjägerliste an. So konnte es getrost weitergehen, doch je besser die anderen Teams ins Rollen kamen, wurde es auch für einen Thomas Sjögren schwerer zu scoren. Bis zum Ende der Vorrunde blieb er jedoch der Topscorer der Eisbären. Der von Kennedy praktizierte Reihenmix trug allerdings gerade bei ihm nicht dazu bei, beständige Leistungen zu zeigen. In einigen Partien schien bei dem sehr introvertierten Stürmer auch das Engagement nicht unbedingt stark ausgeprägt zu sein und er entwickelte sich mehr und mehr zum Mit- als zum Führungsspieler. Nur an seiner kurzzeitigen Verletzung kann das nicht gelegen haben. Auch der Trainerwechsel schien ihm wenig Impulse gegeben zu haben. Viel zu selten blitzten seine Gefährlichkeit und sein Spielwitz noch auf. Wenn man an seine grandiosen Moves in den ersten Spielen denkt, als er ganze Abwehrreihen samt Torwart narrte, ist es schade, daß er in dieser Saison nicht mehr für die Bären auf Torejagd geht. Doch wie schon in der Saison 1996/97 ließ die Vereinsführung keinen Zweifel daran aufkommen, daß selbst Ausnahmespieler nicht auf Biegen und Brechen gehalten werden. Die Chemie im Team muß stimmen, und so wurde nach Lomakin und Nienhuis mit Sjögren ein weiterer Spieler aus dem Kader sortiert, der den Frieden hätte stören können. Mit 44 Punkten (23/21 Assists) in 56 Saisonspielen war Thomas Sjögren allerdings maßgeblich an der Erringung der Vizemeisterschaft beteiligt, und ihn traf der Ausstieg Kaufbeurens aus der DEL am meisten, hatte er doch in den zwei Spielen gegen die Bayern vier Tore erzielt, die ihm letztlich wieder von seinem Punktekonto abgezogen wurden. Aber auch ohne diese holte er sich die Torjägerkrone bei den Eisbären. Also vielen Dank Thomas für schöne Stunden und alles Gute beim neuen Verein. Wir werden Dich in guter Erinnerung behalten.

Spiele: 56
Tore: 23
Assists: 21
Points: 44
Strafminuten: 8
+/-: 7

Thomas Steen Nr.8

Der Altmeister bei den Eisbären spielte eine solide Saison. Sicher konnte man von der 38jährigen NHL-Legende keine Wunderdinge mehr erwarten, doch die Erfahrung und die Cleverneß, welche er ins Eisbärenspiel einbringen konnte, waren von unschätzbarem Wert. Zu Saisonbeginn noch mit dem „C“ auf der Brust, spielte Thomas seine Stärken vor allem in Unterzahlsituationen aus. Kein anderer Spieler gewann so viele Bullys wie er, und sein Stellungsspiel war eine Augenweide. Immer wieder machte er mit wenig Aufwand die Räume eng und zog so dem Gegner den Zahn. Mit zunehmender Saisonlänge jedoch fielen seine Leistungen ab. Es schien, als hemmte ihn das Kapitänsamt und ähnlich wie bei Rhodin wollte er es eben besonders gut machen. So gab er das Amt an Fortier ab, der damit wesentlich besser zurecht kam. In der Folgezeit ging es beim Schweden wieder aufwärts, und auch die Mannschaft profitierte davon. Vor allem in Spielen, in denen ihm der Gegner mehr Platz ließ, konnte er unbeschwert aufspielen. Besonders augenfällig wurde dies im Continental-Cup-Finale. In Tampere war er in allen Begegnungen der Lenker des Spiels. Das weniger körperbetonte Spiel bot ihm Freiräume, welche er in der DEL selten hatte. Gestochen scharfe und genaue Pässe waren das Resultat, nur leider konnte im ersten und letztlich entscheidenden Spiel niemand diese in Zählbares verwandeln. Auch in den Play-offs überzeugte Thomas. Er machte wichtige Tore und führte die Mannschaft ins Finale. Sicher werden seine Einsätze in der kommenden Saison von seiner Form und vor allem von seiner Gesundheit abhängen, aber auch trotz einiger gesundheitlicher Probleme im vergangenen Winter wird er sich dieser Herausforderung stellen. Vielleicht kitzelt ja der nur ein Jahr jüngere Bullard ein wenig an seinem Ego und er nimmt die Herausforderung an. Sicher wird von Bullard mehr verlangt werden, doch Thomas Steen braucht sich mit seinen 18 Punkten (7/11) aus 53 Saisonbegegnungen der letzten Spielzeit nicht zu verstecken.

Spiele: 53
Tore: 7
Assists: 11
Points: 18
Strafminuten: 30
+/-: 1

Lorenz Funk jun. Nr.9

Der ältere Sohn des Eisbärenmanagers brachte es auf immerhin 58 Spiele in der abgelaufenen Saison. Mit 9 Punkten (3/6) ist er nicht der Topscorer im Bärenteam, aber wenn man seine +/- Statistik betrachtet, ist man im Bilde, welche Aufgaben er zu erfüllen hatte. Als vorwiegend mit Defensivaufgaben betrauter Stürmer kommt er dabei zwar über -5 nicht hinaus, aber er hatte wie Corriveau viel Unterzahl zu spielen. Mit enormer Laufarbeit und Einsatz versucht er dabei, Schadensbegrenzung zu betreiben. Lenz ist ein sehr mannschaftsdienlicher Spieler und sehr aufgeschlossen. So beschränken sich seine Kontakte im Team nicht nur auf den Job. Vor allen mit den Skandinaviern macht „Lenz“ auch schon mal Kultur oder genießt mit den Teamkollegen andere Vorteile einer Großstadt. So trägt er genau wie sein Bruder maßgeblich zur Stimmung im Team bei. Doch auch der 29jährige hat Defizite. So ist sein Antritt nicht der Beste und auch im Abschluß haperte es noch. Sicher ist die Luft in der Liga, im Gegensatz zu seinen DEG-Zeiten, rauher geworden doch die Chancen, die er hatte, mußte er konsequenter nutzen. Vielleicht spielt er ja in der kommenden Saison in einer Sturmreihe, die ihm mehr Möglichkeiten nach vorne bietet. Aber auch wenn nicht, ist auf den Kämpfer schwer zu verzichten, was er vor allem in den Play-offs bewies, nachdem der Kader doch etwas geschrumpft war.

Spiele: 58
Tore: 3
Assists: 6
Points: 9
Strafminuten: 16
+/-: -5

Florian Funk Nr.10
Vor der Saison nur mit einem Dreimonatsvertrag ausgestattet, gilt „Flocko“ mittlerweile als ausgesprochener Gewinn für das Team. Trotz seiner nur 18 Saisonauftritte, bei denen er meist noch nicht einmal durchspielte, beklagte er sich nie über seine Situation. Ohne zu murren saß er auf der Tribüne, machte Statistiken und sorgte für Stimmung im Team. Vom sportlichen Standpunkt konnte er mit sich allerdings nicht ganz zufrieden sein. Machte er sein erstes und einziges Tor zwar bereits weit früher als sein Bruder Lenz, so stehen aber mit einer Vorlage auch nur zwei Punkte auf seinem persönlichen Konto für die Saison 1997/98. Vor allem an Durchsetzungsvermögen mangelte es ihm. Auch an der Stocktechnik kann der 28jährige noch arbeiten. In Sachen Einsatz und Kampf hingegen steht er seinem Bruder in nichts nach. Bleibt zu hoffen, daß „Flocko“ das Singen nicht verlernt, weiterhin immer einen flotten Spruch auf den Lippen hat und für ein gutes Mannschaftsklima sorgt. Da mit Cousin Andreas Brockmann nun noch ein dritter aus dem Funkschen Familienclan in Hohenschönhausen spielt, werden die Kulturabende sicher noch schöner für alle Beteiligten werden.

Spiele: 18
Tore: 1
Assists: 1
Points: 2
Strafminuten: 0
+/-: 2

Foto: Sauer

Totaler Einsatz vom Eigengewächs Felski

Sven Felski Nr.11
Sven ist einer der großen Publikumslieblinge in Hohenschönhausen. Er ist der letzte Überlebende der alten Eisbären und somit das Hohenschönhausener Urgestein, drehte er doch schon als Piefke beim Eiskunstlaufen seine Kringel im Wellblechpalast. Daß er auch den einfachen Axel noch beherrscht, zeigte er einige Male bei Ehrenrunden. Allerdings begann auch für ihn die Saison keineswegs vielversprechend. Sein „Übungsleiter“ ließ ihn oft auf der Bank schmoren und Verletzungsprobleme taten ein Übriges. Doch er bekam seine Chance, und diese

wußte er zu nutzen. Er überzeugte durch Schnelligkeit und Technik. Seinen Ruf als ewiges Talent konnte er endgültig ablegen, als er in die Sturmreihe zu McKim und Govedaris gestellt wurde. Er scorte fleißig und so standen am Ende der Saison 18 Punkte (10/8) auf seinem Konto. Auch bei „Svenne" schien mir jedoch zum Ende der Saison mehr Kopf als sonst in seinem Spiel zu sein. Das Bemühen, Topleistungen zu bringen, war zwar deutlich zu spüren, jedoch gelang ihm weniger als Mitte der Saison. Sein größtes Defizit allerdings ist seine Unbeherrschtheit. 56 Strafminuten sind einfach zu viel bei seinem Können. Zu oft beging der 23jährige dumme Fouls oder ließ sich provozieren. Das fiel nicht nur bei den Eisbären, sondern auch in der Nationalmannschaft auf. Andererseits kann er stolz auf sich sein, trotz eines George Kingston den Sprung ins Nationalteam wieder geschafft zu haben. Durch den in Aussicht gestellten Neubeginn kann Sven sich mit stabilen Leistungen vielleicht auch für einen Stammplatz im Nationalteam empfehlen.

Spiele: 47
Tore: 10
Assists: 8
Points: 18
Strafminuten: 56
+/-: 14

Andrew McKim Nr.13

Der kleine, quirlige Kanadier hatte in dieser Saison Startschwierigkeiten. Er kämpfte und rackerte, aber so recht wollte dem vorjährigen Topscorer der Eisbären nichts gelingen, die Tore schossen erst einmal andere. Hier und dort traf er einmal und spielte eine Vorlage, aber die dünner gewordene Luft in der Liga machte ihm deutlich zu schaffen. Andererseits war auch sein langjähriger Sturmpartner Govedaris noch nicht in der rechten Verfassung. Doch gerade diese Durststrecke belegt sein außergewöhnliches Können, denn trotz dieser wurde er erneut Scorerkönig bei den Eisbären. Je mehr Govedaris wieder in Schwung kam, um so besser kam auch der 28jährige wieder in Fahrt. Zwischenzeitlich hatte er sogar in einer anderen Reihe spielen müssen. Seine Wendigkeit und seine Tricks sind neben seiner Schnelligkeit die herausstechenden Merkmale. Auch wenn es bei ihm nicht so recht läuft, so hat er dennoch das Zeug dazu, ein Spiel alleine zu entscheiden. So stellte man bei ihm manchmal eine Spielweise wie bei einem Fußballstürmer fest. Erst ist er das ganze Spiel nicht zu sehen, und dann bekommt er kurz vor Schluß eine Chance und die wird genutzt. So zeichnet Andrew z.B. für den 2. Platz im Conti-Cup verantwortlich, indem er im letzten Drittel gegen Ufa aus einem 2:3-Rückstand einen 4:3-Sieg machte, obwohl dieser Tag auch nicht für ihn gemacht war. Seine glänzende Stocktechnik ist ihm dabei natürlich sehr von Nutzen. Einerseits kann er der große Held sein, andererseits jedoch brauchte er oft zu viele Chancen um ein Tor zu erzielen. Solange Andrew McKim weiter Scorerkönig in unserem Team wird, können wir ihm jedoch keine Vorwürfe machen. Mit seinem Spezi Chris und dem Neuzugang Mike „Bully" Bullard als ernstzunehmende Konkurrenz, muß er sich in der kommenden Spielzeit jedoch ganz schön lang machen um dieses Ziel zu erreichen. Des weiteren sollte ihm aber auch bewußt sein, daß mit Thomas Sjögren der Eisbären-Toptorjäger der abgelaufenen Saison das Team verlassen hat und seine Tore jetzt wieder andere schiessen müssen.

Spiele: 58
Tore: 22
Assists: 34
Points: 56
Strafminuten: 16
+/-: 16

Yvon Corriveau Nr.15

Der 31jährige Kanadier ist wohl neben Cowie die wichtigste Neuverpflichtung der Saison gewesen. Einen Stürmer dieser Art hatten wir noch nie in unseren Reihen. Aber auch gesehen haben wir so etwas in Hohenschönhausen wohl noch nicht. Mit 88 kg Gewicht nicht gerade einer der Schwersten, scheint Yvon nur aus Muskeln zu bestehen. Seine Markenzeichen sind ein sehr kurzer Aluminiumschläger als Arbeitsgerät, ein Kampfgeist ohne gleichen und ein äußerst harter und dennoch sauberer Check. Vor allem sein hartes und faires Körperspiel haben ihn sogleich zu einem der Publikumslieblinge werden lassen. Als sich dann auch noch Tore einstellten, machte sich seine Verpflichtung doppelt bezahlt, denn seine eigentliche Aufgabe besteht vorwiegend darin, vor des Gegners Tor Unruhe zu stiften und das gelingt ihm sehr gut. Auch in Phasen der Saison, in der die Bären nicht so überzeugend waren, scorte er oder schuf anderen Spielern den Platz dazu. Leider verletzte er sich in der entscheidenden Phase der Meisterschaft und konnte dem Team kaum noch helfen. Der „Kurzstock" ist bei seinem Spiel vor dem Tor natürlich wichtig, einen längeren könnte er dort gar nicht gebrauchen, bei einigen guten Kontern hingegen war er sein Handicap. Manchmal fehlten bei seinen Breaks wirlich nur zwei Zentimeter um diese zu vollenden. Trotzdem kann sich seine Bilanz von 27 Punkten (13/14) sehen lassen. Außerdem dürfte „Eisen" die Tatsache trösten, daß es bei den Fans einen Song über ihn gibt, was ja auch nicht jedem Spieler in seiner ersten Saison bei einem Verein passiert. Vielleicht könnte er noch etwas mehr an seiner Kondition arbeiten, denn sein Spiel verlangt nun einmal sehr viel Kraft. Zum Ende der Saison war von seiner Spritzigkeit nicht mehr viel zu sehen und der eine oder andere Check ging daneben. Es sah so aus, als ob seine Akkus leer waren.

Aber auch ihn dürfte die Neuverpflichtung von Bullard freuen, nimmt ihm dieser doch sicher ein Stück seiner kräftezehrenden Arbeit ab.

Spiele: 56
Tore: 13
Assists: 14
Points: 27
Strafminuten: 88
+/-: -3

Mikael Wahlberg Nr.16
Neuzugang „Wahle" hat sich in Berlin prächtig eingelebt. Durch Leif Carlsson und Olle Öst nach Hohenschönhausen vermittelt, fühlt er sich sowohl im Team als auch sonst sehr wohl hier. Sich selbst eigentlich als Defensivstürmer einschätzend, belegte er mit 35 Punkten (11/24) einen erstaunlichen 7. Platz in der internen Scorerliste. Dem gegenüber stehen 64 Strafminuten, womit sein Traum in Erfüllung gegangen ist, endlich einmal mehr Punkte zu erzielen als Strafzeiten zu kassieren. Besonders als Vorbereiter leistete er dem Team gute Dienste, ist sich jedoch für die Arbeit nach hinten nicht zu schade, halt schwedische Schule. Mika ist ein sehr lustiger Typ und hat noch so manchen Unsinn im Kopf. Vor allem das Wegwerfen gegnerischer Schläger bereitete ihm besonderen Spaß. Arbeiten sollte er noch an seinem Körperspiel, obwohl ihm das technisch gepflegte Spiel mehr zusagt. Insgesamt kann man sagen, daß auch der 25jährige Schwede ein Volltreffer war. Kann er die Leistungen der vergangenen Saison wieder bestätigen, ist der junge Vater einer Tochter sicher ein Kandidat, um über längere Zeit in Hohenschönhausen tätig zu sein. Mit Nachbar Hede versteht er sich prächtig und auch Berlin sagt ihm als Wahlheimat zu.

Spiele: 57
Tore: 11
Assists: 24
Points: 35
Strafminuten: 64
+/-: 21

Magnus Roupe Nr.19
Anfang der Saison erhielt der Neuzugang aus der 2. Schwedischen Liga den Vorzug vor „Toto" Rhodin. Der Trainer schien sich vom schwedischen Weltmeister allerdings mehr erhofft zu haben und so begann ein buntes Bäumchen-wechsle-Dich-Spiel. Sicher schon über den Zenit seiner Laufbahn hinaus, leistete Roupe vor allem ähnlich gute Dienste nach hinten wie Steen. Im Angriff hingegen brachte Magnus es nur auf sieben Punkte (3/4). Seine Schnelligkeitsnachteile dürften dafür der ausschlaggebende Grund gewesen sein, denn an der Scheibe war seine Klasse noch zu sehen. Auch in den Playoffs stand er seinen Mann, vermochte es jedoch nicht mehr, spielentscheidende Akzente zu setzten. Der ruhige 35jährige verlängerte seinen Vertrag bei den Eisbären nicht, aber auch ihm sagen wir Danke und viel Glück und Erfolg weiterhin.

Spiele: 40
Tore: 3
Assists: 4
Points: 7
Strafminuten: 22
+/-: 0

Pelle Svensson Nr.21
Der 28jährige Schwede konnte in der zweiten Saison bei den Bären seine Bilanz aus dem ersten Jahr noch toppen. Mit 37 Punkten (18 Tore, 19 Assists) und 34 Strafminuten erzielte er genau zwei Tore mehr und kassierte vier Minuten weniger als 1996/97. Damit ist er ein Maß an Beständigkeit obwohl auch bei ihm die Saison nicht ganz reibungslos verlief. Seine gefürchteten Sturmläufe auf dem Flügel waren zwischenzeitlich Mangelware. Doch nachdem wieder Ruhe in den Verein eingekehrt war, fand auch Pelle zu seinem Spiel zurück. Auch im Zweikampf hat Pelle seine Stärken, wenn er gefordert wird, nimmt er jede Herausforderung an. Erinnert sei hier an das Continental-Cup-Finale, wo er sich selbst blutüberströmt noch nicht geschlagen gab. Allerdings täte dem Heißsporn ein wenig Zurückhaltung in mancher Situation gut, oder er entscheidet sich für ein Visier, welches selbst Derek Mayer mittlerweile trägt. Anderenfalls könnte es passieren, daß seine Frau ihn eines Tages nicht mehr erkennt, denn die schon angesprochene Gesichtsverletzung war nicht seine einzige in der abgelaufenen Spielzeit. Der in den Berliner Medien angesprochene Künstlername rührt von seinem eigentlichen bürgerlichen Namen und seinem Kabinenplatz her. Erstens heißt er eigentlich Jean-Pierè Svensson, nennt sich aber als Schwede lieber Pelle. Zweitens hatte man auf seinen Kabinenplatz von 1996/97 Björn Barta gesetzt, gekennzeichnet durch einen Namensaufkleber. Pelle hingegen wurde neben den damals 17jährigen gesetzt. Dazu sei noch erwähnt, daß beide mit demselben Stockmaterial spielen. Nun holte sich Pelle nach einigem Hin und Her seinen Platz zurück und entfernte das Namensschild des Juniors. Irgendein Spaßvogel beklebte daraufhin Pelles Schläger mit dem Namensschild des Youngsters und seit diesem Tag heißt er Jean-Pierre Barta.

Spiele: 58
Tore: 18
Assists: 19
Points: 37
Strafminuten: 34
+/-: 22

Marc Fortier Nr.22
Im Verlauf der Saison zu Kapitänsehren gekommen, ist der Kanadier vor allem mehr Vorbereiter und Spielgestalter als Vollstrecker. Mit 51 Punkten (10/41) teilt er sich Platz

zwei in der Scorerwertung mit dem „Griechen". Übersicht und Sicherheit an der Scheibe sind seine Markenzeichen. Im Abschluß hingegen haperte es bei ihm noch. Lediglich 10 Treffer in 53 Spielen deuten auf dieses Manko hin. Zwar fungierte er auch in Überzahlsituationen vorwiegend als Scheibenverteiler, aber er ließ doch häufig Riesenchancen ungenutzt. In seine Funktion mit dem „C" auf der Brust hat er sich vernünftig hineingelebt. Anfangs spürte man auch bei ihm eine gewisse Last durch dieses Amt, diese verflog aber schnell. Marc ist zumeist ein ruhiger Spieler und gerade als Kapitän wünschte ich mir teilweise mehr Enthusiasmus sowohl im Spiel als auch auf der Bank. Er agiert zumeist unauffällig, ist aber trotzdem ein sehr wichtiger Spieler. Mit 32 Jahren sollte man ihm die Führungsrolle auch zugestehen, doch auch er hat noch Reserven. In einigen Spielen, in denen es nicht so lief, muß man gerade von ihm ein wenig mehr verlangen. Sein Bemühen war zwar immer zu spüren, doch manchmal schien er sich eher zu verstecken. Da er Französisch, Englisch und Deutsch spricht, sollte er nicht nur Mittler sondern auch Mitreißer sein. Daß er Cowie dabei überflüssig machen könnte, steht außerhalb jeder Diskussion.

Spiele: 53
Tore: 10
Assists: 41
Points: 51
Strafminuten: 44
+/-: 7

Niklas Hede Nr.32

Der kleine Finne hat nicht, wie anderswo behauptet, einen blauweißen Holzmast in seiner Wohnung. Allenfalls eine Satellitenschüssel zum Empfang skandinavischer Fernsehsender nennt er sein Eigen, doch zurück zum Sport. „Niki" ist ein glänzender Schlittschuhläufer und der trickreichste Spieler des EHC. Mit seinen wieselflinken Antritten, in die er sehr schnelle Körpertäuschungen einstreut, verwirrte er nicht nur eine Abwehr in der DEL. Am Stock ebenfalls glänzend, forderten ihn die Fans, wenn es mal nicht so lief, sofort zum Sturmlauf und Toreschießen auf. Doch auch der Publikumsliebling hatte seine Probleme. Wie schon im Saisonrückblick ausführlich beschrieben, stand er kurz vor einer Vertragsauflösung. Sicher hatte Kennedy seine Disziplinierung überzogen, aber Niklas übertreibt seine Soli auch das eine oder andere Mal. Sicher hat er dabei hehre Absichten. Mit der Klasse, die er besitzt, muß er andererseits aber auch variieren können, wenn sein Spiel nicht läuft. Im Körperspiel besitzt er ebenso Defizite, daß er es jedoch nicht versucht, das kann man nicht sagen. Immer hängt er dem Gegner irgendwo im Arm oder er setzt geschickt seinen Stock ein. Selbst an der Bande läßt er dann nicht locker. Besonders beliebt bei den Fans sind jedoch seine Kabinettstückchen mit denen er verzaubert. Ob die Versuche, den Puck ins Tor zu tragen (einmal erfolgreich), Bauerntricks oder Beinschüsse, jede dieser Aktionen wird bejubelt auch wenn sie nichts Zählbares einbringt. Seine 29 Punkte (13/16) sind in jedem Fall noch ausbaufähig. Auch der 29jährige ist ein Kandidat für eine längere Liaison mit den Eisbären, spielt er doch mit dem Gedanken, die deutsche Staatsbürgerschaft zu beantragen und hier ansässig zu werden.

Spiele: 56
Tore: 13
Assists: 16
Points: 29
Strafminuten: 22
+/-: 25

Björn Barta Nr.33

Selbstbewußtsein hat der zu Beginn der Saison noch 17jährige Stürmer auf jeden Fall. Gilt er doch weithin als das größte Nachwuchstalent der Eisbären seit Jahren. Von ungefähr kommt diese Aussage nicht, wenn man bedenkt, daß er noch für die Jugend spielberechtigt war. Doch mit der Doppellizenz wurde es ja bekanntlich nichts, und so ließ man ihn nicht bei den Männern auf der Bank versauern, sondern bei den Juniors spielen. Zum Ende der Saison lieh man ihn nach Mora (Schweden) an das dortige Juniorenteam aus und dort schlug er sich hervorragend. Mittlerweile ist er nach Heilbronn ausgeliehen. Nun, ich denke, bei einem Spieler, der sich mit 17 Jahren für ein Profiteam eine Doppelnummer aussucht und diese auch bekommt, der wird noch von sich reden machen: Hoffentlich spielt er dann wieder bei den Eisbären, wenn er für Furore sorgt.

Spiele: 0
Tore: 0
Assists: 0
Points: 0
Strafminuten: 0
+/-: 0

Mario Chitaroni Nr.34

Kein Eisbärenspieler ist wohl so umstritten, wie der 31jährige Italo-Kanadier. Er ist schnell, trickreich und ein Mann für die entscheidenden Tore. Sein Temperament geht jedoch zu oft mit ihm durch. So gab es nicht nur ein Spiel, in welchem Chitaroni dem Team einen „Bärendienst" erwies. Mit 194 Strafminuten ist er der „Obersünder" bei den Eisbären und hat damit 97 Punkte Vorsprung auf den Zweitplatzierten in dieser Wertung, Chad Biafore. Mehrere Spieldauerdisziplinarstrafen zieren sein Konto, und eigentlich hat er eine solche Spielweise gar nicht nötig. So zeigte er gerade auch auf internationalem Terrain seine Klasse. Immer wieder findet sich sein Name in den Scorerlisten von Weltmeisterschaften und Olympischen Spielen.

Er traf in Nagano, bei der WM in der Schweiz und 16 mal für die Eisbären. Mit ebenfalls 16 Vorlagen kommt er damit auf 32 Punkte, und das ist guter Durchschnitt. Doch seine Ausraster kommen dem Team teuer zu stehen. Nicht nur, daß er sich damit selbst auf die Strafbank bzw. auf die Tribüne verbannt, er schwächt damit das Team. Selbst erzieherische Maßnahmen der Trainer halten nicht lange vor. Wenn er seinen überschäumenden Zorn nicht unter Kontrolle bekommt, wird er wohl nicht mehr lange das Eisbärentrikot tragen dürfen. Wenn er allerdings fair bleibt, sind vor allem sein Kampfgeist und seine Vielseitigkeit hervorzuheben. Er kann aus allen Lagen schießen aber auch zocken. Er geht weite Wege und wird wegen seines Einsatzes bei den Fans auch der „Kampfzwerg" genannt. Außerdem hat er kaum Anpassungsschwierigkeiten, wenn er in anderen Reihen spielen muß. Fazit: Solange sich Mario Chitaroni im Rahmen des Erlaubten bewegt, ist er ein Gewinn, ansonsten nicht.

Spiele: 51
Tore: 16
Assists: 16
Points: 32
Strafminuten: 194
+/-: 8

Chris Govedaris Nr.77

Der 28jährige war der erste Kanadier, der mit griechischem Paß in Deutschland einen Vertrag als Eishockeyprofi unterschrieb. Somit schon vor zwei Jahren als Exot angesehen, ließ es sich Chris auch nicht nehmen, etwas Besonderes zu sein. So kam er zum einen verspätet und zum anderen mit einigen Pfunden zuviel aus der Sommerpause zurück. Das Aufholen des somit entstandenen Trainingsrückstandes kostete ihn viel Zeit. Mangelnde Kondition und Spritzigkeit dämpften die Erwartungen der Fans deutlich. So dauerte es auch bis in den Oktober hinein, ehe er wieder halbwegs zu alter Form fand. Daß er aus der Reihe mit McKim genommen wurde, tat dann scheinbar noch sein Übriges. Richtig rund zu laufen begann es beim „Griechen" allerdings auch erst in der Meisterrunde. Dort bestach er dann wieder mit altem Können. Govedaris ist ein Brechertyp. Mit seinem Gewicht von 98 kg (offiziell) ist es schon ein hartes Stück Arbeit für jeden Verteidiger, diesen Brocken zu beherrschen. So zeichnet sich Chris besonders durch sein robustes Spiel aus. Ihm die Scheibe zu stehlen, dazu gehört schon einiges, und seine Sturmläufe auf dem linken Flügel sind sehenswert. Eine seiner gefährlichsten Waffen ist ein trockener Hammer in den oberen kurzen Winkel, mit dem er gern seine Flügelläufe abschließt. Doch gerade dabei fehlte meist die Präzision. Ein weiterer Pluspunkt ist sein Umkehrspiel und sein Einsatzwillen. Diese Fähigkeiten kann er jedoch nur ausspielen, wenn seine Fitneß stimmt und dort hat er die meisten Reserven. Mit 51 Punkten (21 Tore, 30 Assists) wurde er wie in der Vorsaison Zweiter in der EHC-Scorerwertung, was seine Sturmqualitäten untermauert. Aber auch in der Rückwärtsbewegung konnte man wenig über ihn klagen. So spielte Govedaris auch sehr viel Über- und Unterzahl und hat mit 17 Punkten eine sehr vernünftige +/- Statistik.

Spiele: 55
Tore: 21
Assists: 30
Points: 51
Strafminuten: 50
+/-: 17

Sven Wreh

Foto: Sauer

Ihr Liebling ist ein echter Hohenschönhausener

Die Neuen im Team der Eisbären 1998/99

Mike Bullard Nr.98

Reizfigur und Superstar wider Willen!

Michael Brian Bullard (am 10. März 1961 in Ottawa geboren) ist momentan sicherlich eine der größten Reizfiguren des bundesdeutschen Eishockeys. Mit einem Gewicht von 94 kg bei 1,81 m Körperlänge, ein Kerl wie ein Baum, wird der Center von Fans wie Teamkollegen gleichermaßen liebevoll „Bully" gerufen. Im selben Maße wie in den '70er Jahren Ausnahmestürmer des Formats Erich Kühnhackl oder Lorenz Funk die Blicke der Öffentlichkeit auf sich zogen, reiben sich heutzutage die Verehrung der einheimischen Zuschauer sowie die Ablehnungshaltung der gegnerischen Fans an Mike Bullard.

Der kleine Mike fing bereits mit drei Jahren an, Schlittschuh zu laufen, mit 18 startete er seine professionelle Eishockeykarriere in Bradford (OHA). 1980 wurde er dann von den Pittsburgh Penguins in der 1. Runde an Nr.9 gedraftet und absolvierte seine erste Saison in der höchsten amerikanischen Spielklasse. In Pittsburgh fühlte sich Bullard recht schnell heimisch und avancierte schnell zu einer wichtigen Größe im Spiel der Penguins. Nach sieben Spielzeiten wechselte er 1986 zu den Calgary Flames, ehe kurze Gastspiele bei den St. Louis Blues, Philadelphia Flyers und Toronto Maple Leafs (mit einem einjährigen Abstecher zu Amri-Piotta in die Schweiz) seine recht erfolgreiche Karriere in der NHL im Jahre 1992 abrundeten. Von allen amerikanischen Städten hat „Bully" Bullard seinen zweijährigen Aufenthalt bei den Calgary Flames am besten in Erinnerung: *„Es hat sehr viel Spaß gemacht, in Calgary in der NHL zu spielen, es ist eine der schönsten Städte Kanadas – a great hockey town!"* Insgesamt ging Bullard zehnmal für das Team Canada aufs Eis und nahm 1986 an der Eishockey-Weltmeisterschaft teil.

Während Mike in seiner Karriere mehrere Spielzeiten mit einem Schnitt von mehr als einem Tor pro Spiel abschloß (1980/81 in Bradford, 1990/91 in Amri-Piotta und 1992/93 in Rapperswil), ist er dennoch ein Spielertyp, der ein gutes Auge für seine Nebenleute hat (was seine überdurchschnittlich gute Assist-Bilanz belegt). *„Yeah, das ist keine Frage"*, entgegnet der bullige Bullard, der sich in Interviews und auf Pressekonferenzen immer noch lieber in seiner Muttersprache auszudrücken pflegt. *„Ich helfe gerne den Spielern um mich herum, auf lange Sicht werden mir dann im Gegenzug auch die Flügelstürmer helfen"*, erklärt er seine „Einer für alle, alle für einen"-Eishockey-Philosophie. *„Ich möchte nicht nur als Goalgetter bekannt sein, sondern als ein Typ, auf den sich die Mitspieler immer zu 100% verlassen können. Tore vorzubereiten macht mir genauso viel Spaß wie selbst Tore zu schießen"*, gibt sich Michael Brian Bullard bescheiden.

Den Wechsel von Landshut nach Berlin hat sich Mike reiflich überlegt, für ihn war es sportlich auch ein Schritt näher an den Meistertitel heran: *„Die Leute in Landshut waren in den fünf Jahren sehr gut zu mir, doch in der letzten Zeit stagnierte die Situation ein wenig. Persönlich ist das jetzt ein großer Schritt für mich, aus einer kleinen Stadt mit 60.000 Einwohnern hier in diese Metropole von 4,5 Millionen zu kommen – eine riesige Umstellung. Meine Frau und meine Tochter werden sich freuen, daß es in Berlin viel mehr zu unternehmen gibt. Ich bin ja in einer Millionenstadt geboren, deswegen freue ich mich besonders auf das große kulturelle Angebot in der Hauptstadt."* Wann stand es denn fest, daß Bullard zu den Eisbären wechseln würde (wo er erst einmal einen Einjahresvertrag unterschrieben hat)? *„Well"*, überlegt „Bully", *„natürlich habe ich mit vier oder fünf Vereinen verhandelt, doch Berlin war für mich die Nr.1. Wir haben eine reelle Chance, die Meisterschaft zu gewinnen, außerdem freue ich mich auch auf die Spiele in der Europa-Liga."*

Im Gegensatz zum (defensiv ausgerichteten) Spielsystem in Landshut, wo alle Offensiv-Aktivitäten fast alleinig auf ihn abgestimmt waren, verteilt sich die Last in Berlin auf mehrere Schultern, was die Eisbären 1998/99 vielleicht noch ein wenig unausrechenbarer machen wird. Ist denn ein Konkurrenzkampf zwischen Andrew McKim und Mike Bullard um die Torjägerkrone zu erwarten? Der außerhalb der Eisfläche ruhig und bescheiden wirkende Stürmer wiegelt sogleich ab: *„Ich bin nicht hier, um Topscorer zu werden. Wie Peter Lee schon gesagt hat, ich bin nur ein Teil seines Puzzles. Wenn es für mich und die Mannschaft gut läuft, fein, wenn es indes nur für mich gut läuft und das Team darunter leidet, dann läuft etwas falsch. Es gibt keinen Wettbewerb zwischen den Spielern bei den Eisbären!"*

Im letzten Jahr stand „Bully" Bullard, den Manager Lorenz Funk als den „populärsten Stürmer der DEL" einstuft, im Dreß der Landshut Cannibals noch gegen den EHC auf Hohenschönhausener Eis. Die Fans gingen dabei nicht zimperlich mit der Landshuter Reizfigur um, Bullard sieht die Sache heute mit einem lachenden Auge: *„Oh, das hat mir Spaß gemacht, ich sehe mich als Entertainer an und wenn ich bei den Fans Reaktionen hervorrufe, muß ich ja etwas richtig gemacht haben. A lot of fun! Das passiert mir aber in fast allen Stadien Deutschlands, ob das nun*

Köln, Düsseldorf oder Berlin ist." Zur Vorstellung der Neu-Bären wußte auch Manager Lenz Funk mit einer Anekdote darauf hinzuweisen, wie schnell sich die Denkweise der Fans verändern kann: *„Dieselben Kids, die Bullard in den Play-offs der letzten Saison noch verschmäht haben, stehen jetzt beim Training nach seinem Autogramm Schlange. So geht das..."*

Das Tete à Tete mit Chris Govedaris hat Bullard auch schon abgehakt und grinst: *„That's play-offs, ich war der Kapitän in Landshut und wußte, daß es eine 'Best of Five'-Serie ist. Da muß man alle Möglichkeiten ausnutzen, um seiner eigenen Mannschaft Vorteile zu verschaffen. Ich bin mit Chris befreundet, nach den Play-offs habe ich mit ihm und Andy McKim zusammen gegessen. Das ist ein Teil des Eishockeys!"*

Während bei der Pressekonferenz zur Vorstellung der EHC-Neulinge für die Saison 1998/99 bei manchen Journalisten Zweifel aufkamen, ob man mit 37 Jahren auf dem Eis noch Höchstleistungen bringen kann, konterte Mike Bullard kanadisch cool: *„I feel like I am 32".* Billy Flynn wußte dies äußerst gekonnt zu übersetzen: *„Er sagt, daß er sich wie 23 fühlt".* Na dann...

Warum gerade die Nr. 98 das Trikot Bullards ziert, darüber hat es in Mannschaftskreisen schon die erste Witzeleien gegeben, lacht Mike: *„Ich wollte eigentlich die 19 haben, doch sie gaben mir die 98, weil ich schon 98 Jahre Hockey spiele. Nein, Spaß beseite, wir schreiben das Jahr 1998 und vielleicht ist es für die Eisbären ja das 'lucky year', vielleicht gewinnen wir eine Trophäe..."*

Mike Bullard wird trotz seiner 37 Jahre in der Saison 1998/99 zu einem Schlüsselspieler im Trikot des EHC avancieren. Besonders in Unterzahlsituationen wird es auf seine Scheibenfertigkeit und Dynamik ankommen, hat er doch in Landshut zur Genüge gezeigt, daß er die Scheibe in brenzligen Situationen äußerst gekonnt behaupten kann und auch nicht davor zurückschreckt, den gegnerischen Playmaker zu Strafzeiten zu provozieren. Obwohl Bullard der prototypische Center ist, bleibt er doch vielseitig einsetzbar, auch eine Wing-Position wäre nicht undenkbar. Die Superreihe McKim - Bullard - Govedaris wird es wohl nicht geben (mit Ausnahme vom Überzahlspiel), weil sich Coach Pit Lee wohl auf Dauer eher dazu entscheiden wird, drei in etwa gleichstarke Reihen aufs Eis zu schicken. Somit wären die Eisbären 1999 noch unausrechenbarer als in der abgelaufenen Saison und vielleicht wird gerade das den klitzekleinen Unterschied darüber ausmachen, wer am Ende ganz oben auf dem Treppchen steht. Einen Mike Bullard im eigenen Team zu haben, das heißt immerhin, daß er nicht für den Gegner auflaufen wird. Ein beruhigendes Gefühl – denken wir nur an die Vorrundenpartien gegen Landshut in der Vorsaison zurück...

Matthias Mader

Daumen hoch für Mike Bullard

Foto: Sauer

Saison Verein	Sp	T	A	P	St
1978/79 Bradford (OHA)	66	43	56	99	66
1979/80 Bradford (OHA)	77	76	90	166	115
1980/81 Bradford (OHA)	48	51	65	116	65
1980/81 Pittsburh Penguins (NHL)	19	4	5	9	19
1981/82 Pittsburh Penguins (NHL)	80	37	28	65	95
1982/83 Pittsburh Penguins (NHL)	57	22	22	44	60
1983/84 Pittsburh Penguins (NHL)	76	51	41	92	57
1984/85 Pittsburh Penguins (NHL)	68	32	31	63	75
1985/86 Pittsburh Penguins (NHL)	77	41	42	83	69
1986/87 Pittsburh Penguins (NHL)	14	2	10	12	17
1986/87 Calgary Falmes (NHL)	63	32	29	61	36
1987/88 Calgary Falmes (NHL)	85	48	57	105	74
1988/89 St. Louis Blues (NHL)	20	4	12	16	46
1988/89 Philadelphia Flyers (NHL)	73	26	35	61	92
1989/90 Philadelphia Flyers (NHL)	70	27	37	64	67
1990/91 Ambri-Piotta (SUI)	41	42	37	79	39
1991/92 Toronto Maple Leafs (NHL)	65	14	14	28	40
1992/93 Rapperswil (SUI)	43	54	41	95	83
1993/94 EV Landshut (BL 1)	44	36	27	63	40
1993/94 EV Landshut (Play-off)	7	3	1	4	10
1994/95 Landshut Cannibals (DEL)	38	22	43	65	83
1994/95 Landshut Cannibals (Play-off)	18	17	10	27	28
1995/96 Landshut Cannibals (DEL)	50	29	40	69	60
1995/96 Landshut Cannibals (Play-off)	11	6	11	17	20
1996/97 Landshut Cannibals (DEL)	47	19	51	70	69
1996/97 Landshut Cannibals (Play-off)	7	6	4	10	40
1997/98 Landshut Cannibals (DEL)	45	12	24	36	71
1997/98 Landshut Cannibals (Play-off)	6	5	5	10	40
Total:	**886**	**472**	**556**	**1028**	**1059**

Andreas Brockmann Nr.27

Familienzusammenführung (fast) komplett!

Nach „Flocko" und Lenz jr. spielt nun auch Funk-Neffe Andreas Brockmann im Trikot unserer Eisbären – die Familienzusammenführung ist nahezu komplett, es fehlt eigentlich nur noch Bruder Franz (zur Zeit beim Lokalrivalen Capitals als Physiotherapeut tätig), doch was nicht ist, das kann ja bekanntlich noch werden!

Ähnlich wie der Lenz und seine beiden Söhne hat auch Andi Brockmann (am 11. Juni 1967 in Bad Tölz geboren) das Hockeyspielen auf der Natureisbahn des erfolgreichsten Eishockey-Dorfs Deutschlands erlernt: in Reichersbeuern (2.500 Einwohner). Einer seiner Weggefährten dort war Toni Krinner (später u.a. BSC Preussen und Mannheim). Ab dem 12. Lebensjahr wechselte Andreas dann zum EC Bad Tölz, wo er mit 16 Jahren die erste Saison in der 2. Bundesliga spielte. 1985 kam ein Anruf aus Berlin, wo der BSC Preussen vergeblich um den Aufstieg in die 1. Bundesliga kämpfte. Andreas folgte dem Ruf und wurde schnell eine anerkannte Größe im Team der Charlottenburger, zwar kein absoluter Superstar wie Chabot, Tanti oder Merk, dafür aber ein nimmermüder Mannschaftspieler, der oftmals für andere in die Bresche sprang.

Andi Brockmann hat seinen Onkel mittlerweile in drei Funktionen erlebt: als Mitspieler, als Trainer und nun auch als Manager. *„Ich kenn' den Lenz halt schon von Kindesbeinen an"*, holt Andreas aus. *„Als Spieler war er immer ein Vorbild, meiner Meinung nach einer der besten Deutschlands. Ich habe mit ihm zusammen in Berlin gespielt und im hohen Alter von 39 war er einer der Leistungsträger in der Mannschaft, topfit und ehrgeizig."*

Im Jahre 1987 gelang dem BSC das Aufstiegs-Kunststück dann letztendlich doch, mit Lenz Funk an der Bande. Brockmann lächelt: *„Das sage ich jetzt nicht nur weil der Lenz mein Onkel ist: Er war ein guter Trainer, ich und die gesamte Mannschaft waren begeistert. Wir sind dann auch prompt aufgestiegen, was wir im Jahr davor mit einer nominell besseren Mannschaft nicht geschafft haben."* Andreas Brockmanns Wechsel an die Brehmstraße im Jahre 1988 ist wiederum verknüpft mit dem Schicksal seines Onkels Lorenz Funk, dem der damals allmächtige Hermann Windler während der Saison den Laufpaß gab. *„Das finanziell bessere Angebot kam aus Berlin, nicht aus Düsseldorf"*, beweist der Andi, daß es ihm nicht alleine ums Geld geht. *„Ich kann mich noch genau an den Tag erinnern! Ich war gerade zu Vertragsverhandlungen in Düsseldorf, als mich der Lenz anrief und mir mitteilte, daß er gefeuert worden war. Da ist mir die Entscheidung natürlich leicht gefallen."*

In den kommenden neun Jahren war er aus dem Team der Gelb-Roten nicht mehr wegzudenken, seine erfolgreichste Saison absolvierte Andi Brockmann 1991/92, als er in einer Reihe mit Chris Valentine und Peter John Lee 29 Tore erzielte und 30 Vorlagen gab – als Resultat wurde die DEG in dieser Saison Deutscher Meister.

Während Andreas Brockmann im Trikot des BSC Preussen bekanntlich nie auf den EHC Dynamo traf, weil die Mauer noch stand, so ist ihm heute nicht bange vor dem Aufeinandertreffen der beiden Berliner Teams: *„Jo, mei, Lokalderbies – ich habe so oft mit Düsseldorf gegen Köln gespielt, das ist ja auch ein Lokalderby. Für uns als Spieler ist die Arbeit auf dem Eis wichtig. Die Presse sieht an den Lokalderbies immer das schlechte, ich finde dagegen, daß es ein schöner Vergleich ist, gerade hier in Berlin!"*

Schon während Andreas das Trikot des späteren Lokalrivalen des EHC trug, interessierte er sich dafür, was sich hinter dem damals noch eisernen Vorhang abspielte. Den Preussen war durchaus bewußt, daß im anderen Teil Berlins auch ansehnliches Hockey gespielt wurde. Den „Wellblechpalast" hat der Andi folglich schon besucht, als dies noch nicht so ohne weiteres möglich war: *„Wir haben damals immer Tagesausflüge gemacht, zu den Europacupspielen gegen Rosenheim waren wir z.B. in der Halle."*

1997 ließ sich die DEG bei den Vertragsverhandlungen ein wenig zuviel Zeit, so daß Andreas kurzentschlossen beim EC Heilbronn einen Kontrakt für die 1. Liga Süd unterschrieb. Er sieht diesen Schritt nicht unbedingt als sportliche Abqualifizierung, doch so richtig warm wurde er in Heilbronn (wo er mit Jan Schertz zusammen spielte) nicht. Als DEL-Spieler wurde er in allen Überzahl- und Unterzahlsituationen eingesetzt und wenn es einmal nicht so lief, war Andreas immer gleich der Buhmann – ohne geeignete Nebenspieler läuft eben auch in der 1. Liga Süd nicht alles von alleine. Das war den Verantwortlichen in Heilbronn nicht klar. Den Schritt aus dem unterklassigen Eishockey zurück in die DEL sieht Brockmann nicht als besonders dramatisch an: *„Ich habe ja jahrelang in der obersten Spielklasse agiert, deswegen ist das für mich keine große Umstellung. Anders ist das sicherlich für junge Spieler, die niemals in der DEL aktiv waren."*

International war Andreas Brockmann insgesamt 42 Mal für Deutschland aktiv und nahm an der Olympiade 1992 teil, momentan steht für ihn der Verein aber an erster Stelle: *„Sicherlich ist es schön, für Deutschland zu spielen, doch das kommt automatisch, wenn man gute Leistungen bringt. Mein Arbeitgeber sind die Eisbären Berlin, die Liga hat absoluten Vorrang!"*

Von den EHC-Fans hat Andi schon einen guten Eindruck bekommen, als er die erste Play-off-Partie gegen Krefeld in Hohenschönhausen mit-

Foto: Sauer

Pit Lee mit Mike Bullard und Andi Brockmann

Saison Verein	Sp	T	A	P	St
1984/85 Bad Tölz (2. BL Süd)	44	11	14	25	43
1985/86 BSC Preussen (2. BL Nord)	55	22	27	49	41
1986/87 BSC Preussen (2. BL Nord)	58	32	52	84	66
1987/88 BSC Preussen (1. BL)	27	5	10	15	14
1988/89 Düsseldorfer EG (1. BL)	35	6	15	21	32
1988/89 Düsseldorfer EG (Play-off)	11	2	12	14	26
1989/90 Düsseldorfer EG (1. BL)	33	12	7	19	35
1989/90 Düsseldorfer EG (Play-off)	9	5	7	12	6
1990/91 Düsseldorfer EG (1. BL)	41	16	36	52	26
1990/91 Düsseldorfer EG (Play-off)	13	2	8	10	2
1991/92 Düsseldorfer EG (1. BL)	43	22	22	44	41
1991/92 Düsseldorfer EG (Play-off)	9	7	8	15	6
1992/93 Düsseldorfer EG (1. BL)	41	14	30	44	40
1992/93 Düsseldorfer EG (Play-off)	5	0	2	2	2
1993/94 Düsseldorfer EG (1. BL)	43	16	19	35	32
1993/94 Düsseldorfer EG (Play-off)	12	2	5	7	12
1994/95 Düsseldorfer EG (DEL)	41	9	12	21	63
1994/95 Düsseldorfer EG (Play-off)	10	2	7	9	4
1995/96 Düsseldorfer EG (DEL)	45	13	20	33	43
1995/96 Düsseldorfer EG (Play-off)	13	5	7	12	16
1996/97 Düsseldorfer EG (DEL)	36	6	8	14	65
1996/97 Düsseldorfer EG (Play-down)	4	4	3	7	2
1997/98 Heilbronner EC (1. Liga Süd)	42	16	21	37	88
Total:	**670**	**229**	**352**	**581**	**705**

verfolgen konnte: *„Es herrscht eine unheimliche Stimmung, auch dadurch daß die Halle so klein ist. Gegen Krefeld lief es ja die ersten vierzig Minuten nicht so gut, doch die Fans haben ohne Ende Gas gegeben. Das ist schon anders als in Düsseldorf, das Publikum war dort sehr erfolgsverwöhnt, wenn wir im ersten Drittel nicht gleiche vorne lagen, dann war in der Halle Totentanz...“*

Stichwort Düsseldorf, natürlich fiebert der Andi noch immer ein wenig mit seinem alten Verein mit, sieht die Lage hingegen aber nicht so düster, wie die meisten Kritiker: *„Die DEG ist schon DER Traditionsverein in Deutschland, gerade was das internationale Renommé angeht. Es tut mir absolut weh, zu sehen, was dort passiert ist. Ich habe in Düsseldorf die guten Zeiten miterlebt, da wurden bereits gravierende Fehler gemacht, weil wirklich nur so mit dem Geld um sich geschmissen wurde. Daß es allerdings so schnell gehen würde, das hat keiner erwartet. Das ist für das deutsche Eishockey genauso, als ob Bayern München auf einmal nicht mehr in der Bundesliga spielen würde. Ich glaube aber, daß die DEG in ungefähr zwei Jahren wieder in der DEL mitmischen wird.“*

Bei der Vielzahl erstklassiger Stürmer im Dreß des EHC wird es Andi Brockmann (der erst einmal einen Einjahresvertrag unterschrieben hat) auf Anhieb sicherlich nicht leicht haben, eine tragende Rolle zu spielen. Andreas ist allerdings als Kämpfernatur bekannt und wird sich, nach einer Eingewöhnungsphase, sicherlich durchbeißen. Im zweiten oder dritten Sturm ist ihm durchaus eine Schlüsselposition zuzutrauen, man wird sehen, vielleicht harmoniert Brockmann in der Tat mit Sven Felski. Ein Vorteil für ihn wird im Gegensatz zu seiner Position in Heilbronn auf jeden Fall die Tatsache sein, daß das Spielsystem in Berlin nicht nur auf ihn abgestimmt ist und er somit nicht mehr die Hauptlast in Über- und Unterzahlsituationen trägt. Weniger Eiszeit wird sich auf seine Leistungsfähigkeit und spielerische Kreativität mit Gewißheit positiv auswirken. Coach Pit Lee hält durchaus große Stücke auf seinen deutschen Neuzugang, schätzt ihn als „Zweiwege-Spieler“, also einen, der als Stürmer auch intensiv Abwehrarbeit verrichtet, sehr wichtig für das Teamgefüge ein.

Matthias Mader

Foto: Sauer

Andi Brockmann 1993 bei der WM in Dortmund

Dem Nachwuchs eine Chance

Erfolgreiche Jugendarbeit beim EHC!

Gestützt auf eine solide Basis hatte und hat der EHC Eisbären/Dynamo seit Jahren beachtliche Erfolge in allen Altersklassen vorzuweisen. Am bedeutendsten, bedingt dadurch, daß die meisten Eishockeybegeisterten sich für die unmittelbar nachwachsende Generation ihrer „großen" Lieblinge interessieren, sind sicherlich die Deutschen Meistertitel der Junioren in den Jahren 1992, 1993 und 1995. Aber auch die Altersklasse Jugend hat in den Jahren 1993 und 1994 die höchsten nationalen Titel erringen können. Weiterhin können die Altersklassen, die bedingt durch die Spielmodi im DEB- bzw. LEV-Bereich nicht überregional spielen, auf Meisterehren in ihrer Liga verweisen. Nachfolgende Tabelle listet einmal die Plazierungen bzw. Meistertitel der jeweiligen Altersklassen seit der Saison 1991/92 auf.

Zu beachten ist hierbei, daß die Junioren (Juniors) in der Saison 1997/98 zwar in der ersten Runde der Juniorenbundesliga mitspielten, aber nach dem Verpassen der Qualifikation zur Endrunde in den Regionalligabereich Nord/Ost wechselten und hier verstärkt durch einige reaktivierte Spieler am Regionalligapokal teilnahmen und diese Trophäe bereits im ersten Anlauf, an die Spree holen konnten (siehe Extra-Kapitel in diesem Buch). Ebenfalls zu beachten ist, daß in der Saison 1997/98 im Bereich Knaben die Mannschaft am Spielbetrieb der Schüler (eine Altersklasse höher) als Schüler 1b im Rahmen der Ostdeutschen Meisterschaft teilnahm. Im Altersbereich Kleinschüler waren zwei Vertretungen aktiv. Wobei die bessere Mannschaft ebenfalls eine Altersklasse höher als Knaben 1b Vertretung spielte.

Junioren:
91/92 Deutscher Meister
92/93 Deutscher Meister
93/94 Deutscher Vizemeister
94/95 Deutscher Meister
95/96 Platz 6
96/97 Platz 3
97/98 Pokalsieger Regionalliga-Cup Nord/Ost
Derzeitiger verantwortlicher Trainer: Harald Kuhnke

Jugend:
91/92 Deutscher Vizemeister
92/93 Deutscher Meister
93/94 Deutscher Meister
94/95 Berliner Meister
95/96 Deutscher Vizemeister
96/97 Platz 7
97/98 Deutscher Vizemeister
Derzeitiger verantwortlicher Trainer: Andreas Gensel

Foto: Sauer

Früh übt sich...

Schüler:
91/92 Platz 7
92/93 Platz 4
93/94 Platz 5
94/95 Deutscher Vizemeister
95/96 Deutscher Vizemeister
96/97 Deutscher Vizemeister
97/98 Deutscher Vizemeister und Sieger im Internationalen Bärenmenüpokal
Derzeitiger verantwortlicher Trainer: Dietmar Peters

Schüler 1b:
97/98 Ostdeutscher Meister
Derzeitiger verantwortlicher Trainer: Michael Barta

Knaben:
91/92 Norddeutscher Meister
92/93 Berliner Meister
93/94 Norddeutscher Vizemeister und Berliner Meister
94/95 Norddeutscher Meister
95/96 Norddeutscher Meister und Sieger Knabenturnier in Schwenningen
96/97 Ostdeutscher Meister und Sieger im Berlin-Pokal
97/98 Ostdeutscher Meister

Knaben 1b:
97/98 Berliner Meister
Derzeitiger verantwortlicher Trainer: Michael Schewe

Kleinschüler:
91/92 Norddeutscher Meister
92/93 Berliner Meister
93/94 3. Platz Norddeutsche Meisterschaft
94/95 Norddeutscher Meister
95/96 Norddeutscher Meister
96/97 Norddeutscher Meister
97/98 Ostdeutscher Meister
Derzeitiger verantwortlicher Trainer: Detlef Radant

Kleinstschüler (Bambinis):
Erfolgreiche Teilnahmen an verschiedenen Turnieren
Derzeitiger verantwortlicher Trainer: Andreas Gensel

André Haase

Eisbären Juniors

Mit erstem Erfolg hoffnungsvoll in die Zukunft

Die Saison 1997/98 brachte für die Juniorenmannschaft zunächst nichts Neues, außer daß der Verein für den sie auf Torejagd bzw. -verhinderung gingen, nicht mehr nur EHC Eisbären hieß, sondern sich jetzt EHC neue Eisbären Berlin, gegr. 1997 e.V. nannte. Nötig machte die Übernahme sämtlicher im Nachwuchs aktiven Spieler in diesen neuen Verein die Gesamtvollstreckung des alten Stammvereins. Der dreifache Deutsche Meister aus Hohenschönhausen ging die neue Saison ohne allzu hoch gesteckte Erwartungen an. Hatte sich doch in der letzten Saison gezeigt, daß bedingt durch ein Loch in der Alterspyramide, an eine Wiederholung dieser Titel nicht zu denken war. Lediglich sechs echte Junioren standen im Kader, der mit Spielern aus der Jugend- und teilweise sogar aus der Schülermannschaft aufgefüllt wurde. Besonders glücklich ob dieser Konstellation, wieder nur mit einer Rumpftruppe ins Rennen zu gehen, war man auch in der Führungsetage der Nachwuchsabteilung nicht. Zeigte sich doch schon in der Saison zuvor, daß der Unterschied sowohl körperlich als auch spielerisch zwischen den Altersklassen zu hoch ist. Erst recht, wenn man bedenkt, daß die Schülergeneration mindestens zwei Jahre jünger als der „eigentliche“ Juniorenjahrgang ist. Trotz des Wissens über diese Kaderprobleme meldeten die Verantwortlichen für die Juniorenbundesliga und das Experiment ging erwartungsgemäß in die Hosen. Die Eisbären konnten in der Juniorenbundesliga Nord lediglich mitspielen. Nach den 20 Spielen der Vorrunde standen 18:22 Punkte und 57:61 Tore auf dem Konto, dies war gleichbedeutend mit Platz 5 in der Sechsergruppe. Hierzu sollte man bedenken, daß die Eisbären bereits im Nachwuchs ein leistungsorientierter Verein sind. Sicher, andere Clubs/Vereine in Deutschland wären froh, noch insgesamt zu den zwölf Besten zu gehören, aber gerade in Berlin will man wieder Vorreiter sein und die Lücke zwischen Nachwuchs- und Seniorenbereich möglichst klein gestalten, um so weiterhin allen im Training befindlichen Aktiven weitere Entwicklungsmöglichkeiten in Richtung Profieishockey zu zeigen.

Bereits kurz nach dem Start der Juniorenliga Ende Oktober wußten die Verantwortlichen: So kann es nicht mehr weitergehen. Also wurden Überlegungen angestellt, wie man aus diesem Schlamassel herauskommen kann. Was gab es an Alternativen? Klar war lediglich, daß die Schüler weiterhin alle im eigenen Bereich spielen sollten, denn gerade an ihrem Beispiel hatte es sich gezeigt, daß man eventuell mit Jugendspielern oben mitspielen kann, aber den Schülern fehlte doch noch die Erfahrung für diese Spielklasse. Zwei Alternativen standen zur Auswahl: entweder man meldet den größten Teil der Jugendspieler für die Junioren, mit dem Ergebnis, daß dann keine spielfähige Jugendmannschaft mehr existiert oder man läßt die Jugend in ihrer angestammten Altersklasse und hat demzufolge kein reines Juniorenteam mehr im Verein. Nach reiflicher Überlegung entschloß man sich für die erste Alternative, ohne dabei eine Lösung für das „Juniorenproblem“ aus den Augen zu verlieren. Als dann im Dezember feststand, daß man die Qualifikation für die Endrunde nicht schaffte, mußte die Suche nach Spielmöglichkeiten intensiviert werden, denn an der Qualifikationsrunde zur ersten Bundesliga wollte man unter keinen Umständen teilnehmen.

Gespannter Blick bei den Juniors!

Schließlich kam man auf die Idee, sich nach einer Mitspielmöglichkeit beim Regionalliga-Cup Nord-Ost zu erkundigen. Da die dort startenden Vereine unter der Obhut des LEV Nord nichts dagegen hatten, wurde für diesen Cup gemeldet. Hauptsächlich ging es darum, den Spielbetrieb der Mannschaft sowie die Entwicklung der einzelnen Spieler abzusichern. Als dann allerdings das Grundgerüst des Teams stand, Junioren, einige Jugendspieler, reaktivierte ehemalige Eisbären sowie Frank Richardt aus dem DEL-Kader, stellte man sich schon höhere Anforderungen und wollte nach Möglichkeit den Pokal an die Spree holen.

Diese Grundidee, erst recht nach dem erfolgreichen Abschluß der Saison, mit dem, soviel sei hier schon erwähnt, gesichertem Pokalerfolg, soll auch in der Zukunft Bestand haben, schlägt man doch mehrere Fliegen mit einer Klappe. Erstens gelingt es, den Bruch in der Alterspyramide so weiterhin auszugleichen. Hauptgedanke ist jedoch, einen weiteren Grundstein für eine bessere Zukunft junger deutscher Spieler zu legen. Daß in den letzten Jahren, bis auf Ausnahmen, nur wenige deutsche Talente in die Spitze des nationalen, geschweige denn des internationalen Eishockeys vorstießen, liegt nicht zuletzt auch am System des DEB Spielbetriebes. Trotz Aufstockung des Overage-Anteiles gelang es in der Breite nicht, die Junioren so vorzubereiten, daß sie sofort in eine Halb- bzw. Vollprofitruppe integrierbar waren. Es fehlte an Spielpraxis, Perspektive, aber vor allem an Erfahrung. Jahrelang wurde nur im eigenen Saft geschmort, sprich gegen die immer selben Gesichter in den diversen Altersklassen gespielt. Keine Spielpraxis gegen ältere Spieler oder ausländische Akteure stand zu Buche. Aber gerade dieses Manko konnten die Eisbären in der Regionalliga wettmachen. Sicherlich gab es nur ein richtiges Spitzenteam, den Rostocker EC, in den Spielen gegen die Ostseestädter mußten die Berliner jedoch bis an ihre Leistungsgrenze gehen. Verdeutlicht wurde dieser Qualitätssprung, und die nun neu eröffnete Perspektive, auch nach dem Sprung aus dem Juniorenalter weiterhin in Berlin zu bleiben, durch Aussagen der Spieler. Torhüter Manuel Groß äußerte zu diesem Thema nach der gelungenen Premiere: *„Jeder und gerade die Älteren [Overage und Rückkehrer - Anm. d. Red.] haben begriffen, daß sie hier nochmals die Chance erhalten, in Berlin zu spielen und sich anzubieten... Es ist schon ein großer Vorteil, wenn man mit 20 Jahren nochmals zwei bis drei Jahre Zeit bekommt, um die Weichen für sein zukünftiges Leben zu stellen.“* Weitere Gegner in der Vorrunde der Hohenschönhauser waren neben dem REC, F.A.S.S. Berlin, der HSV sowie die TUS Harsefeld Tigers.

Favorit deklassiert!

Die Eisbären Juniors, so der offizielle Titel des Teams, der schon hier die Trennung vom üblichen Junioreneishockey symbolisieren sollte, starteten mit der denkbar schwersten Aufgabe in diese Runde. Erster Gegner waren die hoch favorisierten Rostocker. Was dann aber vor ca. 400 Zuschauern folgte, hatten die Verantwortlichen der Berliner und am wenigsten die der Rostocker erwartet. 9:1 hieß es am Ende für die Berliner. Anscheinend zu überheblich waren die Ostseestädter in dieses Match gegangen und waren dann im gesamten Spiel nicht mehr in der Lage, ihren Rhythmus zu finden. Auch ein Torhüterwechsel zu Beginn des zweiten Drittels half nichts. Mal wurden sie klassisch ausgekontert, mal technisch vorgeführt. Der absolute Gipfel allerdings war das Tor zum Zwischenstand von 5:0. Zwei Berliner saßen auf der Strafbank, trotzdem kam es, daß Faltin und Richardt, der das Tor erzielte, unbedrängt auf das

REC-Gehäuse zulaufen konnten und auch noch den Goalie austanzten. Damit war den Rostockern endgültig der Nerv gezogen. Nichts war zu sehen vom hochgelobten Ausländerduo (Kramarenko und Islamow), dem einen oder anderen vielleicht noch aus ihrer Zeit beim Schlittschuhclub bekannt, oder den talentierten Ex-Eisbären um Masche, Nawrocki, Dittmar und anderen. Lediglich Matthias Wolff war es vergönnt, den Ehrentreffer zu erzielen. Erst im letzten Drittel ließen auch bei den Berliner die Kräfte nach, so daß es nicht mehr zu dem vom Anhang vehement geforderten zehnten Treffer langte.

Spielstatistik: Sonntag, der 8. Februar 1998 Sportforum Berlin
EHC Eisbären Juniors – Rostocker EC 9:1 (3:0; 5:1; 1:0)
Juniors: T: Manuel Groß, Sebastian Leukert; V: Robert Busche, Stefan Krautz, Matthias Mosebach, Frank Richardt; S: Ulrich Böttcher, Nick Hurbanek, Alexander Wollny, Jens Schmidt, Christian Faltin, Jan Krautmann, Robert Rauch, Carsten Dausel, Matthias Renner, Fardad Bagherzahde
Rostock. T: Fraesdorf, Wenzel; V: Jahn, Peters, Hahlmann, Ehrenstein, Dittmar, Schmidt; S: Kramarenko, Islamow, Bölke, Ternick, Masche, Wolff, Nawrocki
Tore: Richardt (3), Faltin (2) sowie Hurbanek, Krautz, Krautmann und Mosebach für die Juniors
Wolff für Rostock
Strafen: Juniors 22', REC 24' plus 10' für Nawrocki
Zuschauer: 400

Blamage im Wedding

Sieben Tage nach ihrem furiosen Auftakt wurden die Hohenschönhauser relativ unsanft auf den Boden der Tatsachen zurückgeholt. Sicherlich, es fehlte im Spiel gegen F.A.S.S. Berlin der in Dresden zum DEL-All-Star-Spiel weilende Frank Richardt, dennoch, auf der Strafbank lassen sich auch gegen vermeintlich kleine Gegner keine Spiele gewinnen. Neben 10 Mal zwei Minuten standen am Ende noch fünf Minuten plus Spieldauerdisziplinarstrafe für Ulrich Böttcher sowie zwei 10minütige Disziplinarstrafen für Groß und Hurbanek zu Buche. 5:2 setzten sich die Außenseiter in dieser Partie durch. Lediglich zwei Drittel hielten die Eisbären mit, hatten dann aber im letzten Drittel ob der erwähnten Strafzeiten nichts mehr zuzusetzen.

Spielstatistik: Sonntag, der 15. Februar 1998 Erika Hess Eisstadion Wedding Berlin
F.A.S.S. Berlin - EHC Eisbären Juniors 5:2 (3:1; 0:1; 2:0)
F.A.S.S.: T: Rättig, Laudan; V: Kain, Ciamatori, Merten, Müller, Schumacher, Freisendorf, Schröter; S: Wilke, Harloff, Hauptvogel, von Wittken, Schlegel, Bathe, Haase, Höhling, Batora
Juniors: T: Manuel Groß, Sebastian Leukert; V: Robert Busche, Stefan Krautz, Matthias Mosebach; S: Ulrich Böttcher, Nick Hurbanek, Alexander Wollny, Jens Schmidt, Christian Faltin, Jan Krautmann, Robert Rauch, Carsten Dausel, Matthias Renner, Fardad Bagherzahde
Tore: Harloff, Ciamatori, Höhling, Kain und Batora für F.A.S.S.
Mosebach und Faltin für die Juniors
Strafen: F.A.S.S. 8', Juniors 20' plus 5' und Spieldauer (20') für Böttcher, sowie jeweils 10' für Groß und Hurbanek

Wiedergutmachung vor 1.000 Zuschauern

Nachdem sich im ersten Heimspiel des Regionalliga-Cups knapp 400 Zuschauer die Ehre gaben, stellten die Verantwortlichen um Andreas Hobuß, seines Zeichen verantwortlicher Schatzmeister des EV, neue Überlegungen an. Nachdem ihnen mit der Teilnahme an diesem Cup schon ein Kabinettstückchen gelungen war, sollte nun ein weiteres folgen. Freier Eintritt für Kinder und Schüler! Dazu wurden an die umliegenden Schulen und Jugendfreizeiteinrichtungen Karten verteilt. Damit und mit aktiver Pressearbeit hoffte man, nicht nur mehr Zuschauer, sondern auch endlich Medienwirksamkeit zu erreichen. Man darf vorwegnehmen: beides gelang auch diesmal. Anstatt der sonst üblichen 50 bis 200 Zuschauer in der Juniorenbundesliga oder dem Auftakt gegen Rostock (400 Zuschauer) kamen 1.000 Besucher in die Halle. Nicht nur die Verantwortlichen, sondern auch die Spieler waren nach fassungslosem Erstaunen hoch erfreut über diesen Andrang. Stimmung wie bei Heimspielen des DEL-Teams sowie mehrere La-Ola-Wellen sorgten für nicht möglich gehaltene Anfeuerung. Diesem hohen Anspruch wurde dann auch das Spiel gerecht. Nach hochdramatischem Penaltyschießen siegten die Eisbären Juniors verdient mit 4:3. Angetreten mit nur elf Feldspielern plus zwei Torhütern hatte man sich vorgenommen, Wiedergutmachung zu betreiben. Allerdings machten die Gäste aus dem Großraum Hamburg ihnen erstmal einen Strich durch die Rechnung und gingen nach zwei Minuten durch Klimpki in Front. Diese Führung hatte nur bis zur 10. Minute Bestand, dann glich der wieder mitwirkende Richardt zum viel umjubelten 1:1 aus. Kurz vor der ersten Pausensirene erzielte Jan Krautmann nach schönem Solo die Führung für die Juniors, die Matthias Renner in der 31. Minute sogar noch ausbauen konnte. Technisch überlegen zogen die Berliner nun ihre Kreise, leider vergaßen sie es jetzt aber, ihre Führung auszubauen. Eben jene mangelhafte Chancenverwertung sollte sich noch rächen. Mit nachlassenden Kräften auf Seiten der Berliner kamen die Norddeutschen immer besser ins Spiel und durch Corlais und Däsler zum nicht mal unverdienten Ausgleich. In Verkennung der Tatsachen wollten die Gäste und ein Gros der Zuschauer bereits die Halle verlassen, da jedoch die Durchführungsbestimmungen für den Fall eines Unentschiedens nach regulärer Spielzeit eine fünfminütige Verlängerung vorsah, die allerdings beiden Seiten keinen Torerfolg ermöglichte, kam was kommen mußte: Penaltyschießen. In diesem sollte Goalie Manuel Groß zum endgültigen Matchwinner avancieren. Drei der fünf auf seinen Kasten abgegebenen Penalties konnte er abwehren, da im Gegenzug Faltin, Hurbanek und Busche ihre Schüsse versenken konnten, gingen die Eisbären Juniors als glückliche aber verdiente Sieger aus diesem Spiel hervor. Die Szenen, die sich nach dem Spiel auf dem Eis abspielten, übertrafen bei weitem das, was in der DEL üblich ist. Fast jeder der im Schnitt 15- bis 18jährigen Besucherschar wollte einen Teil der Ausrüstung oder zumindest ein Autogramm ergattern.

Spielstatistik: Sonntag, der 21. Februar 1998 Sportforum Berlin
EHC Eisbären Juniors – TUS Harsefeld Tigers 4:3 nach Penaltyschießen (2:1; 1:0; 0:2; 0:0)
Juniors: T: Manuel Groß, Sebastian Leukert; V: Robert Busche, Stefan Krautz, Frank Richardt; S: Nick Hurbanek, Alexander Wollny, Jens Schmidt, Christian Faltin, Jan Krautmann, Robert Rauch, Matthias Renner, Fardad Bagherzahde
Harsefeld: T: Rutenberg, Deede; V: Vasek, Holz, Brunsen, Däsler, Kuhn; S: Krumm, Günther, Klimpki, Schröder, Holdmann, Corlais, Zielske, Naß, Witt
Tore: Richardt, Krautmann und Renner für die Juniors
Klimpki, Corlais und Däsler für Harsefeld
Strafen: Juniors 12', Harsefeld 12'
Zuschauer: 1.000

Wieder auswärts verloren

Auch im zweiten Auswärtsspiel des Pokals konnten die Juniors keine Punkte einfahren. Im Gegenteil, mit 3:7 gab es die erwartete Niederlage beim Favoriten in Rostock. Den REC-Mannen gelang es, Revanche für die Hinspielniederlage zu nehmen, die übrigens die einzige während der gesamten Vorrunde für das Team aus der Hansestadt bleiben sollte. Lediglich im zweiten Spielabschnitt konnten die Berliner mithalten und dieses Drittel mit 2:1 für sich entscheiden. Unrühmlicher Höhepunkt dieser Partie war dann eine Faustkampfeinlage zwischen dem Berliner Busche und dem Rostocker Holger Peters, die beiden eine fünfminütige Strafe einbrachte, die automatisch eine 20 Minuten-Spieldauerdisziplinarstrafe nach sich zieht.

Spielstatistik: Sonntag, der 1. März 1998 in Rostock
Rostocker EC – EHC Eisbären Juniors 7:3 (3:0; 1:2; 3:1)
Rostock. T: Fraesdorf, Wenzel; V: Jahn, Peters, Dahlmann, Ehrenstein, Dittmar, Schmidt, Kabernuk; S: Kramarenko, Islamow, Bölke, Ternick, Masche, Wolff, Nawrocki, Brümmer
Juniors: T: Manuel Groß, Sebastian Leukert; V: Robert Busche, Stefan Krautz, Matthias Mosebach, Frank Richardt; S: Ulrich Böttcher, Nick Hurbanek, Alexander Wollny, Jens Schmidt, Christian Faltin, Jan Krautmann, Robert Rauch, Matthias Renner, Fardad Bagherzahde
Tore: Bölke und Kramarenko je 2, Islamow, Wolff und Ternick für Rostock
Hurbanek (2) und Schmidt für die Juniors
Strafen: Juniors 8' plus 5' plus 20' für Busche, REC 12' plus 5' plus 20' für Peters

Zehn gegen Hamburg und ein Shut-out

Nächster Gegner im Wellblechpalast war der Hamburger SV. Da weiterhin Freikarten an Schulen verteilt wurden und außerdem Fans, die eine Eintrittskarte der letzten DEL-Begegnung vorweisen konnten, ebenfalls freier Eintritt gewährt wurde, konnten die 1.000 Besucher aus dem Harsefeld-Spiel nochmals mehr als verdoppelt werden. 2.700 Zuschauer sind bei einem Spiel in der vierten (!) Eishockeyliga sicherlich ein Superlativ. So war es nur allzu verständlich,

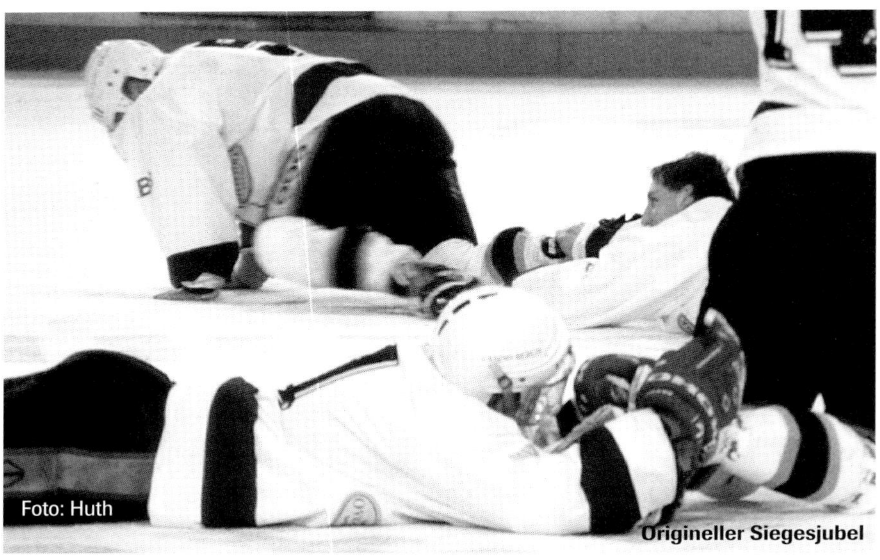

Foto: Huth

Origineller Siegesjubel

daß die Spieler dem nicht nachstehen wollten und ebenfalls eine Superpartie boten. In den ersten beiden Dritteln wurden die in allen Belangen weit unterlegenen Hamburger regelrecht vorgeführt. Dieser Fakt verwundert überhaupt nicht, wenn man sah, daß auf dem Spielberichtsbogen der Hamburger lediglich 12 Spieler inklusive beider Torhüter standen. Zudem waren ca. 50 % der zehn Feldspieler noch Junioren oder diesem Alter gerade entwachsen. So stand es nach dem ersten Abschnitt bereits 4:0 und nach der zweiten Pausensirene waren schon neun Tore auf der Habenseite der Juniors. Unter den Augen der anwesenden Führung der Profiabteilung, von Publikumsliebling Niklas Hede und sogar 20 Supportern aus Hamburg, bogen die Eisbären mit zwei short-handed Goals innerhalb von nur einer Minute (26.) endgültig auf die Siegerstraße ein. Lediglich der Torhüter des HSV verhinderte Ärgeres, trotz seiner zehn Gegentore war er der beste Norddeutsche an diesem Abend. Überragend auch sein Gegenüber, der erstmals aufgebotene Sebastian Elwing. Im ersten Spiel gleich ohne Gegentor zu bleiben, ist schon Leistung genug, er jedoch wehrte in der 27. Minute beim Stand von 6:0 sogar noch einen Penaltyshot ab. Mit einer besseren Chancenverwertung, die auch Trainer Harald „Alla“ Kuhnke nach dem Spiel bemängelte, hätten es gut und gerne mehr als 15 Tore werden können. So blieb es Ulrich Böttcher vorbehalten, das Publikum und seine Teamkameraden in der 59. Minute zu erlösen, indem er das Ergebnis mit dem zehnten Treffer auf die vehement geforderte zweistellige Höhe schraubte.

Spielstatistik: Sonnabend, der 7. März 1998 Sportforum Berlin
EHC Eisbären Juniors – Hamburger SV 10:0 (4:0; 5:0; 1:0)
Juniors: T: Manuel Groß, Sebastian Elwing; V: Robert Busche, Stefan Krautz, Matthias Mosebach, Andreas Felsch, Nils Watzke, Frank Richardt; S: Ulrich Böttcher, Alexander Wollny, Jens Schmidt, Christian Faltin, Jan Krautmann, Carsten Dausel, Thomas Haupt, Matthias Renner, Fardad Bagherzahde
HSV: T: Pörschke, Masuhr; V: Steinert, Grünberg, Bode; S: Krantz, Kallsen, Rigoer, Förster, Haselhorst, Karppi, Zimmermann
Tore: Renner, Mosebach und Faltin je 2, Wollny, Haupt, Richardt und Böttcher
Strafen: Juniors 14‘, HSV 6‘
Zuschauer: 2.700

Auswärtskomplex

Anscheinend waren die Juniors zu Spitzenleistungen nur vor eigenem (zahlreichen) Publikum in der Lage. Anders ist nicht zu erklären, daß auch das dritte Auswärtsspiel nicht siegreich beendet werden konnte. 4:5 mußte man sich den TUS Harsefeld Tigers geschlagen geben. Besonders im zweiten und letzten Drittel artete das Spiel mehr und mehr in ein Strafzeitenfestival als ein Spitzenspiel aus. Die Voraussetzungen waren eigentlich klar, schlagen die Berliner Harsefeld, hätten sie bereits im nächsten Heimspiel gegen F.A.S.S. Berlin die Teilnahme am Halbfinale perfekt machen können. Das Aufbäumen der Hohenschönhauser in den Schlußminuten kam zu spät, so daß Faltin (58.) und Schmidt (59.) zwar noch verkürzen konnten, aber mehr sprang vor 148 Zuschauern nicht heraus.

Spielstatistik: Sonnabend, der 14. März 1998 in Harsefeld
TUS Harsefeld Tigers – EHC Eisbären Juniors 5:4 (0:0; 2:1; 3:3)
Harsefeld: T: Rutenberg, Deede; V: Vasek, Holz, Brunsen, Däsler, Kuhn; S: Krumm, Günther, Klimpki, Schröder, Holdmann, Corlais, Zielske, Naß, Witt
Juniors: T: Manuel Groß, Sebastian Elwing; V: Robert Busche, Stefan Krautz, Matthias Mosebach, Andreas Felsch, Frank Richardt; S: Ulrich Böttcher, Nick Hurbanek, Alexander Wollny, Jens Schmidt, Christian Faltin, Jan Krautmann, Carsten Dausel, Matthias Renner
Tore: Holdmann und Krumm je 2, Witt für Harsefeld
Felsch, Richardt, Faltin und Schmidt für die Juniors
Strafen: Harsefeld 30‘, Juniors 32‘ und 5‘ plus Spieldauerdisziplinarstrafe für Busche,
Zuschauer: 148

Torwart raus – zehntes Tor rein!

Nach der schon fast obligatorischen Auswärtsschlappe, hatten die Juniors in zweierlei Hinsicht Wiedergutmachung zu betreiben. Erstens ging es gegen den Stadtrivalen F.A.S.S. Berlin, gegen die man ja im Hinspiel blamablerweise verlor, zweitens mußten die letzten beiden Spiele der Vorrunde gewonnen werden, um sich für das Halbfinale zu qualifizieren. Positiv war zudem, daß direkt vor dieser Partie die Profis gegen die Haie aus Köln agierten. So hoffte man den Zuschauerschnitt nochmals zu steigern, dies gelang zwar, denn man spielte vor offiziell 3.000 Besuchern, aber es war schon erstaunlich, wie wenig Fans dieses Angebot annahmen und in der Halle verweilten. Es zeigte sich bei diesem Spiel extrem, daß die Juniors ein anderes Klientel anziehen, wenn man es so sehen will, kann man behaupten, die Eisbärenfans von morgen, trainieren bei den Juniors für die Zukunft.

Die Besucher, die gekommen waren, bereuten es garantiert nicht. Sie sahen ein in allen Belangen überlegenen Gastgeber. Mit zwei Doppelschlägen innerhalb von einer (5‘09“ und 5‘36“) bzw. anderthalb Minuten (18‘14“ und 19‘42“) schufen sich die Juniors bereits im ersten Drittel einen komfortablen 4:0-Vorsprung. Im zweiten Drittel ließen sie es dann etwas ruhiger angehen. Den zwei Toren der Eisbären durch Richardt und Böttcher, konnte der Gast seinen Ehrentreffer durch den Ex-Eisbären Höhling entgegensetzen. Im letzten Drittel war es wieder ein Spiel auf ein Tor. Es schien aber so, als ob es den Juniors diesmal nicht vergönnt sei, den zehnten Treffer zu erzielen. Da die Zuschauer diesen aber vehement forderten und auch das Team unbedingt zweistellig gewinnen wollte, nahm Trainer Kuhnke wenige Sekunden vor Schluß Goalie Groß vom Eis. Bully im gegnerischen Drittel, Bully gewonnen, Paß auf Richardt, Schuß und Tor. 10:1 hieß der Endstand aber noch fehlte mindestens ein Unentschieden beim HSV um den Halbfinaleinzug endgültig komplett zu machen.

Spielstatistik: Sonntag, der 15. März 1998 Sportforum Berlin
EHC Eisbären Juniors - F.A.S.S. Berlin 10:1 (4:0; 2:1; 4:0)
Juniors: T: Manuel Groß, Sebastian Elwing; V: Robert Busche, Stefan Krautz, Matthias Mosebach, Frank Richardt, Nils Watzke; S: Ulrich Böttcher, Nick Hurbanek, Alexander Wollny, Jens Schmidt, Christian Faltin, Jan Krautmann, Robert Rauch, Carsten Dausel, Matthias Renner, Thomas Haupt
F.A.S.S.: T: Rättig, Laudan; V: Kain, Merten, Müller, Schumacher, Schröter; S: Wilke, Harloff, Hauptvogel, Ciamatori, Schlegel, Höhling, Posacki, Freisendorf, Schieweck
Tore: Böttcher, Richardt und Busche je 2, Hurbanek, Schmidt, Krautmann und Faltin für die Juniors
Höhling für F.A.S.S.
Zuschauer: 3.000
Strafen: Juniors 18', F.A.S.S. 14'

Endlich ein Auswärtssieg

Die Konstellation war klar, die Juniors brauchen mindestens einen Punkt, um aus eigener Kraft das Halbfinale zu erreichen. Die Aufgabe schien relativ einfach, hatten die Hamburger in der Pokalrunde doch noch nicht ein Spiel gewonnen. Dies sollte auch so bleiben, lediglich am grünen Tisch bekamen sie gegen Harsefeld ein Sieg zuerkannt. Die Juniors gingen von Anfang an in die Vollen, so als wollten sie es sich und den 120 Zuschauer zeigen. Nichts war zu sehen vom bisherigen Auswärtskomplex. Nach 32 Sekunden stand es bereits 0:1 durch Nick Hurbanek. Genau eine halbe Minute später erhöhte Faltin auf 0:2. Mit dem vorentscheidenden Zwischenstand von 0:4 ging es in die erste Pause. Im weiteren Verlauf der Partie ließen sich die Juniors die Butter nicht mehr vom Brot nehmen und gewannen am Ende klar und deutlich mit 9:1. Überragender Spieler auf Berliner Seite war Christian Faltin. Er war an fünf der neun Tore direkt beteiligt. Drei Tore erzielte er selbst und bei weiteren zwei ist er als Assistent geführt. Mit diesem Sieg beim HSV hatten die Eisbären das Minimalziel, nämlich den Halbfinaleinzug, als Zweitplazierter erreicht. Gegner der Berliner war der SC Charlottenburg, während die Rostocker es mit den Amateuren des EC Hannover zu tun hatten.

Spielstatistik: Sonnabend, der 21. März 1998 in Hamburg
Hamburger SV – EHC Eisbären Juniors 1:9 (0:4; 0:2; 1:3)
HSV: T: Masuhr; V: Steinert, Grünberg, Bode, Meyer, Einert; S: Hencke, Rigoev, Behncke, Förster, Karppi, Matysiak, Schmidt
Juniors: T: Manuel Groß, Sebastian Elwing; V: Robert Busche, Stefan Krautz, Matthias Mosebach, Frank Richardt, Nils Watzke, Andreas Felsch; S: Ulrich Böttcher, Nick Hurbanek, Jens Schmidt, Christian Faltin, Jan Krautmann, Robert Rauch, Carsten Dausel, Mathias Renner, Thomas Haupt
Tore: Karppi für Hamburg
Faltin (3), Richardt (2), Hurbanek, Rauch, Böttcher und Schmidt für die Juniors
Strafen: HSV 4', Juniors 12'
Zuschauer: 120

Favorit gestürzt

Im Halbfinale war der Lokalrivale SC Charlottenburg der eigentliche Favorit. Hatte der sich doch souverän in seiner Vorrundengruppe gegen den EC Hannover Amateure, den ESV Schierke, den ESC Wedemark sowie den REV Bremerhaven 1b durchgesetzt. Außerdem sprach für die Charlottenburger, daß sie mit Harald Windler, Thomas Patrzek, Sebastian Baader, Klaus Müller und Mario Plack mehrere erfahrene Spieler, die im Jahr zuvor noch für den inzwischen Pleite gegangenen Berliner Schlittschuh-Club spielten, auf das Eis schicken konnten. Erwartungsfroh pilgerten auch viele Anhänger der Eisbären in die Charlottenburger Eishalle an der Jafféstraße. Sie sollten jedoch arg enttäuscht werden. Anstatt dem erwarteten hochdramatischem Spitzenspiel, sahen sie nur ein langweiliges, äußerst enttäuschendes Match. Lediglich im zweiten Drittel rafften sich die Juniors auf, erzielten drei Tore und das war es dann auch schon. 3:0 setzte sich der Außenseiter aus Hohenschönhausen dennoch verdient durch. Goalie Groß konnte endlich mit seinem Mitstreiter Elwing gleichziehen und einen Shut-out auf der Habenseite verbuchen.

Spielstatistik: Sonnabend, der 28. März 1998 in der Eissporthalle Jafféstraße Berlin
SC Charlottenburg – EHC Eisbären Juniors 0:3 (0:0; 0:3; 0:0)
SCC: T: Baader, Enge; V: Kleß, Voigt, Brännström, Otto, Schröder; S: Müller, Stippa, Fahrig, Büsterfeld, Patzeck, Zschörper, Wrobel, Windler, Hans, Lehmann

LBB
LandesBank
Berlin

Juniors: T: Manuel Groß, Sebastian Leukert; V: Stefan Krautz, Matthias Mosebach, Frank Richardt, Nils Watzke; S: Ulrich Böttcher, Nick Hurbanek, Alexander Wollny, Jens Schmidt, Christian Faltin, Jan Krautmann, Robert Rauch, Carsten Dausel, Mathias Renner, Thomas Haupt, Fardad Bagherzadeh
Tore: Richardt, Bagherzadeh, Faltin für die Juniors
Strafen: SCC 8', Juniors 16' plus 5' plus Spieldauerdisziplinarstrafe für Nick Hurbanek

Finale erreicht

Am Mittwoch darauf, dem 1. April, schafften die Juniors, und dies war kein Aprilscherz, den Einzug ins Finale. Arg ersatzgeschwächt mit nur einem Torwart und zwölf Feldspielern gingen die Charlottenburger in dieses Rückspiel. Durch die mäßige Vorstellung am Wochenende zuvor waren die Hohenschönhauser inzwischen in die Favoritenrolle gerutscht. Dieser wurden sie auch gerecht. Vor 2.700 Zuschauern kamen sie zu einem nie gefährdeten 2:0-Sieg. Auch dieses Spiel stand wie schon das erste Halbfinale nicht auf höchstem sportlichen Niveau. Dennoch, nur der Erfolg zählt und den konnten die Juniors am Ende wiederum verdient für sich verbuchen. Die Juniors, die auf Nick Hurbanek verzichten mußten, der ja durch die vorangegangene Spieldauerstrafe gesperrt war, spielten wieder aus einer sicheren Abwehr heraus. Hinten keine Fehler und vorne auf die Fehler des Gegners warten, war die von Trainer Kuhnke ausgegebene Devise. Genau so gestaltete sich dann auch das Spiel. Um einen hervorragend agierenden Frank Richardt stand die Defensivabteilung der Juniors sicher. Alles was dennoch aufs Tor kam, fing Torwart Groß sicher weg. So kam er im zweiten Halbfinalspiel zum zweiten Shut-out. Kurz vor Schluß des ersten Drittels nutzte Christian Faltin eine der wenigen Chancen zur 1:0-Führung. Auch in den nächsten Minuten war das Spiel total durch die Taktik geprägt. So war es Matthias Renner vorbehalten, in der 54. Minute den Endstand zum 2:0 zu erzielen. Freude, Jubel und Party pur war nach dem Ende angesagt. Mehrere Ehrenrunden, unzählige Autogramme und Schulterklopfen ohne Ende mußten die „jungen" Berliner Helden über sich ergehen lassen. Selbstbewußt sagte nun fast jeder: *„Jetzt wollen wir auch noch den Pokal gewinnen"*. Gegner im Finale war, wie nicht anders zu erwarten, der Rostocker EC, der sich mehr als deutlich gegen die Amateure des EC Hannover durchsetzte. 10:4 und 20:0 waren in diesem Halbfinale die Endstände. Angesichts dieser Rostocker Dominanz über den Zweitplazierten der anderen Vorrundengruppe war das Vorhaben Pokalsieg der Hohenschönhauser natürlich sehr hoch gesteckt. Dennoch war Trainer Harald Kuhnke optimistisch, mit einer Abwehrleistung wie gegen die Charlottenburger zu gewinnen. Waren es doch die Juniors, die den Rostockern ihre bisher einzige Niederlage in der Pokalrunde bereiteten.

Spielstatistik: Mittwoch, der 1. April 1998 im Sportforum Berlin
EHC Eisbären Juniors – SC Charlottenburg 2:0 (1:0; 0:0; 1:0)
Juniors: T: Manuel Groß, Sebastian Kohrt; V: Stefan Krautz, Matthias Mosebach, Frank Richardt, Nils Watzke; S: Ulrich Böttcher, Alexander Wollny, Jens Schmidt, Christian Faltin, Jan Krautmann, Robert Rauch, Carsten Dausel, Matthias Renner, Thomas Haupt, Fardad Bagherzadeh
SCC: T: Baader; V: Kleß, Plack, Brännström, Schröder; S: Müller, Plotka, Stippa, Voigt, Büsterfeld, Zschörper, Wrobel, Windler
Tore: Faltin und Renner für die Juniors
Strafen: Juniors 14' SCC 12' plus 10' Disziplinarstrafe für Harald Windler
Zuschauer: 2.700

3.200 erwartungsvolle Zuschauer waren wiederum zum ersten Finalspiel einer „Best of two"-Serie erschienen. Die Serie sah vor, daß die Eisbären Juniors zuerst daheim antreten, um im Falle, daß es nach beiden Spielen einen Gleichstand gibt, die Verlängerung in Rostock auszutragen. Würde es nach Ablauf der regulären Spielzeit in Rostock nach Spielen und Toren unentschieden stehen, müßte die Entscheidung durch ein Sudden Death bzw. Penaltyschießen fallen. Beide Teams konnten diese Finalspiele in Bestbesetzung bestreiten. Durch diese Konstellation wurden die Mannen von der Ostsee in die ungeliebte und meist undankbare Favoritenrolle gedrängt. Ein Pluspunkt für die Eisbären war jedoch die Tatsache, daß sie im Pokal die einzigen waren, die es schafften, den schier übermächtigen Gegner zu schlagen. Sicherlich kam den Berlinern dabei entgegen, daß auf Seiten der Rostocker nicht weniger als sieben Ex-Junioren der Eisbären standen. Dadurch und durch ihre beiden Ausländer, die das Einmaleins des Eishockeys in Rußland erlernten, gleicht sich der Spielstil beider Teams. Beide bevorzugen die technisch feinere Klinge. Allerdings, wie bei vielen technisch beschlagenen Teams, leidet die Chancenverwertung darunter, da oft genug nicht der direkte Abschluß gesucht wird, sondern nochmals ein Kabinettstückchen eingeflochten wird. Die Devise vor dem Spiel auf seiten der Berliner lautete deshalb, zuerst hinten dicht zu machen, ähnlich wie in den vorangegangenen Begegnungen gegen den SCC. Dann kontrolliert nach vorn spielen und die sich eventuell bietenden Chancen nutzen. Trainerfuchs Kuhnke war dennoch klar, daß dies ein mehr als schwieriges Unterfangen war. Aber

Doppelschäge im Dreierpack

schon vor dem Spiel wies er darauf hin, daß die Rostocker, wenn sie lange kein Tor erzielen, durchaus nervös werden. Als wollten die Juniors den REC von Anfang an zu Fehlern zwingen, legten sie los. Der Sekundenzeiger der Stadionuhr hatte dieselbe gerade fünfmal umrundet, da stand es durch Renner 1:0 für die Berliner. Der Jubel des Teams und der Fans sollte jedoch nicht lange währen. Bereits 50 Sekunden später, genau bei 6.00 auf der Spieluhr, gelang dem Ex-Eisbären Norman Dittmar der 1:1-Ausgleich. Dies sollten im Laufe der Partie nicht die einzigen Treffer sein, die innerhalb einer Minute erzielt wurden. Allerdings waren es die einzigen, die nicht im selben Tor landeten. Einem anderen Ex-Berliner, Rumid Masche, gelang noch vor der Pause die Führung für die Rostocker. Als man zum zweiten Drittel antrat, blieb das Bild dasselbe wie vorher. Die Rostocker waren spielbestimmend und kamen durch Dimitri Kramarenko zum, wie sie dachten, vorentscheidenden Treffer zur 3:1-Führung. Wer jetzt glaubte, der Favorit würde sich ab nun an klar und deutlich durchsetzen, sah sich allerdings getäuscht. War bis zu diesem Zeitpunkt die Führung des Favoriten nicht unverdient, verschafften sich jetzt die Eisbären die Oberhoheit auf dem Eis. Wie ausgewechselt spielten sie auf einmal auf. Es hatte fast den Anschein, daß sie erst in einen fast spielentscheidenden Rückstand gelangen mußten, um endlich, von aller Last befreit, in Ruhe aufspielen zu können. Folgerichtig mußte Rostocks Goalie Alexander Wenzel (ebenfalls ein Ex-Eisbär) noch im Mitteldrittel dreimal hinter sich greifen. Mit einem weiteren Doppelschlag innerhalb nur einer Minute waren es die Eisbären, die auf einmal wieder dran waren. Robert Busche und Christian Faltin waren in dieser Reihenfolge die Torschützen zum Ausgleich. Als schließlich noch Stefan Krautz die erneute Führung für die Berliner erzielte, schien der altehrwürdige Wellblechpalast, ob des Aufschreis aus aller Munde, zu bersten. Mit der 4:3-Führung für die Juniors ging es in die zweite Spielpause. Alle Berliner Zuschauer, die angesichts der knappen Führung noch bangten, ob es denn reichen würde, wurden im letzten Drittel schnell erlöst. Dauerte es beim ersten Doppelschlag 50 und beim zweiten 57 Sekunden bis der Puck zweimal im Netz zappelte, vergingen diesmal genau 30 Sekunden bis die Juniors den Endstand von 6:3 hergestellt hatten. Da der letzte Treffer bereits nach 3'18" fiel, war für die Hansestädter noch genug Zeit, ihrerseits zurück ins Spiel zu finden. Glücklicherweise gelang es ihnen nicht, die nun sicher stehende Hintermannschaft, nochmals durcheinander zu wirbeln. Mit einem Dreitorevorsprung trat man einen Tag später die Reise an die Ostsee an.

Spielstatistik: Sonnabend, der 4. April 1998 Sportforum Berlin
EHC Eisbären Juniors – Rostocker EC 6:3 (1:2; 3:1; 2:0)
Juniors: T: Manuel Groß, Sebastian Kohrt; V: Robert Busche, Stefan Krautz, Matthias Mosebach, Frank Richardt, Nils Watzke; S: Ulrich Böttcher, Nick Hurbanek, Alexander Wollny, Jens Schmidt, Christian Faltin, Jan Krautmann, Robert Rauch, Carsten Dausel, Thomas Haupt, Matthias Renner, Fardad Bagherzahde
Rostock. T: Wenzel, Peters; V: Jahn, Peters, Dahlmann, Dittmar, Schmidt, Kabernuk; S: Kramarenko, Islamow, Bölke, Ternick, Masche, Wolff, Nawrocki, Brümmer, Russnak, Rydin, Ciupka
Tore: Renner, Busche, Faltin, Krautz, Schmidt und Hurbanek für die Juniors
Dittmar, Masche, Kramarenko für Rostock
Strafen: Juniors 20', REC 6'
Zuschauer: 3.500

Kaum zu glauben aber wahr, schien das Motto dieses Wochenendes für die Berliner zu sein. Nicht nur, daß sie das kaum für möglich Gehaltene schafften, das erste Finalspiel für sich zu entscheiden, nein, sie schafften es sogar, die zweite Partie in Rostock zu gewinnen. Kaum einer der Anhänger des Juniors-Teams hätte dies vor dem Start der Runde für möglich gehalten. Angesichts der Rostocker

Pokalsieg

Heimstärke war dies allerdings verständlich. Hatte der REC doch lediglich ein Heimspiel gegen TUS Harsefeld (5:4) mit weniger als vier Toren Unterschied gewonnen. Auch die Berliner mußten sich bei ihrem ersten Auftritt in der Rostocker Arena mit 7:3 geschlagen geben. Spannung pur war angesagt und so war es nicht verwunderlich, daß sich wirklich ca. 50 Berliner Supporter auf den Weg nach Rostock machten. In der gut gefüllten Eishalle (ca. 1.500 Zuschauer), hatten die zahlenmäßig unterlegenen Auswärtsfans jedoch schnell die stimmungs- und lautstärkemäßige Überlegenheit erreicht. Es war klar, die Rostocker mußten mit mindestens vier Toren Unterschied gewinnen, um den Pott in der regulären Spielzeit zu holen. Würden sie mit drei Toren Unterschied gewinnen, unabhängig von der Höhe des Sieges, Auswärtstore wie beim Europacup im Fußball haben hier keine Wirkung, müßten beide Teams in die Verlängerung, bliebe es dann beim Ergebnis, würde ein Penaltyschießen die Entscheidung bringen. Gott sei Dank, besser gesagt dank Robert Rauch und Nils Watzke, blieb den Berlinern dieses Zittern erspart. Der REC war zwar nach 17'56" durch Oleg Islamow mit 1:0 in Führung gegangen und konnte diese Führung bis zur 54. Minute auch behaupten, jedoch nicht ausbauen. Doch dieses Ergebnis hätte den Juniors immer noch zum Pokalsieg verholfen. Drei Minuten vor der Schlußsirene jedoch waren für den Favoriten alle Messen gelesen. Die Juniors gingen mit 2:1 in Führung. Es war kaum anzunehmen, daß der REC nochmal zurück ins Spiel findet und noch vier Tore, die die Verlängerung bedeuten würden, erzielt. So kam es dann auch. Die Berliner ließen sich nicht mehr von der Siegerstraße abbringen und wuren verdient Pokalsieger. Einzige unschöne Szene in diesem Spiel war, als sich die Rostocker selber schwächten und ihr Torschütze Islamow im letzten Drittel das Eis wegen eines Stockstiches, der folgerichtig für ihn zum Spielausschluß führte, verlassen mußte.

Mit viel Euphorie und Tatendrang waren die Berliner in dieses Unterfangen gestartet, daß man es jedoch gleich siegreich beenden konnte, war schon eine kleine Sensation!

Spielstatistik: Sonntag, der 8. Februar 1998 Sportforum Berlin
Rostocker EC – EHC Eisbären Juniors 1:2 (1:0; 0:0; 0:2)
Rostock. T: Wenzel, Peters; V: Jahn, Peters, Dahlmann, Dittmar, Schmidt, Kabernuk; S: Kramarenko, Islamow, Bölke, Ternick, Masche, Wolff, Nawrocki, Brümmer, Russnak, Rydin, Ciupka
Juniors: T: Manuel Groß, Sebastian Kohrt; V: Robert Busche, Stefan Krautz, Matthias Mosebach, Frank Richardt, Nils Watzke; S: Ulrich Böttcher, Nick Hurbanek, Alexander Wollny, Jens Schmidt, Christian Faltin, Jan Krautmann, Robert Rauch, Carsten Dausel, Thomas Haupt, Matthias Renner, Fardad Bagherzahde
Tore: Islamow für Rostock
Rauch und Watzke für die Juniors
Strafen: REC 12‘ plus 5‘ plus Spieldauerdisziplinarstrafe für Islamow, Juniors 14‘
Zuschauer: 1.500

Positiv fällt dann auch das Saisonfazit von Trainer Harald Kuhnke aus, der offiziell mit dem Einstieg in die Regionalliga, Chefcoach an der Bande der Juniors wurde: *„Die Teilnahme an der Pokalrunde erwies sich als positiv, auch wenn einige Teams sportlich die Erwartungen nicht erfüllten. Auch für meine Jungs ergab sich einen neue Chance. Sie konnten auf höherem Niveau als in der Juniorenliga spielen, aber trotzdem Schule bzw. Lehre und Sport in Berlin unter einen Hut bringen. Wir haben etwas gewagt und der Erfolg hat uns recht gegeben.“*

Torschützenkönig bei den Juniors war Christian Faltin mit 13 erzielten Treffern. Ihm folgen Richardt (11), Hurbanek (6), Renner und Schmidt (je 5), Mosebach und Böttcher (je 4), Krautmann und Busche (je 3), Krautz und Rauch (je 2) sowie Wollny, Haupt, Felsch Bagherzadeh und Watzke (je 1 Treffer).

Vorausblick

Nach dem Erfolg im Pokal war klar, daß die Juniors auch in der Saison 1998/99 in der Regionalliga Nord/Ost an den Start gehen. Diesmal allerdings von Anfang an. Das Konzept bleibt bestehen, man tritt mit jungen Berliner Talenten an, um ihnen die Chance zu geben, sich in ihrer Heimatstadt sportlich weiter zu entwickeln. Ebenfalls bestehen bleibt das Konzept des Umganges mit den Zuschauern. Hat es sich doch bewährt, mit geringfügigen Eintrittspreisen bzw. bei freiem Eintritt gerade jugendlichen Interessenten, die Chance zu geben, hochklassiges Eishockey zu sehen. Daß die Berliner Fans dieses Konzept annehmen bewiesen die Zuschauerzahlen. Insgesamt 13.300 Besucher wurden bei den sechs Heimspielen gezählt. Dies entspricht einem durchschnittlichem Besuch von 2.217 Besuchern pro Spiel. Finanziert wird das Unternehmen Regionalliga durch eine Kooperation mit der Eisbären KG sowie durch eigene Sponsoren des Juniors-Teams.

Leider läßt sich über die Gegner in der neuen Saison an dieser Stelle noch keine Aussage machen, da die endgültige Termintagung erst nach Drucklegung dieses Buches stattfand. Sicher ist lediglich, daß die Juniors in der Regionalliga Nord/Ost als auch in der Regionalliga Ost antreten. Dieser Schritt ist notwendig, da nur die Regionalliga Nord/Ost direkte Aufstiegsplätze in den DEB-Bereich (1. oder 2. Liga Nord) zu vergeben hat. Die Teilnahme an der Regionalliga Ost dient dem weiteren Sammeln von Erfahrungen bzw. der Spielpraxis. Gegner werden hier die Junioren der Capitals sein, die in diesem Jahr dem Beispiel der Eisbären folgen, sowie wahrscheinlich Teams aus Dresden, Weißwasser, Chemnitz und der SC Charlottenburg. In der Regionalliga Nord/Ost treffen die Berliner u.a wieder auf die Rostocker, den ECHannover und TUS Harsefeld.

Im Kader der Juniors gab es nur wenige Veränderungen. Einige Spieler verließen den Verein um höherklassig zu spielen, wie z.B. der letztjährige Goalie Manuel Groß, der die Black Dragons Erfurt verstärkt. Andere hörten ganz auf, aber auch die Juniors können Neuzugänge vermelden. In die Rubrik hochkarätig fallen da garantiert die aus Rostock an die Spree zurückgekehrten Rumid Masche, Daniel Nawrocki sowie Norman Dittmar. Ebenfalls zurück ist Norman Höhling, im Vorjahr noch für F.A.S.S. Berlin aktiv, sowie Marcus Haase, der aus der Nachwuchsschule der Capitals zum EHC wechselt.

Mannschaftsaufstellung der Juniors für die Saison 1998/99:
Torhüter: Sebastian Elwing (Rückennummer 31), Sebastian Kohrt (21)
Spieler: Frank Richardt (39), Stefan Krautz (6), Robert Baldowski (17), Armin Sachs (40), Jan Krautmann (22), Matthias Mosebach (5), Ulrich Böttcher (14), Nick Hurbanek (10), Andreas Grieben (55), Christian Faltin (98), Robert Rauch (77), Norman Dittmar (8), Jens Schmidt (19), Daniel Menzel (35), Thomas Haupt (32), Marcus Haase (24), Norman Höhling (12), Daniel Nawrocki (26), Rumid Masche (69), Robert Pausch (86)

André Haase

Der siebente Mann auf dem Eis

Unsere Fans - Weltklasse!?

Nicht nur einmal haben wir im Eis-Dynamo auf das Thema Fans zurückgegriffen. Auch im Buch „Wellblechpalastgeschichte(n)" wurde dieser Aspekt ausführlich beleuchtet. Gerade, und weil der moderne Spitzensport weltweit ohne die Fans und Besucher sportlicher Großveranstaltungen nicht auskommt. Einerseits sieht man in ihnen nur die Besucher, andererseits stellen gerade sie einen nicht unbeträchtlichen wirtschaftlichen Faktor in der Rechnung jedes Schatzmeisters dar. Fans sind in erster Linie Besucher, Supporter ihres Vereines. Aber sie sind auch Konsumenten in einer langen Warenkette, die durch ihren Verein dargeboten wird. Durch den Verkauf zahlreicher Fanartikel, sowie auch des Caterings rund um das Spiel fließt zusätzlich zu den Einnahmen durch Eintrittsgelder ein Großteil in die Vereinskasse. Es wäre also falsch, im Fan nur den durch laute Anfeuerungen seine Mannschaft unterstützenden Besucher zu sehen.

Doch blicken wir nun gezielt auf die Fans und Besucher unserer Spiele in der abgelaufenen DEL-Saison 1997/1998. Diese Saison, die man bisher als die erfolgreichste in der Geschichte des Vereines SC Dynamo/EHC Dynamo/EHC Eisbären Berlin ansehen kann, ist sicherlich auch die Saison der Fans. Sie sind es, die zu jedem Spiel die Halle bevölkern, meist schon bis zu zwei Stunden vor Spielbeginn ihre Plätze einnehmen, um ja nicht den Auftritt ihrer Lieblinge auf dem Eis zu verpassen. Betrachten wir doch an dieser Stelle einmal die Zuschauerentwicklung der Saison. So sahen alleine in der Vorrunde der abgelaufenen DEL Saison 104.689 Zuschauer die 24 Spiele, was immerhin einen Schnitt von 4.362 Besuchern pro Spiel ausmacht. Dabei mußte mehr als sonst von den Kassiererinnen das kleine Schild „ausverkauft" in die Scheibe des Kassenhauses gehängt werden. Sicherlich darf man nicht vergessen, daß z.B. der halbe Block I zu Beginn der Saison wegen Baumaßnahmen teilweise gesperrt war. Auch

Finalstimmung in Mannheim

Foto: Rädel

schwanken die Angaben über die gesamte Zuschauerkapazität unserer Halle. Mal heißt es, 4.426 Besucher hätten Platz, in anderen Publikationen schreibt man gar von 5.000 Plätzen. Sei es wie es sei, die abgelaufene Saison hat es gezeigt, die Kapazität ist so oder so zu gering, Abhilfe tut Not. Eine Aufstockung ist jedoch aus bautechnischen Gründen nicht ganz so einfach. Denkbar wäre eine abermalige Herausnahme von Sitzplätzen bzw. deren Umwandlung zu Stehplätzen, was aber wiederum die Sitzplatzkarteninhaber der betreffenden Ränge mißstimmen könnte. Aber auch hier wird sicherlich für die Zukunft eine Lösung gefunden werden.

Die Play-offs brachten einen weiteren Schub in Sachen Zuschauerandrang. Während die beiden Viertelfinal-Heimspiele gegen Krefeld nicht ganz ausverkauft waren, sorgten die Besucher in den Halbfinals gegen Landshut, sowie den beiden Final-Heimspielen gegen den neuen und alten Meister Mannheimer Adler stets für volle Häuser. Manager Lorenz Funk sprach gar davon, daß man gut und gerne 12.000 Karten pro Spiel hätte verkaufen können, so groß war die Nachfrage. Aber wegen der schon angesprochenen Hallensituation war es eben nicht möglich, mehr Besuchern Platz zu bieten. Hier hätte man jedoch auf die Variante vom Vorjahr zurückgreifen und vor der Halle ein zusätzliches Zelt mit Großleinwand aufstellen sollen. Damit hätte man sicherlich noch mehr Fans die Gelegenheit und das Feeling gegeben, dabeigewesen zu sein. Gerade im Hinblick auf den Gewinn zusätzlichen Fanpotentials wäre das ein Schritt in die richtige Richtung gewesen.

Nun zur Entwicklung unseres Fanwesens im allgemeinen. Wenn man jetzt sagt, den echten Eishockeyfan in Hohenschönhausen kann es erst seit 1990 geben, höre ich schon, wie einige auf die Barrikaden gehen, und das sicherlich zu Recht. Eishockey wird hier bereits viel länger gespielt. Seit am 9.6.1951 in der Werner Seelenbinder Halle die SV Dynamo Berlin zum ersten Mal zu einem Spiel antrat, haben zu diesem Verein, über die Stationen EHC Dynamo Berlin hin zu den EHC Eisbären, Abertausende den Weg zu den Männern an der kleinen schwarzen Hartgummischeibe gefunden. Man erinnere sich nur an die 'spannenden' Matches um die DDR-Meisterschaft, die seit 1970 die beiden Dynamo-Teams aus Weißwasser und Berlin ausfochten. Diese Begegnungen waren zwar nur dürftig besucht, doch liegt in dieser Zeit die Entwicklung des Fanwesens der heutigen Eisbären begründet. Viele Fans, die damals schon den Weg ins Sportforum fanden, sind auch heute, wenn auch schon etwas gealtert,

Foto: Sauer

Wir woll'n die Eisbär'n seh'n!

immer noch dabei. Einer von ihnen ist „Ossi“, der ob seines Familiennamens Oswald so titulierte, aber stets stolze Bürger der Ex-DDR. In vielen losen Gesprächen mit uns wußte er z.B. zu berichten, daß es früher immer schwer war, an Karten für internationale Begegnungen mit westdeutschen und westeuropäischen Mannschaften, etwa für Heimspiele im Europacup, heranzukommen. Dort wurden die Karten damals schon, getreu nach der Devise: „Ich habe zwar keine Ahnung vom Eishockey, aber ich gehe trotzdem hin, weil es nichts kostet“, an besonders verdiente Werktätige, bzw. Funktionäre verteilt. Und der damalige Eishockeyfan war „Neese“. Sicher, die Begegnungen gegen Weißwasser hatten auch ihren Reiz, doch einmal den Kölner EC, den Berliner Schlittschuhclub oder andere Spitzenteams der damaligen Zeit live zu sehen, hatte stets seinen besonderen Reiz. Warum wir soweit zurückschauen? Nun, wir wollen zeigen, daß es heute wesentlich einfacher ist, europäische Spitzenteams in Hohenschönhausen zu sehen. Denken wir nur einmal an das Halbfinal-Turnier um den Continental-Cup, welches in der abgelaufenen Saison bei uns in der Halle stattfand. Und, schon vorausschauend auf die neue Saison 1998/99, die Europaliga, in der die Eisbären erstmals mitmischen dürfen. Das alles, was dem Fan von heute als normal erscheint, muß dem Alt-Fan zur damaligen Zeit wie das berühmte Märchen aus 1001 Nacht vorgekommen sein.

Aber nun genug der Historie, wenden wir uns noch einmal einer analytischen Betrachtung unserer Fans der „Neuzeit“ zu, mit speziellem Blick auf die abgelaufene Spielzeit. Sicher, die Halle war stets gut gefüllt. Doch wie sieht es mit den Fans aus? Standen sie immer 100%ig hinter ihrem Verein? Nun, man kann sagen, daß es so war, man muß aber im selben Atemzug einige Einschränkungen machen. In den Meisterschaftsspielen, sowohl in der Vorrunde, der Zwischenrunde, als auch in den Meisterschafts-Play-offs war es in der Tat so! Hier wurde das eigene Team bedingungslos angefeuert. Und auch die Spieler der Eisbären erkannten das, und stellten fest, ohne daß das Präsidium oder Management ihnen soufflieren mußte, daß hier in Hohenschönhausen das inzwischen beste Publikum der Liga zu Hause ist. Und doch wünscht man sich hier und da noch etwas mehr Unterstützung. Sicher, der Fankurve in den Blöcken D, E, F, und den „stehenden Fans“ in den anderen Blöcken gilt hier kein Vorwurf. Dieser richtet sich mehr an das sitzende Publikum, das in der neuen Saison vielleicht noch öfter aus sich herausgehen sollte und nicht nur klatschend aufstehen sollte, wenn es aus der Fankurve dazu aufgefordert wird. Und auch für die anstehenden Spiele in der Europaliga wäre es wünschenswert, wenn die Halle gut gefüllt, wenn nicht sogar ausverkauft wäre, denn Spiele vor halbleeren Rängen machen sicher keiner Mannschaft Spaß, man denke da nur an den Continental-Cup, wo zu den Eisbären-Spielen höchstens 1.500 Besucher anwesend waren.

In Sachen Kreativität indes sind die Eisbären-Fans unschlagbar. Man erinnere sich nur an das Finale gegen Mannheim, wo ein selbstgebasteltes Spruchband, welches den EHC schon als den neuen Meister sah, sowie eine überdimensionale Eisbärenfahne mehrfach die Tribünen umrundeten, unterstützt auch durch Hilfe von unseren Fanordnern, die das Transparent und die Fahne stets im Geschwindschritt von Block A zum Block I brachten, damit die Utensilien auf der anderen Seite schnell weitergereicht werden konnten. Und auch in Sachen Sprechchöre, und deren Neukomposition war man mit einer gewissen Ideenpalette präsent, wenngleich man sich hier und da gewünscht hätte, den einen oder anderen Fußballsprechchor nicht allzu häufig vernehmen zu müssen. Aber sei es wie es sei, Eisbären-Fans sind ideenreich, kreativ, und auch unwahrscheinlich reiselustig. Es gab auswärts kaum ein Spiel, bei dem Eisbären-Fans nicht anwesend waren, meistens reisten sogar Busse an. Zum Continental-Cup Finale in Tampere zum Beispiel nahmen einige Fans, weder Kosten noch Mühen und Zeit scheuend, die Reise bereits am frühen Heiligabend auf, um rechtzeitig zum ersten Spiel vor Ort zu sein. Berichtet wurde unter anderem von den abenteuerlichsten Reisewegen. Man bediente sich des Fliegers, privater Wohnmobile, es soll sogar von Zugfahrten bis zum Zielort hin die Rede gewesen sein. Man sieht, egal wo die Eisbären auch spielen, die Mannschaft kann sich auf ihre Fans verlassen, sie reisen überall hin.

Auch für die Zukunft gilt, egal wo das Team steht, egal, gegen wen es zu spielen gilt, die Fans sind eine Macht und stehen jederzeit 100%ig hinter dem Verein EHC Eisbären Berlin!

Zu einem Problem ganz anderer Art, was die Verantwortlichen und auch die Besucher stets betroffen gemacht hat, ist das Kapitel Hooligans in Hohenschönhausen. Gewiß, die territoriale Nähe zum FC Berlin, der mit seiner Hooligan-Schar in ganz Fußball-Deutschland berühmt-berüchtigt ist, läßt es nicht ganz aus, daß sich der eine oder andere dieser Gruppierung bei uns in der Halle die Spiele anschauen will, aber Randale, wie sie gerne von „Fans“ und Offiziellen anderer Vereine ins Vereinsumfeld der Eisbären hineingedichtet werden, gibt es nicht! Vielmehr setzt man hier auf die Konversation zwischen den Fans, auf Konsens zwischen allen Besuchern. Und Erfolge haben sich schon abgezeichnet. Anteil daran hat sicherlich auch die Ordnungsgruppe, welche sich zu 100% aus Fans rekrutiert. Sie sorgen in der Halle dafür, daß zwischen den Besuchern Eintracht herrscht, und man kann sagen, bisher erfüllte sie diese Aufgabe recht gut. Die Idee zu dieser Fan- Ordnungsgruppe brachte übrigens einer der beiden „Chefs", Guido Meuser, aus Düsseldorf mit. Dort wird ein ähnliches Projekt bereits seit Jahren praktiziert. Und auch bei uns kann man sagen, ist das Konzept aufgegangen, Fans mit Fans durch Fanordner zu verbinden. Dieses gilt es aber auch in Zukunft zu konsolidieren, denn auch der beste Verein kann immer nur so gut sein, wie sein Ruf, der ihm vorauseilt, und da wollen Eisbären und Fans noch eine ganze Menge bewegen, oder?

Übersicht über die, dem Verein zur Zeit bekannten Fanclubs und Ihrer Aktivitäten:

Fanclub „Icebreaker"
Anschrift: c/o Robert Papke, Berliner Straße 23A, 15537 Erkner,
Telefon: 03362/42 37

Gegründet: 03.12.1995
Mitglieder aktuell: 32, davon 6 weibliche Mitglieder
Altersstruktur: von 18 bis 39 Jahre

Besondere Aktivitäten: Der Fanclub unterstützt die Knaben 1b- Mannschaft der Eisbären, man will ihr in dieser Saison auch finanziell unter die Arme greifen. Für Auswärtsfahrten zu Spielen der Eisbären organisiert der Fanclub Busse, wo nicht nur Icebreaker mitfahren dürfen!

Fanclub „Einfach anders"
Anschrift: c/o Ralph Gebhardt, Belziger Ring 13, 12689 Berlin,
Tel: 030/933 23 59

Gegründet: Mai 1994
Mitglieder aktuell: 10, davon 1 weibliches Mitglied
Altersstruktur: 22-36 Jahre

Besondere Aktivitäten: Die Mitglieder des Fanclubs unterstützen die Schülermannschaft der Eisbären.

Fanclub „Strandgut n.e.V."
Anschrift: c/o André Haase, Jungstraße 25, 10247 Berlin,
Tel.: 030/441 1215

Gegründet: 2.2.91 in Düsseldorf
Mitglieder aktuell: 13, davon 1 weibliches Mitglied
Altersstruktur: 28-42 Jahre

Besondere Aktivitäten: Der Fanclub Strandgut ist einer der Mitgründer des Fanzines „Eis-Dynamo"(zusammen mit den Eiswürfeln, Happy Bubbles und Powerplay), und

Foto: Sauer

Ehrenrunde!

Foto: Rädel
Mannheim, wir kommen!

die Mitglieder arbeiten heute nach wie vor aktiv an der Erstellung dieses Zines mit. Besonderen Wert legt man auf die Feststellung, daß es sich beim Fanclub Strandgut um einen n.e.V. (nicht eingetragener Verein) im Sinne des deutschen Vereinsrechtes handelt.

Fanclub „Nordpol"
Anschrift: c/o Mario Honneger, Erbeskopfweg 3, 13158 Berlin,
Tel: 030/477 30 85

Gegründet: Februar 1994
Mitglieder aktuell: 35 Mitglieder, 25 % davon sind weiblich
Altersstruktur: 14 bis 48 Jahre

Besondere Aktivitäten: Der Fanclub Nordpol war der erste Fanclub der Eisbären, der eine Patenschaft zu einer Nachwuchsmanschaft aufgebaut hat. Heute noch unterstützen sie die Bambinis der Eisbären, sowohl finanziell (pro Saison nicht unter 1000,- DM) als auch bei der Vorbereitung und Durchführung von Spielen und Turnieren. Fanclubmitglied Christian Imker ist Mannschaftsleiter der Kleinschüler. Der Fanclub hat vier Ehrenmitglieder (Mike Losch, Udo Döhler, Sven Felski und Niklas Hede) und unterhält Verbindungen zu Fanclubs in Schweden, Finnland und der Schweiz.

Fanclub „Eisbären Power"
Anschrift: c/o Frau Zeranka, Innstraße 3, 12045 Berlin,
Tel: 030/687 62 49

Gegründet: Dezember 1996
Mitglieder aktuell: 17 Mitglieder
Altersstruktur: 20-85 Jahre

Besondere Aktivitäten: Der Fanclub Eisbären Power ist einer der jüngsten Fanclubs der Eisbären. Daher hatte er auch noch nicht die Zeit, eine Patenschaft für ein Nachwuchsteam zu übernehmen. Aber als ersten Anfang hat man bereits 1000,- DM für die Nachwuchsarbeit zur Verfügung gestellt. Desweiteren organisiert man Fahrgemeinschaften, um unsere Eisbären auch auswärts zu unterstützen.

Fanclub „Bären Power" 98
Anschrift: c/o Burkhardt Lietzow, Wirmerzeile 11, 13627 Berlin,
Tel.: 030/345 01 567

Gegründet: 5.2.98
Mitglieder aktuell: 20 Mitglieder, davon 6 weibliche Mitglieder
Altersstruktur: 14-40 Jahre

Besondere Aktivitäten: Gerade in der letzten Saison gegründet, hat der Fanclub schon eine beachtliche Mitgliederzahl. Ebenfalls gibt es schon drei Ehrenmitglieder. Ob der Verdienste um den Club hat man die drei Funks (Lenz sen., Lenz jr. und Florian) zu Ehrenmitgliedern ernannt. Im Hinblick auf weitere Aktivitäten kann man sagen, daß geplant ist, die Patenschaft für eine Nachwuchsmannschaft zu übernehmen. Gespräche in diese Richtung gab es schon, jedoch gab es beim ersten Versuch (in Richtung Jugend) leider einige Probleme. Doch davon will man sich nicht entmutigen lassen. Der Fanclub hat bereits an einem großen Fanclubtreffen in Braunlage teilgenommen, und plant auch weitere Teilnahmen in dieser Richtung.

Fanclubs der Eisbären in der Vergangenheit

Auch in der Vergangenheit gab es Fanclubs, die die Eisbären aktiv unterstützt haben. Nachfolgend eine Liste von uns bekannten Fanclubs:

- Powerplay
- Wundertüten
- Bierbäuche
- Happy Bubbles
- Eiswürfel
- Die Unverbesserlichen
- Eisbären
- Spreepiraten
- Arktis
- Mobby Dick

Die Listung der Fanclubs, sowohl der aktiven, als auch der nicht mehr aktiven, erhebt keinesfalls Anspruch auf Vollständigkeit. Die Namen der aktiven Fanclubs nannte uns der Verein. Sollte uns ein Fanclub „durch die Lappen" gegangen sein, oder ein nicht mehr aktiver Fanclub doch noch aktiv sein, so bitten wir, das zu entschuldigen, denn wir sind zwar bemüht, aber leider nicht unfehlbar!

Thomas Beck

Helmut Berg
Im Portrait

Was schreibt man über den Mann? So stellt sich heute die Frage! Als er zu den Eisbären kam, hatte er wahrscheinlich mehr Feinde als Freunde und wurde ob seiner Visionen, Vorstellungen und Träume vom professionellen Eishockey anfänglich verlacht. „Noch so'n Besser-Wessi, der uns Marktwirtschaft erklärt", dachten damals nicht wenige, „noch so'n Abzocker" sicherlich noch mehr. Endgültig zum Saulus wurde er für einen Großteil der Anhänger schließlich mit der Umbenennung der Dynamos in Eisbären. Heute, Jahre später, ist Helmut Berg, erst recht durch die sportlichen Erfolge der letzten beiden Spielzeiten, der zurecht gefeierte „Retter", der er natürlich nicht im Alleingang war, sondern der Erfolg wurde mit der gesamten Führungsriege hart erarbeitet. Verziehen sind Fehler, die auch er machte. Akzeptiert ist der inzwischen zum Markenprodukt aufgestiegene Name EHC Eisbären Berlin. Zu Hilfe kam ihm dabei sicherlich seine stets etwas populistisch angehauchte Direktheit. Früher als Präsident, heute als Aufsichtsratsmitglied ist und war Helmut stets im Kontakt mit den Fans, setzte sich mit ihren Problemen auseinander und griff auch schonmal direkt ein, wenn er es für nötig hielt. So wie damals in der Jafféhalle, als er sich heftige Wortgefechte mit dem Einsatzleiter der Polizei liefernd, in den überfüllten Block stürmte, um wenigstens ein Mindestmaß an gastronomischer Betreuung sicherstellen zu lassen. Nicht vergessen ist auch sein Fernsehauftritt zusammen mit dem smarten Herrn Banghard jr. und der damaligen Sozialsenatorin Stahmer, als man ob der angedrohten Kürzungen für den Nachwuchsbereich fast um das Leben der „armen" Frau Stahmer fürchten mußte. Oder seine immer wieder auf witzige Art und Weise betriebene Auseinandersetzung mit dem Preussen-Vorstand. So z.B. seine damalige Reaktion auf die Aktion von Hermann Windler, der im VIP-Raum des BSC Gummibärchen verteilen ließ. Prompt landete einen Tag später „zufällig" ein Fax auf den Schreibtischen diverser Sportredaktionen, in dem die Eisbären bekannt gaben, mehrere hochklassige Spieler unter Vertrag nehmen zu wollen. Allerdings war nur der Name der Preussenlegende Georg Holzmann richtig geschrieben. Worauf es im Eichkamp natürlich heftigsten Wirbel gab. Wer ist dieser Helmut Berg nun?

Geboren wurde er 1945, während der Flucht seiner Eltern mit dem Pferdewagen aus Ostpreußen, in einem Kinosaal in Schievelbein in Pommern. Die ersten sechs Jahre seines Lebens verbrachte er in Detmold/Westfalen. Geprägt war diese Zeit von absoluter Armut. Seine Familie, die durch die Flucht den Gutshof und das Busdepot, das der Vater aufgebaut hatte, verlor, lebte auf dem Hof eines Bauern direkt neben dem Misthaufen. Bergs Vater war arbeitsunfähig, so daß die einzige Einnahmequelle der Lohn der Mutter, die als Näherin in einer Zeltfabrik arbeitete, war. Nach der Einschulung in eine typische Dorfschule der damaligen Zeit, vier Klassen in einem Raum, folgte der Umzug in die Kleinstadt Preußisch-Oldendorf. Hier lebte seine Familie mit zehn anderen in einer Baracke. Besonders spannend und prägend für seinen weiteren Werdegang sieht Helmut Berg das politische Umfeld in dieser Baracke an. Sein Vater war ein eher liberal denkender Mensch, während sein Opa, der lange in Amerika lebte, eher in die rechtsdenkende Ecke gehörte. Helmuts Oma schließlich war tief religiös, ein Nachbar Erzkommunist und ein weiterer schließlich Zeuge Jehovas. Klar, daß man in dieser Umgebung äußerst viele Meinungen hört und aufschnappt. Sein ausgeprägter Gerechtigkeitssinn und die Akzeptanz anderer Meinungen rührt höchstwahrscheinlich aus dieser Zeit.

Da er gezwungen war, sich sein Taschengeld selber zu verdienen, mußte er bereits als Kind Geschäftssinn entwickeln. Zwei Varianten boten sich an, eine legale, das Erledigen von Einkäufen für die Nachbarn, und eine illegale, der Diebstahl von Obst und Gemüse aus dem ländlichen Umfeld, welches dann weiterverkauft wurde. Bedingt durch die schlechte wirtschaftliche Lage seiner Eltern und eine, wie er heute resümiert, schlechte Beratung des Arbeitsamtes, ging er nach dem Abschluß der achten Klasse als Vierzehnjähriger für ein Jahr an Bord eines Hochseefischers.

Hier hat er es im Gegensatz zu vielen anderen, die mit ihm angeheuert hatten, das volle Jahr ausgehalten. Allerdings auch nur bedingt durch die schlechte wirtschaftliche Situation seiner Eltern, die sonst eine recht hohe Konventionalstrafe hätten zahlen müssen. An Bord hatte er ein Erlebnis, welches heute noch sein Leben bestimmt. Am vierten Tag seines Aufenthaltes auf See, mußte er völlig seekrank ein geteertes Tau einholen. Als er körperlich am Ende dabei zusammenbrach, verdrosch ihn der Steuermann, so daß er den Job schließlich doch noch zu Ende brachte. So erklärt sich auch sein Anspruch an sich selbst und an seine Mitarbeiter, immer wenn jemand denkt, er sei am Ende, lassen sich doch noch ungeahnte Reserven freisetzen. Als Moses an Bord dieses Schiffes erkannte er dann erstmalig sein kaufmännisches Geschick. Viel mehr Geld als die Heuer brachte ihm der Verkauf von Zigaretten und Schnaps ein. Nach diesem harten Jahr ging er zurück auf das Festland und arbeitete als Hucker auf dem Bau. In der Bauschlosserei lernte er schweißen, um dann auf verschiedenen Baustellen zu jobben. Mit achtzehn rief ihn der Bund, Helmut allerdings verspürte wenig Lust, dem Staat durch den Armeedienst zu unterstützen. Am Tag seiner Musterung machte er den Führerschein und saß eine halbe Stunde später im Zug nach Hannover. Von dort ging es per Flugzeug weiter nach Berlin.

Flüchtlings- und Arbeitnehmerheim waren hier seine ersten Stationen. Beruflich war er weiterhin auf dem Bau in der Stahlarmierung tätig. Nach einem halben Jahr hatte er seine erste eigene Kolonne, die unter anderem am Axel Springer Haus und an der Westtangente arbeitete. Schließlich brachte Helmut Berg es auf mehrere Kolonnen, in denen ständig 20 bis 50 Leute tätig waren. Mit 19 zog er in die erste eigene Wohnung, Hochparterre mit Außenklo in Kreuzberg, und er kaufte sich seinen ersten Porsche. Bedingt durch eine Baukrise, konnte er sich des Wohlstandes jedoch nicht allzu lange erfreuen. Also ging es mit dem letzten Bargeld zurück nach Westdeutschland.

Wuppertal, München, Düsseldorf, Essen und Herne waren die nächsten Stationen. Trotz der guten Jahre zog es ihn zurück nach Berlin. Endgültiger Auslöser für die Rückkehr war letztendlich der Fakt, daß er irgendwann nachts um 3.00 Uhr in Herne weder einen geöffneten Imbiß noch ein Restaurant fand, also ging es mit 300,- DM in der Tasche nach Berlin. Wieder auf dem Bau machte ihm dann aber bald die Gesundheit einen Strich durch die Rechnung. Bedingt durch ständige Kopfschmerzen zog er sich durch die Einnahme immer stärkerer Präparate einen Leberschaden zu, der dann einen vierteljährigen Krankenhausaufenthalt nötig machte. An den stressigen Baujob war natürlich nicht mehr zu denken. Mehr durch Zufall als durch Überlegung kam er dann zu seinen nächsten Jobs im Autohandel. Erst verkaufte er für einen Freund ein Auto, das Helmut instand gesetzt hatte und schließlich sah er sich gezwungen, sich von seinem Porsche zu trennen. Er bezog eine neue Wohnung in der Oranienstraße, der Vermieter wollte jedoch 3.000,- DM Abstand. Ein Autohändler, der ebenfalls auf das Inserat reagierte, bot 1.000,- Mark mehr als alle anderen. Da der wiederum an Helmuts Porsche noch Gewinn machte, kaufte sich Helmut Berg mehrere überregionale Zeitungen und studierte die Autoannoncen. Die billigsten Porsches waren im Rheinland zu bekommen, also ab nach Essen und den dort erworbenen Porsche in Berlin mit Gewinn verscherbelt. Zuerst stellte er die zu verkaufenden Fahrzeuge mit Zettel, wie es heute überall üblich ist, zu damaligen Zeiten aber völlig neu war, auf der Kottbuser Brücke ab. Bis er an der Ecke Skalitzer-/Oranienstraße einen Autoplatz samt Werkstatt eröffnete.

Irgendwann wollte der Berliner Bausenator Ristock das Gelände zurück und zeigte sich erst nach der Störung einiger Wahlkampfversammlungen bereit, eine Abfindung zu zahlen. Damit endete auch die Karriere als Autohändler, beschäftigt war er jetzt bei einer Verbraucherbank, für die er ein Leichtkaufsystem (Ratenzahlung) entwickelte. Kaum war dieses erfolgreich eingeführt, wurde Helmut gekündigt, da er nun nicht mehr benötigt wurde. Trotz Warnung, er könne sowieso nichts gegen einen Bankvorstand erreichen, klagte Berg und bekam recht. Recht bedeutete in diesem Falle eine Abfindung in Höhe von 250.000,- DM. Dieses Geld wurde flugs investiert in eine Firma, die sich hauptsächlich mit der Grundstücksbeschaffung für Bauunternehmer bzw. Architekten befaßte. Da aber die Zahlungsmoral damals nicht viel besser als heute war, ging dieses Geschäft nicht lange gut. In Spanien schließlich setzte ihn ein Modell in Erstaunen, bei dem Kunden über eine Bank sich an Grundstücken beteiligten, zur steuerlichen Abschreibung, ohne daß sie einmal diese Immobilien gesehen hatten. „Das kann ich auch", war sein erster Gedanke und bei einer Vertriebsgesellschaft in Freiburg bekam er einen Vertrag. Da es allerdings keine Schulung gab, mußte Helmut Berg sich innerhalb weniger Tage durch das Nachrechnen schon umgesetzter Projekte kundig machen. Drei Tage später verkaufte er sein allererstes Steuersparmodell. Dem folgte der Aufbau einer eigenen Vertriebsgruppe. Im ersten Jahr machte die Firma 10 Mill. DM, im zweiten bereits 19 Mill. DM Umsatz. Filialen wurden eröffnet, in Hamburg, Essen, Bremen, Köln und Hannover. Kaum lief dieses Geschäft in befriedigenden Bahnen, ereilte ihn vor ca. 20 Jahren die erste Immobilienkrise. So mußte man sich plötzlich von 80 % der Mitarbeiter trennen.

Nur durch das Entwickeln eigener Modelle gelang es, die Firma dennoch über Wasser zu halten und im folgenden Jahr wurden sogar wieder mehr Umsätze als vorher erzielt. Die Außenbüros wurden reduziert. Ein Teilgeschäft wurde nach Spanien verlegt. Im Besitz von Ferienanlagen, Häusern und Restaurants in Spanien ereilte ihn schließlich der Zusammenbruch der DDR. Eigentlich sah sein damaliger Lebensplan vor, nur noch ein halbes Jahr zu arbeiten und sich dann in Spanien zur Ruhe zu setzen. Wie so oft kommt es aber anders als man plant. Schnell erfaßte ihn und seine Mitarbeiter bei der BAB die Wiederaufbaueuphorie im Osten. Das Kapitel Spanien wurde ad acta gelegt und sich voll auf das Geschäft in Deutschland konzentriert. Ohne an kommende Probleme zu denken, stürzte man sich in die Projektentwicklung. Mehrere Großprojekte wurden schnell realisiert, sowohl gewerbliche als auch Wohnbauvorhaben. Mit zunehmender Bürokratie im wiedervereinigten

Deutschland kam aber auch mehr Sand ins Getriebe. Bestes Beispiel dafür ist, das auch in den Medien kritisierte Musterdorf in Ferch. Die Treuhand, das Finanzministerium und andere staatliche Stellen schafften es, einen Dschungel von Kompetenzstreitigkeiten aufzubauen, so daß sich das Projekt um fünf Jahre verzögerte. Dadurch sah sich Helmut Berg gezwungen, ständig neue Planungsverfahren einzuleiten und kommt heute auf die rekordverdächtige Anzahl von 86 Zustimmungsverfahren für Ferch. Trotzdem stieg er 1992 bei den Eisbären ein, um auch hier mit Geld und anderweitiger Unterstützung Aufbauarbeit zu leisten. Das Ergebnis ist bekannt: Nach mehreren Jahren als Präsident wirkt er jetzt im Aufsichtsrat der Eisbären. Trotzdem verbleibt ihm nach wie vor wenig Freizeit für seine Frau Marianne, mit der er seit 25 Jahren verheiratet ist und zwei Kinder hat (Alexander 21 Jahre und Franziska 17 Jahre). Gelingt es ihm doch, sich etwas Zeit zu nehmen, gehören Boots- und Motorradausflüge (Helmut ist Harleyfahrer) neben dem Lesen von Science Fiction-Büchern zur favorisierten Freizeitgestaltung. Sportlich hält er sich mit Schwimmen und Tennisspielen fit.

Selbstverständlich kommt man nicht umhin, wenn man endlich einen Termin bei ihm erhalten hat, um dieses Portrait zu fertigen, sich auch seine neuesten Visionen anzuhören. Erster Eindruck: Na ja, vielleicht etwas zu hoch gegriffen, aber das dachten wir auch, als er vor fünf Jahren vom Spitzenteam Eisbären träumte!

André Haase

Helmut Berg freut sich mit Claudia Pechstein über ein EHC-Tor!

Foto: Sauer

Lorenz Funk

Ein Tölzer in Berlin!

Lorenz Funk, passionierter Weißbier-Gourmet (Lieblingsmarke Erdinger naturtrüb) und Taubenzüchter, am 17.3.1947 in Bad Tölz geboren, ist für die Berliner Eishockey-Gemeinde (Ost und West) schon längst heimlicher Ehrenbürger der Stadt – sozusagen ein Spreeathener von Volkes Gnaden! Beim Deutschen Rekordmeister, dem Berliner Schlittschuh-Club, setzte er sich mit zwei Meisterschaften in den '70er Jahren als überragender Center selbst ein Denkmal, und zusammen mit Chef Helmut Berg, Geschätsführer Günter Haake und dem damaligen Schatzmeister Martin Müller gehört er als Manager des EHC Eisbären (seit Januar 1991) zu den Hohenschönhausener Urgesteinen, zum Quartett, das gemeinsam durch dick und dünn gegangen ist und den Club mit nimmermüdem persönlichem Engagement vom Abstieg in die 2. Liga (und drohendem finanziellen Kollaps) bis zur Vizemeisterschaft 1997/98 geführt hat!

Rückblick: Vor Jahrzehnten war Bad Tölz eine der Eishockey-Hochburgen der Bundesrepublik überhaupt – nachdem die Kinder laufen konnten, erlernten sie sogleich das Stehen auf Schlittschuhen und das Umgehen mit dem Krummstab. So auch Lorenz Funk, der „Eishockey gespielt hat, seit er denken kann". Die kindliche Bolzerei trug recht schnell ihre Früchte, auf dem idyllischen Natureisplatz in Reichersbeuern (Vereinsgründung 1956), einem kleinen Ort in der Nähe von Bad Tölz, konnte der kleine Lenz seine ersten Erfolge feiern. *„Reichersbeuern war den Eishockey-Indsidern damals schon ein Begriff"*, referiert Lenz Funk, *„dort haben 20 Spieler ihre Karriere begonnen, die später alle Bundesliga gespielt haben."* So natürlich auch Lenzi jr., „Flocko" Funk und Neffe Andi Brockmann; das ganze Dorf war auf den Beinen, als Lorenz Funk im Jahre 1964 mit Reichersbeuern Deutscher Jugendmeister wurde.

Seine professionelle Eishockey-Karriere begann Lenz in Bad Tölz, von 1965 bis 1972 spielte er beim dortigen EC in der 1. Bundesligamannschaft und wurde prompt 1966 (im zarten Alter von 19 Jahren) zum ersten Male Deutscher Meister. 1972 wechselte er zum frischgebackenen Bundesliga-Aufsteiger Berliner

Foto: Sauer

Der Lenz und Billy Flynn stoßen auf gutes Teamwork an!

Schlittschuh-Club, wo der 1,89 Meter große Mittelstürmer durch glänzende Leistungen (nach Erich Kühnhackl) zum vielleicht zweitbesten bundesdeutschen Forward aller Zeiten avancierte. *„In Tölz stagnierte die Situation ein wenig“*, erklärt Lenz heute seinen Wechsel an die Spree. *„Mein Bruder Franz, der heute Masseur bei den Capitals ist, ging dann als Torwart zum Schlittschuh-Club und die Verantwortlichen haben ihn gefragt, ob er nicht noch einen guten Spieler aus Tölz vermitteln könnte. Ihm ist keiner eingefallen und da hat er einfach meine Telefonnummer weitergegeben. Eigentlich wollte ich nur drei Jahre in Berlin bleiben, jetzt sind es schon 26...“*, schmunzelt Lenz. *„In Tölz war es ein nationales Unglück, daß ich damals weggegangen bin, so eine Art Vaterlandsverrat“*, verdunkelt sich die Miene des Ur-Bayern ein wenig. Bei den Auswärtsspielen des „Club“ in Tölz flog schon einmal ein Galgen mit dem Konterfei Funks aufs Eis...

Mit dem Charlottenburger Traditionsverein errang Lorenz Funk als Kapitän 1973/74 und 1975/76 unter der Ägide von Xaver Unsinn jeweils die deutsche Meisterschaft (übrigens die letzte bundesdeutsche Eishockey-Trophäe eines Berliner Teams innerhalb der letzten 22 Jahre), die Torjägerkrone (die er mit dem EC Bad Tölz lediglich einmal errang, in der Saison 1967/68 mit 33 Treffern) machten ihm indes Erich Kühnhackl (EV Landshut) respektive Dick Decloe (Krefelder EV) strittig. *„Von 1973 bis 1978, als wir noch einmal Vizemeister wurden, hat der Schlittschuh-Club die Bundesliga dominiert“*, ist der Lenz schon ein wenig stolz auf seine Erfolge im Team des deutschen Rekordtitelträgers. In jene Zeit fallen auch die beiden legendären Europacup-Spiele des BSchC gegen den SC Dynamo Berlin! *„Das 8:2 im Hinspiel war schon ein gutes Polster“*, resümiert der damalige „Club“-Mittelstürmer. Mit dem Blick von seinem Büro auf den „Wellblechpalast“ fährt der EHC-Manager fort: *„Hier haben wir dann 4:3 gewonnen. Das war ein komisches Spiel, ich kann mich noch sehr gut daran erinnern, es waren fast ausschließlich dunkel gekleidete Zuschauer da, wahrscheinlich alles Privilegierte, nur ganz wenige normale Fans. Das Stadion hatte ja damals nur Sitzplätze, es gingen also nur gut 3.000 Zuschauer hinein. In der Jafféhalle, beim Hinspiel, war es dagegen rappelvoll, es mögen schon 8.000 bis 9.000 Leute gewesen sein, doch das war damals beim BSchC keine Ausnahme!“ „Wir waren ja damals auch eine Multi-Kulti-Truppe“*, spielt Lenz verschmitzt auf die Kritik an der paneuropäischen Zusammensetzung des aktuellen Eisbären-Kaders an, *„bei uns hat früher kein Berliner gespielt, da waren nur Ausländer: Bayern, Tschechen, Schweden und Finnen.“*

International nahm der Lenz an acht A-Weltmeisterschaften und fünf B-Championaten teil, sein größter Erfolg (und gleichzeitig die Sternstunde des deutschen Eishockeys überhaupt) war aber ohne Frage der sensationelle Gewinn der olympischen Bronzemedaille 1976 in Innsbruck. *„Wir saßen in der Kabine und haben nicht gewußt, was los ist“*, beschreibt der Lenz seine Gefühle nach dem 4:1-Sieg. *„Plötzlich ist dann der Sportwart gekommen und hat uns mitgeteilt, daß wir Dritter sind. Es waren am Ende drei Mannschaften punktgleich und in diesem Falle zählte ja bekanntlich der direkte Vergleich untereinander – da waren wir ein Tausendstel besser. Beim Stand von 4:1 haben wir Spieler alle gedacht, daß dieses Ergebnis nicht reicht und wollten den Torwart rausnehmen. Xaver Unsinn ist aber stur geblieben, zum Glück...“*

1968 und 1972 spielte Lorenz ebenfalls im deutschen Olympia-Team. Insgesamt erzielte Funk in 225 Länderspielen 57 Tore für die Bundesrepublik Deutschland. Nach dem, durch eine Finanzmisere bedingten, freiwilligen Rückzug des Rekordmeisters BSchC aus der 1. Eishockey-Bundesliga (1982), mußte sich der gebürtige Tölzer nach einem neuen Arbeitgeber umsehen und kam für eine Spielzeit beim SC Riessersee unter. Schon 1983 erreichte ihn indes ein erneuter Hilferuf aus Berlin, wo der BSchC am 29. April desselben Jahres eine Fusion mit der Eishockey-Abteilung des BFC Preussen eingegangen war. Der neue Club, BSC Preussen getauft, suchte händeringend nach Verstärkungen, um den mittelfristigen Aufstieg in die 1. Liga zu realisieren – Lorenz Funk war natürlich sofort zur Stelle und ging von 1983 bis 1986 im Trikot der Schwarz-Weiß-Roten in der 2. Bundesliga auf Torejagd (wobei er insgesamt 84 mal ins Schwarze traf). Am 18. November 1986 verabschiedeten 6.063 Fans in der ausverkauften Halle an der Jafféstraße ihr Idol bei einem eigens organisierten Abschiedsspiel, zusammen mit seinem Bruder Franz Funk im Tor sowie seinen Söhnen Lenz jr. und Florian „Flocko“ trat Lorenz Funk gegen eine von Xaver Unsinn trainierte Bundesauswahl an, die sich am Ende dem erweiterten Funk-Clan 2:5 geschlagen geben mußte. Danach hing der Lenz seine Schlittschuhe an den Nagel und wechselte hinter die Bande, kein leichtes Amt, sollte er doch die Preussen (nach zwei gescheiterten Anläufen) endlich in die 1. Liga führen. Und tatsächlich, nach dem 4:2-Sieg am letzten Spieltag in Riessersee (das Spiel wurde in Augsburg ausgetragen, da ein Orkan das Dach der Garmischer Olympiahalle beschädigt hatte) trug sich Lorenz Funk als Coach zum ersten Male im Gästebuch der deutschen Eliteliga ein. Nach dem Aufstieg war die Aufgabe für ihn allerdings eher diffiziler denn leichter geworden, denn der personelle Aderlaß des Teams (u.a. Uli Egen, Bob Sullivan, Gary Schwindt, George Pesut und Michael Rumrich) ließ für den Klassenerhalt Schlimmes befürchten. Und in der Tat legten die Preussen eine lupenreine Negativserie hin, das Publikum stand zwar nach wie vor wie ein Mann hinter der Eishockey-Legende Funk (und hielt sogar während des Heimspiels gegen die DEG eine spektakuläre Demonstration für ihn ab), doch Präsident Hermann Windler bastelte unnachgiebig an der Demontage eines Denkmals. Am 30. November 1987 mußte sich Lorenz Funk in der Geschäftsstelle an der Jafféstraße seine Papiere abholen (er wurde durch Olle Öst, von 1978 bis 1980 Trainer des Berliner Schlittschuh-Clubs, ersetzt). *„Als Spieler hatte ich nie Probleme mit Hermann Windler, doch als ich Trainer war, wollte er in sportlichen Belangen immer mitreden. Doch das ist alles Vergangenheit...“*, ist Lenz Funk heute nicht mehr nachtragend. Noch Wochen nach seiner Entmachtung waren seinerzeit in der Jafféhalle ohrenbetäubende Funk-Sprechchöre zu vernehmen...

Lenz machte aus der Not eine Tugend, trat die Reise in seine Heimat Bad Tölz an und schnürte, obwohl er seine aktive Laufbahn eigentlich schon längst beendet hatte, in der Spielzeit 1987/88 noch viermal für seinen Heimatverein EC Bad Tölz in der 2. Liga die Schlittschuhe. Damit nicht genug, nach einer zweijährigen Pause spielte der Mann mit der mittlerweile legendären Rückennummer 9 im Alter von 44 Jahren noch einmal die gesamte Abstiegsrunde im Trikot des EC Bad Tölz: *„Ich bin mit 116 Kilo zum Training angetreten, nach der Saison hatte ich nur noch 100 Kilo, als ich so richtig in Schuß kam, da war die Saison auch schon wieder zu Ende - schade!“*

Alles in allem erzielte der Lenz in 687 Spielen 435 Tore und gehört somit zu den erfolgreichsten deutschen Stürmern aller Zeiten!

Seine weitere Karriere als Trainer verlief eher durchwachsen, von 1988 bis 1990 coachte er seinen Stammverein EC Bad Tölz in der 2. Liga und gab 1990/91 ein kurzes Gastspiel als Übungsleiter beim SV Bayreuth (ebenfalls 2. Liga). In die Turbulenz der Wendezeit fiel nach seinen Auftritten beim BSchC und dem BSC Preussen der dritte schicksalshafte Telefonanruf aus Berlin: Der EHC Dynamo, gerade in die 1. Eishockey-Bundesliga aufgenommen aber bereits bis in die untersten Tabellenregionen durchgereicht, warf den Rettungsanker gen Tölz aus. *„Dynamo hat damals in der Bundesliga gespielt und sie brauchten einfach jemanden, der Kontakte in den West-Teil hatte und der die Leute kennt“*, holt Funk aus. *„Ich bekam also diesen Anruf von einem Berliner Journalisten. Ich hatte sowieso vor, nach Berlin zu kommen, da am Freitag das Lokalderby Preussen gegen Dynamo stattfand, am Sonntag Dynamo gegen Weißwasser und den folgenden Dienstag Preussen gegen Hedos, wo 'Flocko' gespielt hat. Es hat also alles gepaßt....“* Der Lenz überlegte nicht lange, packte seine Zahnbürste sowie frische Unterwäsche ein und setzte sich ins Auto Richtung wiedervereintem Berlin. Zurückgeschaut hat er seitdem nicht mehr...

Zuerst sollte Lorenz dem Neu-Bundesligisten lediglich als Berater zur Seite stehen, doch als das desolate Team um René Bielke, Harald Kuhnke und Jan Schertz immer mehr den Boden unter den Füßen verlor und den Anschluß an die Play-off-Plätze gänzlich zu verlieren schien, sprang er für den entnervten Hartmut Nickel an der Bande ein. Funk: *„Am Freitag beim Lokalderby an der Jafféstraße habe ich mich erstmals mit den Verantwortlichen getroffen, am Sonntag war ich dann zum ersten Male in Hohenschönhausen, nach dem Spiel war ich schon Berater und am nächsten Tag mittags um 12.00 sogar Trainer.“*

Leider konnte aber auch der Coach Funk den bodenlosen Fall des überforderten Teams nicht verhindern. Nicht gerade von Fortune verfolgt gab er seinen Posten nach einer Negativserie von 1:11 Punkten wieder ab, an einen alten Bekannten, Gerhard Kießling (unter dem Lorenz Funk seinerseits als Spieler im Jahre 1977 beim BSchC agierte). *„Waschi, also der damalige Präsident Waschitowitz, kam zu mir an und sagte, daß wir uns unbedingt in einem Lokal am Hohenzollerndamm treffen müßten, es gäbe eine Sensation“*, erinnert sich Lorenz zurück. *„Da hockte dann also Gerhard Kießling, der als erfahrener Trainer, als Feuerwehr geholt worden war. So ist das gelaufen.“*

Lorenz Funk wechselte in der Folge auf den Managerstuhl des EHC Dynamo Berlin, welchen er auch nach dem Abstieg des Teams aus der 1. Bundesliga okkupierte. Eine leichte Aufgabe war ihm weißgott nicht beschieden: *„Das kannst Du Dir ja vorstellen“*, verdunkelt sich seine Miene ganz plötzlich, *„die ganzen Zuschüsse, die es damals hier fürs Eishockey gegeben hat, die sind natürlich weggefallen. Zuschauer waren auch keine da, vielleicht 50 richtige Fans, mehr nicht! Für mich als Spieler stand Dynamo ohne Zweifel als sportliches Markenzeichen, doch bei den Sponsoren hieß es immer nur Stasi. Es war äußerst schwierig, den Verein überhaupt noch am Leben zu erhalten, wir hatten akute finanzielle Schwierigkeiten. Zu dem Zeitpunkt konnte ich Helmut Berg für uns gewinnen, ohne ihn wäre es hier nicht mehr weitergegangen!“*

Mit seiner besonnenen und bodenständigen Art, Lorenz Funk war noch nie ein Selbstdarsteller, auch nicht als Aktiver, gewann er im Umfeld des EHC schnell neue Freunde. Dabei waren besonders die Anfangsjahre, finanziell und sportlich alles andere als ein Zuckerschlecken - die Eisbären dümpelten im Tabellenkeller herum und jeder Neuzugang verlangte erst einmal „erhöhtes Schmerzensgeld“, ehe er nach Hohenschönhausen wechselte. Zweitklassige Spieler lieferten zweitklassiges Hockey für ein erstklassiges Gehalt. Ganz klar, daß sich die Verpflichtung neuer Akteure (bei seinerzeit nicht gerade prall gefüllten

Vereinskassen) auch für Lenz Funk mehr und mehr zum Drahtseilakt entwickelte. Doch das Wort „Aufgeben“ ist im Funk'schen Wortschatz nicht vertreten: Mitgehangen, Mitgefangen. So manche Nachtschicht schweißte die Bergs, Funks, Haakes und Müllers eisern zusammen, jede Niederlage gegen den Lokalkonkurrenten machte sie stärker in der Besessenheit, den EHC nach oben zu bringen. Und wie nicht immer im richtigen Leben, gab es diesmal auch ein Happy End, der nahezu Total-Austausch des Teams nach dem Bosman-Urteil katapultierte die „neuen Eisbären“ bis ins DEL-Halbfinale 1996/97. Auf einmal hatte man besseren Zugang zu den Sponsoren, das nervenaufreibende Klinkenputzen war für Lenz Funk auf einmal um ein Vielfaches einfacher geworden. Der Zuschauerzuspruch war von 2.380 Fans in der desaströsen ersten 1. Liga-Spielzeit auf 3.963 in der Saison 1996/97 gestiegen, ein Plus von mehr als 66%. In der Finalsaison 1997/98 gab es kaum eine Partie, die nicht mit 5.000 Zuschauern ausverkauft war. Sicherlich auch ein Verdienst des Wahlberliners Lorenz Funk – darauf erst einmal ein Schluck kühles Weizenbier... Nach den glücklichsten Momenten in acht Jahren Tätigkeit als EHC-Manager befragt, möchte Lorenz Funk kein besonderes Ereignis hervorheben: *„Es gab viele schöne Ereignisse, so z.B. der direkte Wiederaufstieg in die 1. Liga – das hat übrigens kein anderes Team außer dem EHC in der Geschichte der Bundesliga je geschafft! In der Relegation haben wir uns dann zweimal gegen Schwenningen durchgesetzt, obwohl wir in der Mannschaft ein riesiges Leistungsgefälle hatten, gute Ausländer aber auch sehr schwache deutsche Spieler. Der zweite Platz im Continental-Cup war auch sehr schön – das haben viele gar nicht so richtig mitbekommen, sieben Minuten vor Schluß waren wir ja sogar noch Erster. In den letzten zwei Jahren war es wirklich famos, zu beobachten, wie sich nicht nur die Mannschaft, sondern der ganze Verein derartig positiv entwickelt hat.“* Das war bekanntlich nicht immer so und der Lenz ist keiner, der nicht auch aus Niederlagen seine positiven Lehren ziehen würde: *„Die Zeit, als wir achtmal und mehr in Folge verloren haben, die war natürlich schlimm. Doch das Leben mußte ja weitergehen. Die Leute, die uns damals ausgelacht haben, die erkundigen sich heute, was denn die Eisbären als nächstes machen werden...“* Der erhöhte Etat für Spielergehälter fordert dem Verein und natürlich auch dem Manager erhöhte Tätigkeit im Marketing-Bereich ab, wie Lenz (der heutzutage ein Kampfgewicht von 126,5 kg auf die Waage bringt) zu berichten weiß: *„Die Zuschauereinnahmen machen für uns nur 30-35% aus, der Rest muß über Werbepartner und Sponsoren finanziert werden. Im Merchandising haben wir uns beispielweise von 250.000,- DM auf 1,6 Millionen gesteigert!“*

Zur aktuellen Spielzeit ist auch eine gewisse „Familienzusammenführung“ zu konstatieren, neben Lenzi jr. und „Flocko“ Funk wird nun auch Funk-Neffe Andi Brockmann das Eis des Hohenschönhausener Wellblechpalastes unsicher machen!

Matthias Mader

Foto: Wendle

Lenz Funk bejubelt im Trikot des BSchC den letzten Titel eines Berliner Teams!

Billy Flynn

Boston-Berlin mit One-Way-Ticket!

Jeder im Hohenschönhauser Umfeld kennt ihn, jeder mag ihn und jeder weiß, was er für die Eisbären im Marketingbereich geleistet hat. Kurz gesagt, die Eisbären ohne den sympathischen Amerikaner sind kaum noch vorstellbar. Das Berlin-Gastspiel des am 31. Januar 1950 in Boston geborenen Flynn begann indes beim Lokalrivalen aus Charlottenburg.

Kurzer Rückblick ins Jahr 1992. Der BSC Preussen startet als selbsternannter Meisterschaftsfavorit unter dem seit 1990 agierenden Trainer Craig Sarner in die neue Saison. Unverkennbar war damals allerdings schon, daß die Chemie zwischen dem Trainer und seinem Chef (Hermann Windler) nicht mehr stimmte. Folglich kam für Sarner im November das vorzeitige Aus und als Nachfolger wurde Billy Flynn präsentiert. Aber auch er konnte den Erfolgs- bzw. Mißerfolgskreislauf (je nach Betrachtungsweise) bei den Preussen nicht durchbrechen, der da hieß „Niemals Finale BSC!". Also kam auch für ihn als Trainer das vorzeitige Aus in der damals neu eingeführten DEL im November 1994. Fast jedem wird das damit verbundene Theater beim BSC noch in Erinnerung sein, bekam Billy doch sogar Hausverbot bei seinem alten Verein. Hinter vorgehaltener Hand munkelt man übrigens heute noch, daß der wahre Entlassungsgrund die Nichtberücksichtigung des Präsidentensohnes Harald Windler war. Völlig überraschend tauchte Billy dann kurze Zeit später bei den Eisbären auf. In aller Heimlichkeit hatte Helmut Berg ein Treffen mit ihm in Potsdam organisiert und ihm eine Stelle im Marketingbereich der Eisbären angeboten. Nach eigener Aussage hatte er von diesem Metier zwar überhaupt keine Ahnung, aber die Familie gab damals den Ausschlag, nach dem ständigen Wechsel seiner Europastationen endlich in der *„besten Stadt Europas"* (O-Ton Flynn) seßhaft zu werden. Offiziell als Sportdirektor beschäftigt, mußte er allerdings in der Saison 1995/96 nochmals zurück an die inzwischen ungeliebte Bande, diesmal als Nachfolger des nach wenigen Spieltagen geschaßten Helmut Bauer.

Inzwischen hat sich der vierfache Vater jedoch voll und ganz auf die Sponsorenbeschaffung und Betreuung verlegt. Auch hier gelang ihm der eine oder andere große Wurf. Schaffte er es doch in damals fast aussichtsloser Situation (17. Platz), die GASAG mit Unterstützung des Vorstandes als Partner zu gewinnen. Auf die Feststellung, daß die Sponsoren nicht nur Geldgeber der Eisbären, sondern echte Partner sind, legt Billy sehr viel wert. Schließlich partizipieren beide von diesem Engagement. Mit Stolz erfüllt ihn, daß die GASAG inzwischen vier Jahre dabei ist und ihr Engagement sogar noch auf die Europaliga ausdehnt. Richtig ins Philosophieren kommt er, wenn er über sein derzeitiges Aufgabenfeld redet. Nie zufrieden über das Erreichte solle man sein. Jeden Tag muß hart gearbeitet werden, um weiterhin erfolgreich zu sein. Da sei aber das gesamte Marketingteam der Eisbären inzwischen Vorbild für die DEL. Der sportliche Erfolg der Eisbären ist eng mit dem finanziellen Erfolg verbunden. Für beide Metiers zählt, nicht nur einmal Spitze zu sein, also Meister zu werden, sondern sich dauerhaft in der Spitzengruppe festzusetzen. Sicherlich sei die Akquisition von Geldgebern in den letzten Jahren einfacher geworden, die Eisbären stehen endlich auch sportlich im Mittelpunkt. Das größte Kapital sei allerdings schon vorher vorhanden gewesen: die Zuschauer. Gerade sie haben den Erfolg verdient, sagt Billy, mit ihren Emotionen, mit ihrer phantastischen Unterstützung während der Spiele, machen sie ihm die Arbeit auch leichter. Eingeladene Sponsoren seien jedesmal total beeindruckt von der Atmosphäre in der Halle. Deshalb brauchen die Eisbären auch keine Halle für 18.000 Zuschauer, denn diese Atmosphäre lebt vom „Wellblechpalast" und sei nicht übertragbar.

Von Stimmung und Emotionen in diversen Hallen versteht er eine ganze Menge, schließlich hat er in seinem Leben als Spieler und Trainer eine Menge Arenen kennengelernt. Angefangen hatte alles im College-Team der Boston University. Mit diesem Team wurde Billy zweimal US-Meister. Nach dem Abschluß seines Studiums als Diplom-Psychologe und Betriebswirt kam er mit der USA-Auswahl das erste Mal nach Europa. Da er sich hier gleich zu Hause fühlte, nahm er das Angebot aus Nürnberg an, für den damaligen Zweitligisten auf Torejagd zu gehen. Dies gelang auch auf Anhieb, am Ende der Saison durfte er sich mit dem Titel des besten Torschützen schmücken, aber auch die zweifelhafte Ehre des Strafbankkönigs wurde ihm zuteil. 1975 folgte er dem Ruf der ersten Liga und heuerte beim EV Füssen an. Mit den Bayern spielte er dann unter anderem auch gegen den Berliner Schlittschuhclub, bei dem damals der jetzige Manager Lorenz Funk aktiv war. Seine Karriere als Aktiver klang in Bremerhaven als Spielertrainer aus (1977-1982). Dieser Station folgten als Trainer ein Jahr in Hannover sowie eine Saison in Bayreuth. Pikanterweise traf er mit Bayreuth wieder auf Lenz Funk. Dieser, noch als Spieler aktiv, mußte mit den Preussen in der zweiten Liga bleiben, da Billy mit seinen Bayreuthern den Aufstieg schaffte. Ebenfalls in Bayreuth lernte Billy seine Ehefrau Christa kennen. Anschließend ging er für drei Jahre nach Schwenningen. Hier wurden seine ersten beiden Kinder geboren (Patrick 12 Jahre und Teresa 11). Es folgte ein Kurzgastspiel in Merano mit dem Gewinn der italienischen Vizemeisterschaft. Sowie ein Jahr beim EV Zug in der Schweiz. Hier sprang Billy kurzfristig für den nach Philadelphia in die NHL abgewanderten Andy Murray ein. Anschließend zog es ihn in den französischen Teil der Schweiz zum HC Lausanne. Hier wurde seine Tochter Laura (8 Jahre) geboren und auch sein größter Erfolg als Trainer fällt in diese Zeit. Mit dem USA-Team gewann er nach ewiger Zeit wieder einmal den Spengler-Cup. Vier Jahre blieb er hier, bis ihn ein Anruf von Hermann Windler ereilte. Er könne sofort nach Berlin kommen. Da er gleichzeitig ein Angebot aus Fribourg erhielt, verspürte er anfänglich nicht die geringste Lust, in die Großstadt nach Berlin zu wechseln. „Steakhouse-Hermann" griff jedoch tief in die Trickkiste. Die Bedingung mit der französischsprachigen Schule für seine Kinder, die er „viersprachig" erzieht, war erfüllbar. Englisch wird mit dem Vater, deutsch mit der Mutter, französisch in der Schule gesprochen, dazu kommt der Umgang mit Computern als „vierter Sprache". Bei einem Flug über Berlin konnte Windler, dem Flynn noch heute dafür dankbar ist, Billy endgültig von der schönen und grünen Umgebung Berlins überzeugen. So ist es nicht verwunderlich, daß der Wahlberliner gerade ein Haus in Kleinmachnow am südlichen Stadtrand baut. In seine Zeit beim BSC fällt auch die Geburt seiner jüngsten Tochter Luise (4 Jahre). Mit dem Anruf von Helmut Berg schließt sich der Kreis. Billy Flynn wurde ein Eisbär!

Billy Flynn dankt den treuen Fans!

Bei dieser Entscheidung, nach Hohenschönhausen zu kommen, spielte die „Ost-West-Problematik" keine Rolle. Auch der Kampf um die „Vorherrschaft" im Eishockey innerhalb Berlins bereitet ihm kein Kopfzerbrechen. Bestes Beispiel dafür ist sein Sohn, der immer noch im Nachwuchs der Capitals aktiv ist, dies hält ihn jedoch nicht davon ab, stolz auf die Erfolge seines Vaters mit dem Lokalrivalen zu sein. Billys Kinder sind für ihn sowieso der wichtigste Aspekt in seinem Leben. Auch bei der Gestaltung seiner knapp bemessenen Freizeit haben sie Vorrang. Beim Inlineskaten, Wandern oder bei Reisen mit ihnen kann er sich endlich einmal entspannen. Vielleicht darf er ja in der nächsten Saison seinen Erfolgen als Spieler, Trainer und Manager nun auch einen Meistertitel, egal ob nun in der Europaliga oder DEL, hinzufügen.

André Haase

Martin Müller
„Nichts ist unmöglich!“

Martin Müller, der Generalbevollmächtigte der EHC Eisbären Management GmbH & Co. Sportwerbung und Profisport KG, wurde am 25. November 1961 in Siegen geboren. Seit 1990 ist er verheiratet. Seine beiden Töchter sind vier und sechs Jahre alt. Seine schulische Ausbildung beendete er mit dem Abitur. Danach absolvierte er eine Ausbildung zum Wirtschafts- und Steuerfachmann, einer Vorstufe zum Steuerberater. Angesprochen auf seine Hobbies, nennt er Familie und Eishockey. Somit verbindet er nicht als einziger in der Geschäftsleitung Hobby und Beruf. Mit sechs Jahren begann er Fußball zu spielen. In seiner Jugend durchlief er nebenbei eine Trainerausbildung und arbeitete im Nachwuchsbereich. So betrieb er diesen Sport sehr intensiv. Vier Trainingstage und zwei Spiele wöchentlich waren sein Pensum. Gehandikapt durch Knieprobleme mußte er seine Töppen allerdings an den Nagel hängen. Im Alter von 25 Jahren sagte der Westfale dem Fußball dann ganz adé. An seinem Interesse für Sport änderte das hingegen nichts. Nicht nur der Fußballbundesliga gehörte sein Interesse, auch Eishockeyspiele schaute er sich im Stadion an. Vor allem in Düsseldorf, Köln und Iserlohn war er öfter zu Gast. Nach dem Fall der Mauer dauerte es nicht lange bis Martin Müller lose Kontakte zum Sport im Osten knüpfte. Ende 1990 traf er sich erstmals mit Günter Haake. Durch einen gemeinsamen Bekannten initiiert, fand dieser Kontakt ungewöhnlicherweise im Ratskeller in Kassel statt. Schon kurze Zeit später begann sich der Siegener in Hohenschönhausen zu engagieren. So fragte man ihn Anfang 1991, ob er sich vorstellen könne alle acht Wochen an einer Vorstandssitzung des EHC Dynamo Berlin teilzunehmen. Nach seiner Zusage wurde er in den erweiterten Vorstand aufgenommen, doch damit war das „ruhige Leben“ vorbei. Aufgrund der sich auftürmenden Probleme fanden die für alle acht Wochen anberaumten Sitzungen nämlich meist zweimal wöchentlich statt. Ende März 1991 bot man ihm dann den Posten des Schatzmeisters an. Da er jedoch weiterhin in Siegen wohnte und arbeitete, fehlte eigentlich die Zeit. Unter der Prämisse, diesen Posten nur bis zum Saisonende zu bekleiden, erklärte er sich jedoch auch dazu bereit. Im Zweitligajahr fand sich dann allerdings kein anderer für diesen Job und so zog Martin Müller 1992 nach Berlin. Seine erste Wohnung befand sich in Hellersdorf in der Stendaler Straße, in welcher zuvor Sergej Jaschin gewohnt hatte. Nach einem Wohnungswechsel kam dann alsbald auch sein Familie nach Berlin.

Nach der völlig verkorksten Saison 1995/96 gingen bei den Eisbären fast alle Lichter aus. 16 Konkursanträge gegen die Hohenschönhauser lagen auf dem Tisch, und die Richter am Arbeitsgericht duzten den Westfalen ob der Flut der Arbeitsgerichtsprozesse gegen die Bären schon fast. Trotz aller Schwierigkeiten machte er jedoch weiter. Ein Grund dafür war unter anderem das Bosmann-Urteil. So hatte man ja bekanntlich als erster Club in Eishockey-Deutschland die Möglichkeiten erkannt, die dieses Urteil bot. Martin Müller beendete somit seine ehrenamtliche Arbeit und stieg hauptberuflich bei den Eisbären ein. Nach vielen schlaflosen Nächten hatte man dann auch die Konkursanträge und die Prozesse vom Tisch. Doch auch das neue Team zu formen, Sponsoren zu finden, Verträge auszuhandeln und den kaufmännischen Bereich auf Vordermann zu bringen nahmen den Wirtschafts- und Steuerfachmann voll in Anspruch. Dann wieder schlaflose Nächte, nimmt das Publikum das neue Team an? Zahlen sich die Anstrengungen auch auf sportlichem Gebiet aus? Nun, es funktionierte und die Arbeit im Vorfeld wurde belohnt. So konnte sich auch Martin Müller über erste echte Erfolge im Wellblechpalast freuen. Zum Ausruhen blieb jedoch auch bei ihm kaum Zeit. Noch gab und gibt es viel zu verbessern. So wurde beispielsweise viel Arbeit ins Merchandising investiert, welches auch zu seinen Aufgabenbereichen zählt. Von 250.000 DM über 800.000 DM bis auf ca. 1.600.000 DM (jeweils brutto) entwickelte sich dabei der Umsatz nach den letzten drei Spielzeiten. Angedacht ist nun eine eigene Firma dafür zu gründen, die sich allein mit dem Merchandising befaßt. Besonders hervor hebt Martin Müller allerdings immer wieder die Zusammenarbeit mit den anderen Beschäftigten der Geschäftsleitung, denn allein könnte man die immense Arbeit nicht bewältigen. Auch die meisten Entscheidungen werden gemeinsam getroffen, bedarf es doch immer wieder der Ideen und Meinungen der Mitstreiter. So ist auch das „Over Time“ ein Produkt gemeinsamer Überlegungen und Anstrengungen. Wenn er sein persönliches Engagement bei den Eisbären einschätzen soll, faßt sich der Westfale schon mal an den Kopf: *"Wer so was macht, muß eigentlich schon bescheuert sein, ein anderer macht so was nicht."* Auf die Frage, ob er sich als Workoholic bezeichnet, meint er nur, daß da schon etwas Wahres dran sein könnte. Vor allem seiner Familie dankt er, wenn er über seine Arbeit redet, besonders. Das von ihnen aufgebrachte Verständnis und die Unterstützung sind die Grundfesten für sein erfolgreiches Arbeiten. Ohne diesen Rückhalt würde er den Job schon lange nicht mehr machen.

Natürlich hat auch er nicht nur einmal ans Aufhören gedacht, doch sein Ziel ist es, soweit zu kommen um sagen zu können: *„Ich habe das Unternehmen Eisbären mit saniert und man fährt ausreichend Gewinne ein, also kann man sich neu orientieren."* Bis zu diesem Zeitpunkt gibt es allerdings noch sehr viel zu arbeiten. Beispielsweise waren Martin Müller und Lenz Funk Anfang August für 48 Stunden in den Vereinigten Staaten und haben mit Andy Murray einen Vertag als Chiefscout der Eisbären unter Dach und Fach gebracht. Andy hat seinen Trainerposten beim Team Canada aufgegeben und möchte ein zwei Jahre etwas kürzer treten. Er arbeitet jetzt als Eishockeydozent in Minneapolis, wo auch seine Familie wieder mehr von ihm haben soll. Natürlich bleibt dann auch noch etwas Zeit zum Scouting für seinen alten Verein in Hohenschönhausen. Daß er jedoch gerade diesen Vertag unterschrieb und keinen anderen (Angebote gab es genug), zeugt auch von der guten Arbeit die in Hohenschönhausen geleistet wird. Dieser Vertrag allein garantiert jedoch keinen Erfolg in Zukunft und so wird dies nicht der letzte Scoutvertrag der Eisbären bleiben. Angesprochen auf Visionen antwortet der Wahlberliner kurz und knapp: *„Nichts ist unmöglich!"* So sieht auch er einen Stadionneubau nicht nur als Hirngespinst, allerdings bedarf es dazu noch einiger Jahre harter, erfolgreicher Arbeit. Vielleicht spielen die Eisbären ja irgendwann auch mal wieder in weinroten Trikots, doch das zeugt wohl mehr von seiner aufgeschlossenen Natur. Hinter seinem oft ernsten Gesicht verbirgt sich doch ein Mensch, der gern mal einen Spaß macht. Bei der Umschreibung seines Tätigkeitsbereiches beispielsweise fand er „Mädchen für alles" treffend. Den Einwurf meinerseits, daß er nicht der erste sei, der sein Aufgabenfeld bei den Eisbären so beschreibt wußte er sofort mit *„Wir haben halt viele Mädchen"* zu erwidern. Auch mit der sogenannten „Ostidentität" hat Martin Müller keine Probleme. *„Identität ist doch da und die wird auch bleiben. Die kann man auch nicht nehmen, das ist was, was drin ist."* Probleme hat er nur mit Fanaktionen wie in Hannover 1994 oder Ausschreitungen, da er solche Vorkommnisse den Sponsoren erklären muß und diese dadurch mög-

Foto: Huth

licherweise ihr Engagement in Hohenschönhausen einschränken oder gar beenden. In der breiten Öffentlichkeit kratzen solche Vorkommnisse nun einmal am Image. Andererseits versteht er nicht, was es gerade in Berlin für Animositäten mit dem Zusammenwachsen der beiden Stadthälften gibt. *„Leute, die von außerhalb kommen, haben mit den Ost-West-Diskussionen weit weniger Probleme als die Berliner."* Besonders die sogenannten „Frontstädter" kann er nicht ganz verstehen, haben sie doch Jahrzehnte lang von Subventionen und Vergünstigungen gelebt und mußten nach der Wende ebenso beginnen zu wirtschaften, wie in den alten Bundesländern schon immer gearbeitet wurde. *„Wenn jemand sauer seien könnte, dann doch wohl die Leute aus Westdeutschland und nicht die Berliner."* Ebenso wurmen ihn die seit Jahren existierenden Bestrebungen, die Eisbären kaputt zu machen. So wurde seit der Aufnahme der Dynamos aus Berlin und Weißwasser in die Bundesliga gegen die beiden Vereine gearbeitet, nach dem Abstieg Weißwassers dann vor allem gegen die Eisbären. Befragt nach dem warum und aus welcher Richtung diese Versuche kommen, antwortet Martin Müller: *„Ich glaube, im Osten ist man froh und stolz, daß wir dringeblieben sind und es bis heute geschafft haben. Aber es gibt viel Neid auch in den Bundesligen und gerade Erfolg macht neidisch."* Ein weiteres Problem für ihn war der Streit zwischen DEL und DEB, der nun glücklicherweise beigelegt ist. *„Es wird dabei weniger um die Sache gestritten als um Personen und der Sport bleibt letztlich auf der Strecke. Das schadet natürlich nicht nur der DEL sondern auch dem DEB und dem Eishockey im allgemeinen."* Eine neue Qualität der Vermarktung ist dabei auch in Aussicht. So wird darüber nachgedacht, die Fernsehzweitverwertungsrechte an die Vereine abzugeben. Dabei sollen bis zu 15 Minuten regional und bis zu 7 Minuten überregional gestattet werden. Sollte man zu einer solchen Einigung kommen (stand bei Redaktionsschluß noch nicht fest), wird auch die Medienpräsenz der Eisbären weiter wachsen und man neue Fans und neue Sponsoren gewinnen können. Daß in Hohenschönhausen nicht gezaubert wird, davon überzeugten sich auch schon die Vorstände einiger Fußballvereine aus dem Osten, die in der Vergangenheit so ihre Probleme in den Chefetagen hatten und auch mehr als einmal vor dem Abgrund standen. Lautsprecherisch begabte, geltungsbedürftige Leute oder einfach nur Abzocker waren der Grund für deren Niedergang. Von derlei Arbeit hält Martin Müller und auch seine Kollegen nichts. Lieber arbeiten sie in Ruhe im Hintergrund und lassen ihr Produkt, die Mannschaft und deren Leistungen, für sich sprechen. Sicher würde auch Martin Müller gern mit den Eisbären eine Meisterschaft feiern. Wichtiger hingegen ist die kontinuierliche Arbeit und ein möglichst gleichbleibend hohes Leistungsniveau über mehrere Jahre hinweg.

Sven Wreh

Günter Haake

Der Dienstälteste

Wenn man sich auf die Suche nach dem dienstältesten Mitarbeiter in der Geschäftsleitung des EHC Eisbären Berlin begibt, wird man schnell fündig. Nicht etwa Manager Lorenz Funk senior oder Helmut Berg begleiten die Eisbären und deren Vorgänger EHC Dynamo am längsten, sondern der Geschäftsführer der EHC Eisbären Management GmbH & Co. Sportwerbung und Profisport KG Günter Haake.

Herr Haake ist nicht erst seit dem Einstieg des Clubs in die Bundesliga dabei. Er kam schon 1964 zum SC Dynamo Berlin und begleitet den Berliner Sport damit bereits 34 Jahre durch alle Höhen und Tiefen.

Am 27. Januar 1942 wurde Günter Haake im thüringischen Städtchen Jena geboren. Nachdem er zwölf Jahre lang die Schule besuchte, legte er sein Abitur ab und entschied sich für ein Studium an der Deutschen Hochschule für Körperkultur und Sport (DHfK) in Leipzig, welches er mit dem Abschluß Diplom-Sportlehrer beendete.

1963 heiratete Herr Haake und ein Jahr später kam er zum Sportclub Dynamo nach Berlin. Hier durchlief er viele Stationen. Vom Übungsleiter und Nachwuchstrainer über den wissenschaftlichen Mitarbeiter und Bereichsleiter wurde er schon 1972 Mitglied der Leitung des Sportclubs. Als Leitungsfunktionär war er insgesamt für acht Sportarten bis zur Auflösung von Dynamo Berlin 1990 zuständig.

Von den schwierigen Wendezeiten blieb auch Herr Haake nicht verschont. Zuerst machte er mit Dieter Waschitowitz und Joachim Ziesche im Mai 1990 die aus dem Gesamtclub und in EHC Dynamo umbenannte Sektion Eishockey bundesligatauglich, indem er u.a. innerhalb von drei Wochen einen Sponsor und eine Firma für die Umwandlung der Holzbande organisierte. Danach bekam er noch bis Jahresende 1990 Übergangsgeld von der Volkspolizei (Mdi) und mußte sich, zum 1. Januar 1991, wie so viele andere Leute aus der, zu der Zeit schon ehemaligen, DDR arbeitslos melden. Nach einem halben Jahr fand er einen Job in einer Marketingagentur namens „Cinepool“. Diese Agentur übernahm dann auch exklusiv das Marketing für den EHC Dynamo. Unter anderem entwarf ein kreativer Kopf (Firma Motus) aus dieser Firma das noch heute gültige Vereinslogo der Eisbären. Nach Trennung von „Cinepool“ wurde die Arbeit für den EHC mehr. Für Herrn Haake gestaltete sich vor allem das Schaffen einer finanziellen Basis für den Club als äußerst schwierig, denn *„die sportliche Leistungsvorbereitung war für uns schon bekannt, aber wir wußten ja nichts über das Schaffen von finanziellen Voraussetzungen. Das Geld war im wesentlichen da.“* Heute ist Günter Haake also eingetragener Geschäftsführer der EHC Eisbären GmbH & Co. KG.

Seine Aufgaben liegen jetzt u.a. in der Betreuung des eingetragenen Vereins, also der Nachwuchsmannschaften, in der komplexen Organisationsarbeit und hauptsächlich in der Verantwortung für das Marketing. Weiter berichtete er von einer erfolgsbedingten Trendwende: *„Früher waren ungefähr 90% der Sponsoren aus dem Westteil von Berlin und den alten Bundesländern. Heute haben wir ein Verhältnis von fast 50:50.“* Und er fügt an: *„Wir haben auf allen Gebieten eine gute Mischung aus Ost und West.“* Die Sponsorensuche bezeichnet der 56jährige als „verdammte Lauferei“.

Da ist es gut, daß die Familie ein starker Rückhalt ist. Ohne die Unterstützung seiner Frau, würde er die manchmal sehr stressige Arbeit nicht bewältigen können. Aus der schon unglaubliche 35 Jahre andauernden Ehe sind zwei Kinder hervorgegangen. Sein Sohn ist 32 Jahre alt und seine Tochter 29. Auch eine Enkelin erfreut sich schon seit längerem bester Gesundheit, der natürlich großer Eisbärenfan ist.

Früher war der Arbeitsaufwand für ihn übrigens nicht kleiner, da er schon zu DDR-Zeiten ein großes Aufgabengebiet hatte. Er mußte sich z.B. um die Sektionen Basketball, Volleyball, Handball, Turnen und natürlich auch Eishockey kümmern.

Als es 1992 um die Umbenennung des EHC Dynamo in EHC Eisbären ging, schlugen in Haakes Brust zwei Herzen. Auf der einen Seite war da der Name eines Sportclubs, mit dem er über 25 Jahre sehr eng verbunden war und den er mit zu großer internationaler Anerkennung führte. Auf der anderen Seite war er aber auch bei jenen Gesprächen dabei, als mögliche Hauptsponsoren in einem Arbeitstreffen für eine Umbenennung plädierten. So wurde dann, vor allem durch Sachzwänge begründet, der Vorschlag „Eisbären“ in der Mitgliederversammlung angenommen.

Von da an sollte es eigentlich bergauf gehen, aber der wirkliche Aufstieg des EHC ließ noch länger auf sich warten. Erstmal mußten zwei sehr kritische Situationen für den Club überstanden werden. Nachdem die Pleite des eigentlichen Hauptsponsors „Travimpex“ bekannt wurde, gab es zum ersten Mal große finanzielle Schwierigkeiten. Davor hatte der inzwischen verurteilte Eigner von „Travimpex“ noch versucht, den EHC Eisbären für 10 Millionen Deutsche Mark zu kaufen. Aber die Antwort der damaligen Vereinsführung war einstimmig: „Niemals!“. Zum zweiten Mal stand der Club vor zwei Jahren vor dem Aus. Im März 1996 wäre die

Pleite kaum noch zu verhindern gewesen. Wenn nicht die Manager unermüdlich gekurbelt hätten, um doch noch Sponsoren zu finden, gäbe es jetzt keinen EHC Eisbären Berlin mehr. Eine wichtige Rolle spielte damals auch das Bosman-Urteil. Durch das Fallen der innereuropäischen Grenzen auf dem Arbeitsmarkt konnten viele preiswerte Spieler verpflichtet werden. Der Umbruch tat auch Günter Haake weh. Mußten doch viele der Sportler den Verein verlassen, die er schon in frühesten Jugendjahren Eishockey spielen gesehen hatte. *„Diese Spieler konnten mit ihrer Leistung einfach nicht gehalten werden. Manche wollten auch nicht mit den finanziellen Forderungen heruntergehen."* Das Konzept war klar. *„Wir alle besorgen das Geld und geben so viel wir können den Spielern, die aber auch dafür volle Leistung bringen müssen"*, so Haake. *„Wir haben uns damals entschieden, alles irgendwie auftreibbare Geld in die Mannschaft zu stecken. Denn wir wußten, daß das Team unser Produkt ist. Nur wenn dieses Produkt erfolgreich ist, kann man es auch ordentlich verkaufen."* So wurde der völlige Umbruch der Mannschaft zur überlebenswichtigen Entscheidung.

Die eigenen Nachwuchsmannschaften der Eisbären werden dabei nicht vergessen. Herr Haake sieht es als seine Aufgabe an, mit dem Manager und allen Nachwuchstrainern die eventuellen Stars von morgen gut auf einen möglichen Einsatz in der DEL-Mannschaft vorzubereiten. So findet er es hervorragend, daß Talente wie Björn Barta (Heilbronn) oder Patrick Köppchen (Braunlage) jetzt in der zweithöchsten deutschen Eishockeyspielklasse Erfahrung sammeln können.

Für ihn erwähnenswert wäre noch die besondere Philosophie der Eisbären-Geschäftsleitung. Wo andere Clubs eine Marketingagentur mit der Werbungsakquise beauftragen, macht der EHC alles selbst. Das Team um die Gesellschafter, den Generalbevollmächtigten Martin Müller, Manager Lorenz Funk, Hans Reker und Günter Haake vermarktet die GmbH und alles was dazugehört komplett selbst. Das heißt für ihn: *„Persönliche Kontakte zu etwa 100 Sponsoren oder deren Vertretern zu pflegen und immer wieder neu aufzufrischen."* Daraus resultiert eine sehr gute Beziehung zu den Fans, Sponsoren und auch den Kollegen von Presse, Funk und Fernsehen. Gerade der Teamgeist macht für ihn die Eisbären zu so einer starken Unternehmung. Er meint, daß viel von dieser funktionierenden Mannschaft hinter den Kulissen abhängt.

Des weiteren arbeitet der EHC nicht mehr nach dem Saisonprinzip. *„Wir verkaufen volle zwölf Monate und nicht nur die Spielzeit von September bis März"*, beschreibt Haake einen weiteren Eckpunkt der Managementphilosophie. Dadurch entsteht naturgemäß eine Menge Streß. Denn während andere die Vorbereitungen für diese Spielzeit erst während der Ligaspiele richtig abschließen, arbeitet man in Berlin-Hohenschönhausen schon am nächsten Geschäftsjahr. Nur so kann man das Trikot für z.B. fast drei Millionen Mark verkaufen. Vor acht Jahren hätte dies niemand für möglich gehalten, *„aber heute ist alles eine knallharte wirtschaftliche Rechnung"* und diese scheint momentan bei den Eisbären aufzugehen. Noch bis weit in die '90er Jahre hinein wurden nur ca. 750.000 DM durch Werbung verdient. Heute sind es schon fast sieben Millionen DM. Es kamen sogar schon Manager aus ostdeutschen Fußballvereinen nach Berlin und erkundigten sich nach dem Erfolgsrezept bei den Eisbären. Allerdings geht nicht immer alles glatt. Denn auch wenn momentan die erfolgreiche Gewinnung von Sponsoren im Mittelpunkt steht, geht es immer bergauf und bergab. Es können schließlich in diesem Geschäft keine Rücklagen angeschafft werden, auf die man vielleicht in schlechten Zeiten zurückgreifen könnte, wenn einmal mehrere Sponsoren nicht mehr zahlungsfähig wären. Doch nicht alles ist mit Werbegeldern zu finanzieren. So bekommt das Team momentan aus öffentlicher Hand keine einzige Mark. Im Gegenteil, die Hallenmiete wurde erhöht. Deshalb mußten auch schweren Herzens die Eintrittspreise für die neue Saison angezogen werden, zumal auch der Bundesfinanzminister mit seiner Mehrwertsteuer an jedem verkauften Ticket kräftig mitverdient. Günter Haake weiß aber auch, *„daß der Fanstamm von ungefähr 2.000 Leuten nicht ausreicht, um ein konkurrenzfähiges Team zu finanzieren."*

Deshalb ist es sehr wichtig, viele neue Leute für den Eishockeysport zu gewinnen. Das ist den Eisbären gerade in den neuen Bundesländern schon gut gelungen. *„Hier spürt man wenig Neid und meistenteils große Anerkennung"*, weiß Haake zu berichten. Insgesamt gibt es schon den einen oder anderen, der den Eisbären den momentanen Erfolg nicht gönnt.

Bei den Heimspielen der Eisbären ist Günter Haake meistens „im Dienst". In der VIP-Lounge kümmert er sich vor und nach den Spielen um die Sponsoren. Das Spiel verfolgt er meistens stehend von der Pressetribüne aus. Hierbei kann man eine leichte Anspannung in seinem Gesicht beobachten. Trotzdem kümmert er sich um die Pressevertreter. *„Wir haben das Gebiet in der Halle aufgeteilt, damit wir von verschiedenen Punkten alles im Griff haben"*, bemerkt er.

Zum Glück hat Günter Haake für uns eine Ausnahme gemacht und brach seinen Grundsatz, niemals ein Interview geben zu wollen. Sonst wäre die Antwort auf die Frage nach dem Dienstältesten in der Eisbären-Geschäftsleitung heute immer noch nur einem sehr kleinen Personenkreis bekannt. Wie lautet das Sprichwort? „Ehre, wem Ehre gebührt".

Daniel Goldstein

Everybody's Darlings?

Die „neuen Eisbären" im Spiegel der Medien

Spätestens mit dem Einzug ins DEL-Halbfinale der Saison 1996/97 hatte der EHC Eisbären Berlin das Image des ewigen Underdogs abgelegt, die Zeiten der stetigen sportlichen Demütigung durch den Lokalrivalen waren vorüber – „die Nr.1, das sind jetzt wir", dieser inbrünstig intonierte Slogan der treuen Fans, war Wirklichkeit geworden. In der folgenden Spielzeit 1997/98 setzte der EHC bekanntlich noch einen drauf und konnte erst im Finale von den Mannheimer Adlern gestoppt werden. Plötzlich waren die einst als „Stasi-Verein" verunglimpften Dynamos/Eisbären auch in der Berliner Medienlandschaft eine Top-Adresse – mit den „neuen Eisbären" konnte man plötzlich Auflage verkaufen. Aber auch überregional wetzten fortan die nicht immer exakt recherchierenden Journalisten die Keyboards ihrer Labtops, von der Süddeutschen Zeitung über den Spiegel bis hin zur Bravo Sport wollten alle über das „Phänomen Eisbären" berichten. Die elektronischen Medien durften da natürlich nicht zurückstehen und sprangen ebenfalls auf den fahrenden EHC-Zug, Resultat waren u.a. zwei mehrstündige Eishockey-Specials auf Radio Fritz sowie ein höchst umstrittener Fernsehbeitrag im Rahmen der Spiegel-TV-Reportage auf SAT 1. Wie sich die Medienberichterstattung seit dem Eintritt des EHC Dynamo Berlin in die 1. Eishockey-Bundesliga anno 1990 gewandelt hat, und daß es nicht unbedingt immer die Wahrheit ist, die sich am besten verkaufen läßt, darüber soll die folgende (qualitativ angelegte) Media-Analyse Zeugnis ablegen.

In Zeiten, als der damals noch unter dem Namen EHC Dynamo firmierende Club in seiner ersten Saison im bezahlten Eishockey selbst im heimischen Sportforum (wo sich nicht selten weniger als 2.000 Zuschauer verliefen) Niederlage um Niederlage kassierte und folgerichtig 1991 den bitteren Gang in die Zweitklassigkeit antreten mußte (um in der nächsten Saison als direkter Wiederaufsteiger wie Phönix aus der Asche emporzusteigen), war die Medienberichterstattung fast gänzlich auf mehr oder weniger rudimentäre Spielberichte in der Berliner Tagespresse beschränkt. Positiv taten sich zu jener schweren Zeit für den Club (vor allem in der Zweitligasaison) lediglich die Berliner Morgenpost sowie mit Abstrichen der Tagesspiegel heraus, den meisten anderen Organen waren die Hohenschönhausener lediglich kurze Randnotizen wert. Erst als einige EHC-Anhänger am 7.10.1994 beim Auswärtsspiel in Hannover (das Team selbst taperte bekanntlich noch immer im dunkelsten Tabellenkeller herum) auf die spontane Idee kamen, mit Hammer- und Sichel-Insignien ausgerüstet, den fiktiven 45. Geburtstag der verblichenen DDR zu bejubeln, war ein lautes Rascheln im Berliner Blätterwald zu verspüren. Selbst die ansonsten so sportfeindliche taz sah sich angehalten, in Form des Artikels „Dynamo im Kopf – Eishockey-Fans der Berliner Eisbären haben Probleme, ihre Identität gegen ein Image zu tauschen" ihren Senf hinzuzugeben. Autor Peter Unfried glaubte tatsächlich erkannt zu haben, warum es mit dem Zusammenwachsen der beiden Stadthälften nicht so richtig klappen will, und bei den Eisbären schon gar nicht: *„[...] da Hohenschönhausen so tief im Osten der Stadt liegt, daß selbst Taxifahrer (aus dem Westen) die Karte herausholen müssen, wenn es zum Sportforum gehen soll. Westler verirren sich kaum dorthin."* [Quelle: die tageszeitung, 12.10.1994] Immer wieder wurde in ähnlich gelagerten Beiträgen das Gespenst Erich Mielkes (in Verbindung mit der Mär des Stasi-Eishockey-Sponsorings) aus der Kiste gezaubert, und, was würde näherliegen, der gemeine EHC-Fan als xenophober Hooligan stereotypisiert. Leider zieht sich diese Form der Berichterstattung wie ein roter Faden von taz bis Spiegel. Schaut man etwas genauer hinter die Kulissen, kommt man, wie Elke Wittich, der Wahrheit ein Stück näher: *„Einige der berüchtigten Hools des BFC Dynamo sitzen während der Spiele recht brav auf der Tribüne, angetan mit Mützchen und Schals. Gewalt beim Eishockey finden sie das letzte: 'Da gibt's doch keinen Gegner!'"* [Quelle: Junge Welt, 30./31.3.1996]

Der überregionale Supergau in Sachen Medienberichterstattung über den EHC Eisbären Berlin trat mit dem steigenden Erfolg der dank des Bosman-Urteils völlig umgekrempelten Mannschaft ab der Saison 1996/97 ein. Plötzlich klopfte nicht mehr der Offene Kanal Berlin an der Pforte der Geschäftsstelle in der Steffenstraße, sondern Bravo, Kicker oder WDR. Viele der auswärtigen Journalisten, nicht vertraut mit den Eigenheiten des Clubs und dessen Fans, standen vor einem Dilemma (wie es der Vetreter des Playboys, der für den Herbst 1998 eine mehrseitige Reportage über den EHC Eisbären plant) auszudrücken pflegte, einerseits liest natürlich keiner gerne eine Story über einen Verein, „der eigentlich so ist wie alle anderen auch", andererseits sei aber auch die Gefahr groß, allzu sehr in Klischees abzudriften. Ein Paradebeispiel für oberflächlichen, tendenziösen Journalismus lieferte ausgerechnet der einst für seine gewissenhafte Recherche berühmte Spiegel gleich im Doppelpack. Viel boulevardesker kann man eine Fernsehreportage nicht mehr ankündigen:

„Spiegel TV zeigt, wie Westler den einstigen Stasi-Club 'Dynamo Berlin' übernahmen, die Ost-Spieler abschoben, ausländische Profis einkauften und trotzdem ein Stück DDR am Leben erhielten. Glatzen, PDS-Anhänger und potente West-Sponsoren jubeln heute dem Verein unter dem neuen Namen 'Berliner Eisbären' gemeinsam zu. Mit dem Eishockey-Club ist absurderweise eine verlorengeglaubte Ostidentität wiederauferstanden – dabei spielt in der Mannschaft nur noch ein einziger Alibi-Ossi. Alle anderen Spieler kommen aus Kanada, Schweden, Italien." [Quelle: SAT 1-Info-Text zur Spiegel-TV-Reportage vom 22.2.1998]

Eisbären-Chef Helmut Berg zog nach qualvollen 30 Fernsehminuten Bilanz: *„Noch nie hat der Spiegel positiv über die Eisbären berichtet, aber es war doch für jeden Zuschauer zu sehen, daß hier bewußt ein Negativimage aufgebaut wird. Aber selbst das Negativimage, das vermittelt wird, macht uns als gesamtberliner Verein doch nur noch bekannter."*

Schon ein knappes Jahr vorher, in der Ausgabe 3/97, hatte das Printmedium Der Spiegel in einer Serie über Sportvereine in den neuen Bundesländern unter dem Slogan „Pure Ost-Gefühle" mit den Eisbären und ihren Fans abgerechnet. Dort hieß es u.a. recht diffamierend: *„Wenn die Party auf der Stehtribüne besonders dufte ist, schwappt regelmäßig Berliner Pilsener aus dem Plastikbecher des kahlköpfigen Dag, 29, auf die Schals der Mitgrölenden."* [Quelle: Der Spiegel 3/1997] Leider leisteten sich aber auch lokale Journalisten, die den Werdegang des EHC Eisbären Berlin lange genug mitverfolgt haben und es eigentlich besser wissen müßten, das eine oder andere verbale „Stockfoul": *„Die neue Mannschaft beschert der DEL gleich zwei Überraschungen: Sie hat Erfolg und sie wird geliebt von einem Publikum, das nicht gerade für multikulturelle Toleranz bekannt ist."* [Quelle: Der Tagesspiegel vom 19.4.1998]

Wenn auch nicht ganz frei von sachlichen Fehlern (*„Während die Transformation der Preussen in Capitals einen negativen Imagetransfer bedeutet habe, habe die Umbenennung des BFC Dynamo in Eisbären positive Folgen gehabt."*), stellte sich Tim Kesting von der taz diesmal auf die Seite der Fans und gab diesen

Eine kleine Auswahl der Medienberichterstattung:

Printmedien:

Berliner Morgenpost, 30.9.1996, „Eis-Dynamo treibt neue Eisbären an", von Lutz Teske

BILD, Sonderbeilage Berlin-Brandenburg, „Danke Eisbären", Jörg Lubrich und Manfred Hönel

Bravo Sport, Dezember 1998, von Klaus Müller

Der Spiegel, 3/1997, S.126-128, „Pure Ost-Gefühle"

Der Tagesspiegel, 19.4.1998, S.3, „Einst ein Haufen Schafe, jetzt fast an der Spitze", von Sven Goldmann

Der Tagesspiegel, 23.4.1998, S.12, „Hauptsache, besser als die Capitals", von Friedhard Teuffel

Die Tageszeitung, 12.10.1994, „Dynamo im Kopf", von Peter Unfried

Die Tageszeitung, 9.4.1998, „Ich möchte ein Eisbär sein", von Tim Kesting

Junge Welt, 30./31.3.1996, S.14/15, „Das Fan-Kombinat", von Elke Wittich

Junge Welt, 7.4.1998, S.15, „Auch Cashmere-Mäntel hüpfen vor Freude mit", von Klaus Weise

Kicker, 30.3.1998, S.84/85, "Wo der Berliner Bär tanzt...", von Ralf Canal

Mitteldeutsche Zeitung, 8.4.1998, „Eisbären-Höhle als Tollhaus", von Wolfgang Hartwig

Neues Deutschland, 20./21.12.1997, S.13, „Ost-, Ost-, Ost-Berlin!", von Christina Matte

Süddeutsche Zeitung, 7.12.1996, „Einmal Dynamo, immer Dynamo: Zuflucht im Biotop", von Birk Meinhardt

Zitty, Nr.7/98, S.143, „Eishockey: Autogrammstunde mit den Eisbären", von Thomas Askan Vierich

Radio:

Radio Fritz, Februar 1997, 22.30-1.00, „Blue Moon" mit MC Lücke, Thema: „Eisbären contra Capitals", Studiogäste: u.a. André Haase, Steve Winkler, Tim Schneck, Jens

Radio Fritz, 23.4.1998, 22.00-1.00, „Blue Moon" mit MC Lücke, Studiogäste: u.a. André Haase, Lorenz Funk

Fernsehen:

14.1.1994 B1 Fans Lokalderby BSC Preussen - EHC Eisbären

gar ein Podium: *„Sie sind mit der etwas beengten, äußerst intimen Atmosphäre sehr zufrieden. Eine ganz andere Front ärgert sie: die der Medien. Seit etlichen Monaten finden sie sich immer in ein und derselben Schublade wieder. Das stinkt ihnen gewaltig. Erst vor einigen Wochen konnten sie im Crime-Slime-Magazin 'Spiegel TV' mitansehen, wie sie wirklich sind: arbeitslos, ostalgisch und obendrein auch noch rechts beziehungsweise PDS-Fans. Bereits Anfang letzten Jahres konnten sie ähnliches ausführlich in einem Artikel des gleichnamigen Hamburger Nachrichtenmagazins nachlesen."* [Quelle: die tageszeitung vom 9.4.1998]

Die nicht ortsansässige Süddeutsche Zeitung beschrieb im Gegensatz zum Spiegel ein etwas ausgewogeneres, wenn auch beileibe nicht weichgezeichnetes Bild des „Eishockey-Biotops Hohenschönhausen". Im Artikel „Einmal Dynamo, immer Dynamo" heißt es u.a.: *„Manchmal verloren die Eisbären daheim 1:7 oder 2:8, dann stand Ralf mit seinen Freunden noch eine halbe Stunde nach Spielschluß auf der Tribüne und skandierte: 'Wir wolln die Eisbärn sehn, wir wolln die Eisbärn sehn.' Und die Eisbären kamen und liefen Ehrenrunden. Welch gespenstische Szenerie."* Etwas weiter unten wird jene „gespenstische Szenerie" noch ein wenig elaborierter dargestellt: *„Auf eine Entfernung von zehn Metern stehen ein furchterregender Skin und ein Typ mit Zopf, der einen Aufkleber auf dem Rücken hat 'Eishockeyfans gegen Rechts'. Sie finden beide Zuflucht im selben Biotop – beziehungsweise im selben Kult. Es ist jetzt schick dazuzugehören, sowie es schick ist, in die Volksbühne zu gehen, wo ja auch kein Widerstand geleistet wird, sondern Widerstand gespielt wird. Nur, daß es dort schon dekadent wirkt und in der Eishalle proletarisch. Worte wie Arschloch kommen hier noch von Herzen. Und der Charme des Morbiden strahlt aus auf die ganze Stadt Berlin: Früher ist die Arena in Hohenschönhausen von den im Westen beheimateten Gazetten als heruntergekommene Werkhalle bezeichnet worden. Jetzt heißt sie selbst beim letzten Taxifahrer Wellblechpalast. Damit ist sie geadelt."* [Quelle: Süddeutsche Zeitung vom 7.12.1996]

Die Stadtillustrierte Zitty, ein Berliner Urgestein der einstigen Alternativ-Szene (und daher per definitionem eher von sportfeindlicher Gesinnung), beglückte ihre Leser-/innen mit einem Artikel, der auf boulevardesk-populistische Art und Weise, den „Kult" um die „neuen Eisbären" einzufangen versuchte. Im Zimmer des weiblichen Eisbären-Fans Nicole sieht es wie folgt aus: *„Über ihrem Bett hängt ein gerahmtes Foto von Sven [Felski], natürlich mit Autogramm, bei ihrer Freundin Karolin lächelt Derek [Mayer] hinter Glas. Der letzte Blick vor dem Einschlafen der beiden gilt immer dem Lieblingseisbären. Sollten die tatsächlich Meister werden, haben die Backstreet Boys in diesem Sommer wohl keine Chance mehr."* [Quelle: Zitty Nr.7/98, S.143]

Matthias Mader

Internet

Bäriges im Worldwide Web!

Wer kommt an den neuen Medien schon vorbei? Irgendwo trifft man immer auf Schlagworte wie interaktive Kommunikation oder elektronische Datenübertragung. Natürlich liegt es auch im Interesse des EHC Eisbären, die Zeichen der Zeit zu erkennen und auf dem neuesten Stand zu bleiben. Hierbei werden die Medien, in denen man die Fans mit allen Neuigkeiten rund um den Verein versorgen kann, bevorzugt.

Schon etwas länger informiert die telefonische Infohotline 0190 - 352 152 über alle Details der Spiele des EHC, sowie über News rund um die Profimannschaft. In der letzten Saison betreute Moritz Hillebrand diese Aufgabe und übermittelte neben den üblichen Statistiken auch noch die neuesten Erkenntnisse aus dem Trainerstab an die Anrufer.

Diese Quelle sollte aber nicht die einzige für informationshungrige Eisbären-Anhänger bleiben. Vor Beginn der Saison 1997/98 entstand dann in der Führungsriege der Eisbären der Plan, das Internet und seine unendliche Weiten mit einem offiziellen Angebot über den EHC Eisbären zu bereichern. Ein Firma, die das nötige Know-How (Provider genannt) mitbringt, hatte man schnell gefunden. Die schon länger beim EHC engagierte „Zweite Hand Verlagsgruppe" mit ihrem Internetservice „blinx" wurde mit der Erstellung eines Grundangebots beauftragt. Dazu gehörte die Programmierung der Seiten, der Entwurf eines Layouts und die textliche Anreicherung des Ganzen. Das aus vier Leuten bestehende blinx-Team entwarf ein nett anzuschauendes Angebot, welches auf Spielberichte, die Spielervorstellung, Statistiken und kleineren Informationen für Fans aufbaute. Die Redakteure für den inhaltlichen Teil wurden in schon erwähntem Moritz Hillebrand und meiner Person auch gefunden. Nach der Olympiapause, also Ende Februrar 1998, wurden die ersten offiziellen Internetseiten der Eisbären der weltweiten Öffentlichkeit unter der Adresse:

http://www.eisbaeren.de

zugänglich gemacht. Alle interessierten Internetnutzer werden seitdem rund um die Spiele der Bären mit Neuigkeiten und schönen aktuellen Bildern der Fotoagentur SNAPS versorgt.

Das Highlight des mit der Zeit immer umfangreicher werdenden Angebots ist die Live-Übertragung der Eisbären-Spiele. Nach einem gelungenen Testlauf in der Meisterrunde wurden alle Play-off-Partien, ob aus dem Wellblechpalast oder aus Krefeld, Landshut und Mannheim, per Laptop in die ganze Welt übertragen. Das ist bisher einzigartig im deutschen Eishockey geblieben!

EHC-Spiele live im Internet

Die große Internetgemeinde reagierte, soweit man es beurteilen mag, positiv auf die Eisbärenseiten. Aus San Francisco gab es Lob von einem „verirrten" EHC-Fan, andere gaben Anregungen für weitere Rubriken oder erkundigten sich, aus z.B. Detroit, Winnipeg oder Saint John kommend nach dem Verbleib ihrer einstigen Stars. Die Zahl der Gesamtabrufe betrug nach drei Monaten schon über 60.000. An einer Umfrage nach dem besten Eisbären der abgelaufenen Saison beteiligten sich 476 Leute. Es gewann Sven Felski (26%) vor Thomas Rhodin (20%) und Yvon Corriveau (18%).

Nach drei Monaten über 60.000 Zugriffe

In der nächsten Zeit will man sich etwas intensiver dem Nachwuchs zuwenden und Kooperationen mit den Machern der Homepages der Europaliga-Gegner verstärken.

Sven Felski als Klassenbester!

Es versucht sich auch der eine oder andere Fan in der Gestaltung persönlicher Seiten über seinen Lieblingsverein. Dabei kommen durchaus sehenswerte Ergebnisse zustande. Das umfangreichste und aktuellste Angebot der Fans kommt von Sven Peters und ist unter http://members.aol.com/SvenHockey/index.htm abrufbar. Statistikfreaks kommen bei Matthias Webers Fanpage http:// www.online.de/home/owers/ voll auf ihre Kosten. Eine Fundgrube für Freunde der neueren Eisbärengeschichte ist das Angebot von Gerald Volkmann unter http://www.muc.de/+gerald/ehc/, dessen Seiten die ersten im World Wide Web des Internets waren. Das große Angebot komplettieren die beiden Homepages, die unter http://people.frankfurt.netsurf.de/Eisbaeren/ und http://germany.net/teilnehmer/101,98055/ehc.html zu finden sind.

Wenn also auch der geneigte Leser mal über die eine oder andere Homepage stolpern sollte, habt keine Scheu und bedient Euch der reichaltigen Angebote des neuen elektronischen Zeitalters. Schließlich sind sie dafür gedacht.

Daniel Goldstein

„Over Time“

Der etwas andere Partytempel in Hohenschönhausen

Am 1. Dezember 1997 eröffnete unter tatkräftiger Mithilfe vieler Eisbären-Fans im Hohenschönhauser Tor die erste offizielle Gaststätte der Eisbären. So halfen die Fans beim Ausbau als auch bei der Gestaltung kräftig mit. In den Jahren davor gab es immer wieder Überlegungen über die Eröffnung einer derartigen Gaststätte. Doch diverse Konzepte wurden verworfen, man fand keine geeigneten Örtlichkeiten und das Geld war zudem ebenfalls knapp. Fantresen hin und VIP-Räume her - es gab viele Versuche, doch das Nonplusultra ließ auf sich warten. Der große Schnitt, den man nach der Saison 1996/97 tat, sollte auch für ein solches Projekt der ausschlaggebende Punkt werden. Mit dem Erfolg kamen Sponsoren und somit auch Geld in die Kassen. Zudem fand man im Hohenschönhauser Tor geeignete Räumlichkeiten und einen Ort, der sich zu Fuß in knapp zehn Minuten von der Halle erreichen läßt. Stand also nur noch die Frage im Raum, welche Art von Gastronomie würde wohl am besten passen? Sicher sollte sich der Fan wohlfühlen, also schied gehobene Gastrononmie aus. Andererseits wollte sich auch der Verein ein Aushängeschild schaffen und so kam auch eine mehr oder weniger zweckmäßige Bierhalle nicht in Frage. Da Erlebnisgastronomie vielleicht genauso wenig Sinn gehabt hätte wie ein bayrischer Biergarten, entschied man sich für eine Sports Bar. Und da in Deutschland ja bekanntlich alles boomt, was von der anderen Seite des großen Teiches herüberkommt, wurde die „Over Time“ im Stil einer American Sports Bar eingerichtet. Auf zwei Etagen kann man hier Sportübertragungen im Fernsehen verfolgen, natürlich auch die im Pay-TV. Ausrüstungsgegenstände, Wimpel und Embleme verschiedenster Sportarten und Teams zieren Decken und Wände, ebenso wie Abbildungen der Trendsportarten und reichlich Utensilien aus dem amerikanischen Alltag, wie Straßen-, Tankstellen- und Werbeschilder. Auch das gastronomische Angebot entspringt amerikanischer Normalität. Steaks, Burger, Ribs und Wings in allen Variationen mit und ohne Fritten machen das Gros auf der Speisekarte aus. Da dies nun nicht immer jedermanns Sache ist, gibt es auch meist drei Tagesgerichte aus der bürgerlichen Küche (so lange der Vorrat reicht). An Getränken bietet man Softdrinks, Shakes, Cocktails und Bier. Neben Shakes ist der Pitcher (1,5 l) Bier die auffälligste Erscheinung auf der Getränkekarte. Um den Gästen jedoch etwas Abwechslung zu bieten, ist beispielsweise montags bis mittwochs zwischen 18:00 und 20:00 Uhr Happy-Hour für Cocktails. Donnerstags gar ist Big-Cocktailparty auf der man einen Cocktail-Pitcher für 30,- DM erstehen kann. Aber auch anderweitig versucht man der Kundschaft Abwechslung zu bieten. Freitags trifft man sich zum Karaoke- und sonntags zum Bingoabend.

Sportstammtisch mit prominenten Gästen

Der Pressestammtisch mit dem es in der abgelaufenen Saison noch einige Probleme gab, soll wieder zu neuem Leben erweckt und zum festen Bestandteil des Programms werden. Dabei soll zu jedem Termin ein anderer Sponsor die Möglichkeit erhalten, sich vorzustellen und diesen Stammtisch auszurichten. Die Sportprominenz, die zur Eröffnung anwesend war, wie z.B. Axel Schulz, Svetislav Pesic oder Steffen Zesner, sah man anfangs ebenfalls selten im Normalbetrieb. Mittlerweile jedoch kommen eine Menge Sportler in die „Over Time“, da sich der Name vor allem im Sportforum herumgesprochen hat. Zu Gast sind Teilnehmer an kleinen oder großen Sportveranstaltungen wie nationalen oder internationalen Meetings und Meisterschaften aller Altersklassen als auch Sportler, die hier trainieren. So kommen beispielsweise die Eisschnelläufer aus dem Olympiastützpunkt um Claudia Pechstein, die ja bekanntlich bekennender EHC-Fan ist, öfter. Des weiteren nehmen laut Informationen der

Foto: Wreh

Im nächsten Jahr im Angebot? Der EHC Meister-Sekt!

Geschäftsleitung auch andere Berliner Spitzenvereine die Gaststätte sowohl privat als auch für die Öffentlichkeitsarbeit immer mehr an. Um den Besuchern die Sportgrößen näher zu bringen, setzt man in der „Over Time“ nicht auf ein Gästebuch, sondern man hat eine Prominentenwand eingerichtet, auf der diese sich verewigen können. Auch die Integration eines Eisbären-Fanshops ist eine sehr gelungene Variante des Merchandisings. Hier erhält der Fan auch teilweise nach den Spielen noch was sein Herz begehrt, oder zumindest kann er sich einen Überblick verschaffen. Der Kartenvorverkauf ist hier sicherlich ebenfalls problemloser zu handhaben als in der Geschäftsstelle oder den Kassenhäuschen vor der Halle. Da es sich bei der „Over Time“ um eine öffentliche Gaststätte handelt, sollte man allerdings überdenken, ob zu Live-Übertragungen von Eisbären-Spielen (selbst bei denen im Pay-TV) Eintrittsgelder genommen werden, auch wenn diese dem Nachwuchs zugute kommen und ein Freigetränk beinhalten. Andere Sportgaststätten, die ebenfalls Pay-TV-Decoder besitzten, könnten die lachenden Dritten sein. Dann sollten lieber Spendenkassen an Eingang und Tresen installiert werden um den Nachwuchs zu unterstützen. Ansonsten kann man sich schon nett unterhalten in dieser Bar, und wenn man es amerikanisch mag, sind Feste wie die Independence Day-Party am amerikanischen Nationalfeiertag mit großem Barbeque und die Freiheitsstatur vor dem Eingang ein absolutes Muß, es fehlt lediglich ein Eisbär in ähnlicher Größe... Alles in allem zeigte sich die Geschäftsleitung mit dem Erfolg der „Over Time“ zufrieden. Die Erwartungen in die Gaststätte wurden bislang erfüllt. Die Speisen und Getränke sowie deren Preise seien vergleichbar mit ähnlichen Gaststätten und würden ebenso wie die Veranstaltungen vom Publikum angenommen.

Bei der Fußball-WM war die „Over Time“ natürlich auch sehr gut gefüllt und in der aktuellen Saison werden bestimmt noch einige neue Ideen in die Tat umgesetzt (z.B. der bereits realisierte Biergarten) und das Unterhaltungsangebot noch breiter. Freuen wir uns also auf viele schöne Stunden in der „Over Time“ und auf interessante Unterhaltungen mit unserem Team.

Sven Wreh

Foto: Sauer

Torjubel im „Over Time“

Und noch ein Rückblick

Von Trainern, die verarscht wurden und Mannschaften, die man mit Ketchup-Flaschen verglich...

An dieser Stelle möchten wir nochmals einen Blick zurück auf die Saison 1997/98 werfen. Als erstes läßt sich schon vorab sagen, der ewig dauernde und den Fan nervende Streit zwischen Deutschen Eishockey Bund und Deutscher Eishockey Liga war ein ständiger Begleiter der Spielzeit. In der Sommerpause spitzte sich die Situation nach den Vorfällen von Dortmund gar noch zu; mittlerweile konnten sich die verstrittenen Parteien allerdings einigen. Die totale Öffnung der DEL für den außereuropäischen Markt war ein Schwerpunkt und Reizthema; auch dies zog sich wie ein roter Faden durch das Jahr. Die Presseagentur dpa brachte nach der Saison falsche Zuschauerzahlen auf den Markt, die den Kritikern der DEL zwar sehr gelegen kamen, doch stimmten sie eben nicht und im Regen stand mal wieder das deutsche Eishockey. Man sprach von einem Rückgang von 300.000 Zuschauern 1997/98. Fakt war aber, daß rund 100.000 Fans mehr die Stadiontore passierten. Einige Manager nutzten ihrerseits den etwas rückläufigen Zuschauerzuspruch in den Hochburgen Köln, Düsseldorf, Landshut oder Rosenheim dazu, die Schuld auf die mittelmäßigen Ausländer zu schieben, mit denen sich die einheimischen Fans nicht identifizieren konnten. Doch diese Spieler wurden letztendlich von den mosernden Managern gesichtet und verpflichtet. So sprachen die Verantwortlichen vor der Saison in Rosenheim von der *„besten Mannschaft, die je für Rosenheim aufs Eis gegangen ist"*. Ein Blick auf die Tabelle am Spieljahresende bezeugte allerdings das Gegenteil, denn die anderen Teams waren weit enteilt und hatten längst nicht nur die Creme de la Creme in ihren Reihen. SBR-Manager Walter Schlosser und sein Trainer Gary Clark hatten vielmehr kräftig „ins Klo" gegriffen, was die Spielerverpflichtung betraf. Alternde Haudegen wie zum Beispiel Phil Bourque waren eine einzige Enttäuschung. Schon frühzeitig zeichnete sich die schlechteste Erstligasaison für den traditionsreichen Klub aus Oberbayern ab. Diese gipfelte in der Entlassung von Clark, noch vor zwölf Monaten als der große Macher gefeiert, als sein Team überraschend den Einzug in die Meisterrunde schaffte. Als sein Nachfolger wurde Gerhard Brunner verpflichtet, seines Zeichen (Vizemeister-) Trainer des (Vor-) Jahres in Kassel geworden und zum Dank nach nur vier Spieltagen geschaßt. Unter Brunner bäumte sich der SBR zwar nochmals auf, doch am Ende standen magere 15 Punkte aus 44 Spielen zu Buch. So schwach waren ja nicht einmal die Eisbären in ihren damaligen schlechteren Jahren. Als Entschuldigung für das miserable Abschneiden können die Rosenheimer die ungeklärte Frage ihres Daseins vor der Saison geltend machen. Lange Zeit stand nämlich nicht fest, ob der SBR der DEL überhaupt erhalten bleibt. Der Star Bulle lag schon mit drei Beinen auf der Schlachtbank, ehe Prof. Dr. Anton Kathrein das nötige Lebenselexir in Form von Geld parat hatte. Gottlob machte sich die abgelaufene Saison nicht noch weiter nachhaltig bemerkbar und auch im neuen Spieljahr wird Rosenheim in der DEL vertreten sein.

Nur einige Kilometer weiter ging es nicht so glimpflich ab. Schon nach 15 Spieltagen ereilte die Kaufbeurer Adler der „sudden death". Eine gewisse Teilschuld kann auch die DEL nicht verhehlen, denn auch wenn die Allgäuer geschönte Lizenzunterlagen einreichten, niemals hätte die Liga dieses Team am Spielbetrieb teilnehmen lassen dürfen, schon gar nicht ohne Hauptsponsor. Neben der nebulösen finanziellen Situation war auch die sportliche recht undurchsichtig. Schon während des Sommers schwelte der Streit zwischen Präsident Pohl und seinem Günstling Trainer Coolen und der Opposition, bestehend aus Ex-Nationalgoalie Erich Weißhaupt und ehemaligem DEB-Boß Ulf E. Jäkel. Ein schlechter Saisonstart beendete das Kapitel Coolen nach vier Spielen mit *„beinahe Gestapo-Methoden"*, wie der Kanadier festzustellen pflegte. Nachts um zehn Uhr holte man den Trainer aus dem Bett und fuhr ihn begleitet von zwei Wagen auf die Geschäftsstelle. Dort wurde Coolen dann die Kündigung mitgeteilt. Sein Nachfolger Desjardins trat ein schweres Erbe an. Nach acht Spieltagen gelang den Adlern der erste Erfolg, zwischendurch posierten die Kufenstars unbekleidet für einen Kunstkalender, um wenigstens etwas Geld in die Vereinsschatulle zu bekommen. Am 12. Spieltag kam es dann knüppeldick. 3:15 wurden die Adler von den Frankfurt Lions gedemütigt, der Anfang vom Ende. Vorher ging der Vorstand der Kaufbeurer noch in die Offensive bzw. auf Betteltour. Man wollte von allen DEL-Klubs 50.000 DM „Spende" und stieß dabei auf wenig Solidarität. Verständlich, müssen doch alle anderen Vereine auch die Mark dreimal drehen, bevor sie ausgegeben wird. Glück für die Eisbären, daß aufgrund internationaler Verpflichtungen das Heimspiel gegen die Adler auf einen früheren Termin verlegt worden war, so hatten sie wenigstens keinen Einnahmenausfall. Weiteres Manko des Bankrotts der Allgäuer war, daß nun mitten in der Saison ein neuer Modus hermußte, mit dem wohl nicht alle einverstanden sein konnten. Doch am Ende sollten alle froh darüber sein, daß es nur die Kaufbeurer Adler traf, denn auch bei den Capitals, den Revier Löwen, der DEG und dem alten und neuen Meister (!) Mannheim saß der Sensenmann in Form des finanziellen Kollaps mit in der Kabine.

Am prekärsten war wohl während der Saison die Situation in Oberhausen. Die aus den Ratinger Löwen hervorgegangenen Revier Löwen starteten mit einigen Vorschußlorbeeren versehen in die Spielzeit. Man traute ihnen anhand der Neuzugänge, von denen einige wie Tim Sweeney, Mark Jooris oder Chris Kontos wohlklingende Namen besaßen, eine ähnliche Leistungsexplosion wie den Berliner Eisbären vor Jahresfrist zu. Zwar verließ Sweeney den Verein noch vor dem ersten Spiel und etablierte sich in der NHL bei den New York Rangers, doch auch ohne ihn ließ es sich ganz gut an. Nach vier Spieltagen standen die Revier Löwen auf dem dritten Tabellenplatz. Danach ging es allerdings stetig bergab. Nachdem schon frühzeitig das geplante Ziel Meisterrunde aus den Augen entschwand und die Zuschauer in der riesigen Eisarena

Revier Löwen als Flop!

(9.500 Sitzplätze, im Schnitt kamen 2.000) des CentrO ausblieben, begann in Oberhausen das Bäumchenwechsle-dich-Spiel. Zuerst wurde allen „Großverdienern", unter ihnen natürlich auch Jooris, freigestellt, den Verein zu verlassen. So kam es, daß die Oberhausener nicht weniger als 35 Spieler, darunter fünf Torsteher, während der Saison verschlissen. Nachdem das Geld fast alle, der Trainer getauscht (Mike Zettel für Robert M. Barnes), die Odgen-Gruppe als Betreiber der Eishalle und damit de facto Besitzer des Klubs für eine Peinlichkeit nach der anderen sorgte, Manager Helmut de Raaf bewies, daß er vom Tore verhindern mehr versteht, als vom Geschäfte machen, war die Saison für die Revier Löwen gelaufen. Am Ende sprang ein vorletzter Tabellenplatz heraus, immerhin verbunden mit der Teilnahme an den Qualifikations-Play-offs. Dort erwiesen sich die Scorpions aus der Wedemark allerdings als eine Nummer zu groß, das Saisonende kam recht schnell. Im Sommer sorgten dann die Revier Löwen, die sich mittlerweile gänzlich von ihren Wurzeln in Ratingen trennten, für erneuten Wirbel. Der überraschend auf den Manager- und später auf den Geschäftsführersessel zurückgekehrte Stefan Dittmann kämpfte vehement um das Überleben des Ruhrpottvereins. Am Ende konnte er sich glücklich schätzen, daß die Revier Löwen im zweiten Anlauf die Lizenz für die neue Saison von der DEL erhalten haben.

Ebenso viele Feldspieler wie die Oberhausener setzten die Kassel Huskies ein. Als Vizemeister in das Spieljahr gestartet, verlief die Saison alles andere als befriedigend. Schon nach kurzer Zeit trennte man sich nach einer „Spielerrevolte" von Erfolgscoach Brunner (s.o.). Ross Yates wurde sein Nachfolger. Kurzfristig trat zwar Besserung ein und Yates brachte das Team vom letzten (!) Tabellenplatz weg, doch am Ende wurde die Meisterrunde ebenso verfehlt wie die Play-offs. Auch bei der Auswahl der neuen Spieler bewies das Duo Brunner/Manager Hegen ein unglückliches Händchen. Der WM-Torschützenkönig Roger Dubé aus Frankreich packte so zum Beispiel ebenfalls nach wenigen Wochen seine Sachen. Woche für Woche erschien ein neuer Name in der Huskies-Aufstellung, keine Zeit sich kennenzulernen, geschweige denn erfolgreich miteinander zu spielen. In der Qualifikationsrunde wurde nochmals der Trainer getauscht (der langjährige Verteidiger Mokros übernahm das Amt) und kurzzeitig standen die Hessen gar auf dem neunten Rang. Am Ende startet man von Platz zehn mit Heimvorteil gegen die Krefelder Pinguine in die „Vor-Play-offs", doch hier war nach vier Spielen Feierabend. Als positives Highlight der Saison bleibt für die Schlittenhunde die Teilnahme in der EHL zu konstatieren. Hier absolvierten die Hessen ihre besten Saisonspiele, auch wenn es hinter Schwedens Champion Färjestads BK und dem künftigen EHC-Gegner Jokerit Helsinki und vor Vitkovice aus dem Land des Olympiasiegers nur zum dritten Rang reichte.

Den Sprung in die Play-offs ebenfalls verpaßten die Schwenninger Wild Wings. Zwar hatten die Schwarzwälder mit Mark MacKay den Spieler des Jahres in ihren Reihen, doch er war so ziemlich auf sich allein gestellt. Jackson Penney, im neuen Jahr für Mannheim auf Puckjagd, blieb mal wieder das Verletzungspech treu, zu allem Überfluß setzte ein übler Check des Landshuters Handrick fernab des Spielgeschehens den langjährigen Kapitän und Kopf der Mannschaft Grant Martin außer Gefecht. Nach dem Schädelbasisbruch des Italo-Kanadiers war die Kariere des tadellosen Sportsmanns jäh beendet. Hunderte Genesungswünsche erreichten den Stürmer, nur einer blieb aus. Bedauerlich, daß der gebürtige Weißwasseraner Handrick es nicht einmal für nötig hielt, sich bei Martin zu entschuldigen. Dieser schmerzliche Verlust war dem SERC bis ins Mark gefahren, sicherlich auch ein Grund für das frühe Saisonaus der Schwäne. Nach einer soliden Leistung in der Vorrunde, in der so manch etablierten Großstadtverein (insbesondere Mannheim) das Fürchten gelehrt wurde, landete man auf Platz 10. Diese Position wurde während der Qualifikationsrunde behauptet und in der ersten Runde der „Vor-Play-offs" schaltete man die Nürnberg Ice Tigers in fünf Spielen aus. Daß es dabei zu unschönen Begleiterscheinungen in Form von Prügel auf und neben dem Eis kam, lag nicht nur an den sich einen zweifelhaften Ruf erboxenden Nürnbergern, war aber nach dem dramatischen Erreichen von Runde zwei bald vergessen. Mit dem Heimvorteil im Rücken hoffte man auf den Sprung in die „richtigen" Play-offs, doch die Rheinländer zeigten sich am Ende cleverer und eventuell auf der Torhüterposition besser besetzt. Mehrmals machte der die SERC-Kultfigur Hoppe aus dem Gehäuse verdrängte Norweger Schistadt eine unglückliche Figur. Doch am Ende war man auch im Schwarzwald zufrieden, nicht zuletzt wegen der soliden Finanzlage. Treffende Aussage von Geschäftsführer Bühler zum Schluß: *„Wenn wir so viele Schulden gemachten hätten wie die DEG, hätten wir um den Titel mitgespielt. Locker."*

Die Schiedsrichter hatten bei Nürnberg-Spielen viel zu tun!

Foto: Sauer

Für die unrühmlichsten Höhepunkte im abgelaufenen Spieljahr sorgten zweifelsohne die Nürnberg Ice Tigers. Daß der sportliche Erfolg einmal mehr ausblieb fiel dabei weniger ins Gewicht. Vielmehr die faust- und stockkampftechnischen Einlagen der Franken sorgten für Aufsehen. Los ging es gleich am vierten Spieltag, als sich die Nürnberger zusammen mit den Frankfurt Lions in wahrer „Wild-West-Manier" vor den Augen unzähliger Fernsehzuschauer wüste Prügeleien lieferten. Am Ende standen traurige 331 Strafminuten auf dem Spielberichtsbogen und die Liga zeigte sich geschockt von den Vorfällen. Drastische Strafen wurden gegen beide Mannschaften verhan-

Harte Ice Tigers aus Nürnberg

gen, selbst die Trainer und Manager beider Teams mußten tief in die Taschen greifen. Die DEL war schließlich gewarnt, galten neben den Ice Tigers besonders die Lions als „gewalttätig". Die Hessen begnügten sich allerdings im Saisonverlauf bis auf wenige Ausnahmen mit dem Sammeln von vielen kleinen Strafen, wogegen die Nürnberger noch einmal richtig zuschlugen. Im bereits schon erwähnten Spiel 3 der Play-off-Serie gegen die Wild Wings aus Schwenningen setzte es nach einem üblen Stockschlag des Tschechen Josef Cierny zünftig Hiebe und mit 336 Strafminuten wurde das „Ergebnis" vom Frankfurt-Spiel sogar noch getopt. Untypisch für die Boxarien der Nürnberger war, daß im Team überwiegend Akteure aus dem osteuropäischen Ausland standen, denen ja nun nicht gerade nachgesagt wird, die rauflustigsten zu sein. Vielmehr bevorzugt man in diesen Gefilden das technisch versierte Spiel, was dem damaligen Coach der Ice Tigers Vladimir Vassiljev zu Sai-

sonbeginn zu folgender Aussage bewog: *„Wir können um Platz eins mitkämpfen."* Am Ende belegte man zweimal Platz 12, sowohl in der sportlichen Tabelle als auch in der Fair-Play-Wertung. Vassiljev erlebte das Saisonende aus dem fernen Moskau mit, sein Nachfolger Peter Ihnacak, lange Jahre in Toronto und Krefeld aktiv, kam zu spät, um den vorgefundenen Scherbenhaufen beseitigen zu können. Doch die Schuld des verpaßten Saisonziels Meisterschafts-Play-offs nur an der Person des Trainers festzumachen, wäre falsch. Eindeutig haben auch hochgelobte Spieler wie Oleg Mikoulchik (ehemals Winnipeg Jets und Anaheim Mighty Ducks), Martin Jiranek (Baltimore/AHL) oder Roman Horak (diverse Klubs in IHL und AHL) vielfach enttäuscht, blieben den Beweis ihrer Klasse schuldig oder tauchten im Mittelmaß der Truppe ab. Herbert Frey, Präsident des fränkischen Eishockeyklubs, verbarg seine Enttäuschung dann auch folgerichtig nach dem bitteren Ausscheiden der Ice Tigers bei den Schwenningern nicht: *„Wenn in der entscheidenden Saisonphase ein paar Hosenscheißer in der Mannschaft gewesen wären, hätten wir durchaus die Meister-Play-offs erreichen können."*

Ebenfalls enttäuscht über das Abschneiden des eigenen Teams zeigte sich Walter Capellmann, Ex-Präsident und Hauptsponsor der Augsburger Panther. Verheißungsvoll in die neue Saison gestartet (Platzt fünf nach sechs Spieltagen), ging es mit den Fuggerstädtern im Anschluß stetig bergab. Zweimal sechs Niederlagen in Folge im Verlauf der Vorrunde sorgten dafür, daß der AEV am Ende auf Rang 14 die Play-offs mehr als deutlich verfehlte. Und auch in der Qualifikationsrunde rissen die Panthers nun nicht gerade Bäume aus. Äußerst peinlich die 1:8-Niederlage auf eigenem Eis gegen die Revier Löwen aus Oberhausen. Dies war der Gipfel von sage und schreibe zehn sieglosen Partien, die den Zug in Richtung Play-offs endgültig ohne die Schwaben abfahren ließ. Da nutzten die drei Siege am Ende gegen Rosenheim, Krefeld und Nürnberg auch nichts mehr, schier aussichtslos ging man in die Qualifikations-Play-offs gegen die in Tritt gekommenen Berlin Capitals. Dazu kam der unendliche Druck von Capellmann, der eine Stagnation in der sportlichen Entwicklung der Augsburger Panther ausmachte und laut darüber nachdachte, das finanzielle Engagement zwischen der Firma „AEGON" und den Panthern zu beenden, was soviel wie der neuerliche K.O. für das traditionsreiche Hockey in Augsburg bedeutet hätte. Der AEV versuchte schon die ganze Spielzeit über, das rettende Ufer zu erreichen. So wurde unter anderem der Ex-DEG-Spieler Pierre Rioux reaktiviert oder mit dem NHL-Crack Adam Creighton ein echter Kracher verpflichtet. Als nichts mehr ging, mußte Trainer Gary Prior gar seinen Hut nehmen. Doch Nachfolger Ricki Alexander konnte auch nicht den richtigen Kick vermitteln. Immerhin reichte es aber, in Runde eins der Qualifikations-Play-offs die Capitals zu eliminieren. Erwartungsgemäß verlor man zwar das erste Spiel an der Jafféstraße, doch danach gab es kein Halten mehr. Nachdem man im heimischen Kurt-Frenzel-Stadion die zweite Partie mit 3:1 gewinnen konnte, glückte in Berlin ein verdientes 2:0. Somit hatte man den Caps den Nerv gezogen, locker gewann man die entscheidende Begegnung mit 4:1. Ein fast für unmöglich gehaltener Erfolg, der letztendlich ausschlaggebend dafür war, daß auch in diesem Jahr in Augsburg erstklassiges Hockey geboten werden kann. In der zweiten Runde kam dann das erwartete Aus für den AEV. Zwar hielt man die Partie in Hannover gegen die Scorpions noch offen und unterlag recht unglücklich mit 3:4, doch gelang im zweiten Spiel kein erneutes Aufbäumen mehr. Deutlich mit 2:5 kam man auf eigenem Eis gegen das Überraschungsteam aus Mellendorf unter die Räder, der traurige Schlußpunkt unter ein in der Endkonsequenz nicht befriedigendes Spieljahr.

Als letztes Team qualifizierten sich überraschenderweise die Berlin Capitals nicht für die Play-offs. Zum ersten Mal seit neun Jahren fand die Vergabe der Krone im deutschen Eishockey ohne die vormaligen Preussen und Ex-Devils statt. Dabei hatte man sich im Eichkamp nach dem schmerzlichen Viertelfinal-K.o. vor Jahresfrist gegen den einst so unterlegenen Ortsnachbarn Eisbären so viel für die neue Spielzeit vorgenommen. So verpflichtete man mit Stefan Ustorf eine einstige große Nachwuchshoffnung mitten aus Amerika, nachdem seine NHL-Karriere recht plötzlich aufgrund von diversen Verletzungen zu Ende ging. Als Unterstützung für den Sohn von Trainer und Manager Peter Ustorf stellte man dem Stürmer John Alston, Markenzeichen Goalgetter, an die Seite. Doch irgendwie kamen die Capitals nicht so recht in Schwung. Nach drei

Katzenjammer an der Jafféstraße

Punkten zu Saisonbeginn setzte es erst einmal fünf Niederlagen in Folge. Der Rivale Eisbären war schon etwas enteilt, da kamen Siege gegen Krefeld und Nürnberg gerade recht, als mit Brian Bellows ein Veteran aus der nordamerikanischen Profiliga NHL zu den Caps stieß. Nachdem die Berliner dem Meister aus Mannheim endlich seinen ersten Heimsieg (10. Spieltag!) ermöglichten, wartete alles auf das erste Ost-West-Derby der Saison. Viele waren hinterher der Meinung, daß abgesehen vom 4:2 der Capitals im Dezember in Hohenschönhausen, die Caps in dieser Begegnung ihre beste Saisonleistung zeigten. Angetrieben von einem überragenden Bellows, der drei Treffer erzielte, hatte man den nunmehrigen Favoriten am Rande einer Niederlage. Erst in der Verlängerung setzten sich die Eisbären mit 6:5 durch. Doch der nun erhoffte Aufschwung im Eichkamp blieb aus. Weiterhin setzte es Niederlagen, zudem kamen nur noch knapp 3.000 Fans in die Eissporthalle an der Jafféstraße. Erst jetzt reagierte Ustorf und entließ sich als Trainer quasi selbst. Viel zu spät, wie Kenner der Westberliner Eishockeyszene meinten. Vielmehr hätte es schon nach der Auseinandersetzung mit Klaus Merk in den Katakomben des Augsburger Eisstadions die rote Karte für Ustorf geben müssen. Oder nach dem peinlichen Ausflug des leicht cholerisch veranlagten Trainers auf die Ränge der heimischen Eishalle, als er einen Fan dingfest machen wollte, der ihn wiederholt beleidigt haben sollte. Viele schüttelten verständnislos den Kopf über den gebürtigen Norddeutschen und waren froh, als der Tag des (halben) Abschieds kam. Unter Michael Komma stellte sich eine spielerische Steigerung des Teams ein. Teilweise spielten die Capitals sogar richtig gutes Eishockey, wie beim erwähnten Sieg bei den Eisbären oder dem 2:1-Erfolg gegen die Düsseldorfer EG. So machte man sich in Charlottenburg berechtigte Hoffnungen, doch noch durch das Hintertürchen der Qualifikation in die Play-offs zu gelangen. Die Qualifikationsrunde sollte zum Wegweiser für künftige Erfolge werden, acht Siege standen lediglich drei Niederlagen gegenüber, darunter aber solch peinliche wie in Rosenheim und Nürnberg zum Ende der Hinrunde. Dies hätte den Capitals Warnung genug sein müssen, doch Hochmut kommt bekanntlich vor dem tiefen Fall. Aus in der ersten Runde in vier Spielen gegen die Augsburger Panther! Der Katzenjammer war riesengroß, denn dem finanziell arg strapazierten Klub fehlten nun die Einnahmen aus den Play-offs. So konnte man sich bei der Familie Banghard bedanken, daß trotz des Rücktritts von Sohn Axel als Präsident, immer wieder Gelder in die marode GmbH gepumpt wurden und so ein Fortführen des Spielbetriebes überhaupt erst ermöglicht wurde. Als Rettungsanker sollte kurz vor dem Ende der Saison auch noch der schon als perfekt gemeldete Deal mit der Volkswagentochter Skoda dienen, doch dieser zerschlug sich einstweilen, weil Manager Ustorf keinerlei detaillierte Zahlen über die Mißwirtschaft bei den Caps vorlegen konnte. So ist es nicht verwunderlich und richtungsweisend für die Wachablösung im Berliner Eishockey, daß die Westberliner Capitals auf Skoda bauen mußten, während im Ostteil der Stadt die Stars der Eisbären in Nobelkarossen der Marke BMW zum Training fuhren.

Seltene Eintracht im Lokalderby!

Kommen wir zu den Vereinen, die zwar die Play-offs erreichten, aber schon im Viertelfinale die Segel streichen mußten.

Da wäre zum ersten das Überraschungsteam der Saison 97/98 schlechthin, die Hannover Scorpions. Im Jahr davor noch bei der Aufnahme in die Deutsche Eishockeyliga angesichts von Etat und äußeren Bedingungen mitleidig belächelt, zeigte das Stacheltier per anno seinen gefährlichen Schwanz. Besonders im heimischen „Ice-House" von Mellendorf lehrte man den „Großstadtklubs" ein ums andere Mal das Fürchten. Mit unter die Räder kamen dabei auch die Berliner Eisbären (4:2), doch reihten sie sich in eine Reihe klangvoller Namen ein, wie die Aufzählung von Capitals (5:1), Köln (5:0), Düsseldorf (9:2!) oder Landshut (2:1) beweist. Highlight war zweifelsohne, neben dem Erreichen der

Eisbären-Jubel auch im Eichkamp

Überraschung in Mellendorf

Play-offs, der grandiose 9:2-Sieg gegen den Altmeister Düsseldorfer EG. Der kam den Offiziellen um Präsident Jochen Haselbacher nebst Sohn Eric (Manager) gerade recht. Mitten in die Euphorie hinein taufte man den „Dorfklub" Wedemark Scorpions in Hannover Scorpions um. Viele der über jahrelang treuen Fans fühlten sich von derlei Unterfangen brüskiert. Man wollte einfach nichts mit einer Stadt wie Hannover gemein haben, schon gar nicht, wenn dort auch noch der inzwischen in Konkurs gegangene EC Hannover beheimatet ist (war). Doch die findige Vorstandschaft brachte den Sinn der Umbenennung auf zwei einfache Punkte. Erstens könne man in Zukunft von der Weltausstellung „EXPO 2000" in Hannover partizipieren, was auch für Sponsoren eminent wichtig sein dürfte, zweitens wie erklärt man einem alten Hasen aus Nordamerika die strategische Lage der Gemeinde Mellendorf. Hannover kennt dagegen (fast) jeder. Bestes Beispiel dafür war der ehemalige NHL-Spieler Tom Pederson, der, aus San José verpflichtet, schon nach kurzer Zeit die Wedemark wieder verließ. Schlichte, aber wohl auch zutreffende Begründung: Der Ami hatte sich Deutschland irgendwie anders vorgestellt. Ohne den Leuten in Mellendorf und Umgebung zu nahe zu treten, verständlich!

Doch die Neu-Hannoveraner bewiesen es allen Kritikern, daß es in der Wedemark mehr als nur Schweine, Kühe und Gummistiefel gibt. Nämlich auch gute Eishockeyspieler. Und die schafften über die Qualifikationsrunde ohne viel Mühe den Sprung in den elitären Kreis der acht

Was gut ist, setzt sich durch.
WIR FINDEN DIE EISBÄREN SPITZE!
NACH DEM DEUTSCHEN REINHEITSGEBOT GEBRAUT
BERLINER PILSNER
feinherb und spritzig
BERLINER PILSNER BRAUEREI GMBH · BERLIN

besten Mannschaften der DEL. Die Qualifikationsrunde wurde noch vor den Capitals auf Platz eins abgeschlossen. In den Vor-Play-offs hatte man mit den Revier Löwen (3:0) und dem AEV (2:0) ebenfalls keine Probleme. So erlebte die kleinste Eishalle der DEL (4.000 Zuschauer) die Viertelfinalbegegnungen mit den Frankfurt Lions. Und beinahe begann die Premiere für die Scorpions mit einem Paukenschlag. 3:1 führte man schon im ersten Spiel, ehe sich der Favorit doch noch in der Verlängerung durchsetzten konnte (4:3). Beim ersten Auftritt in heimischer Halle ging so gut wie alles daneben, 4:1 setzten sich die Lions durch. Die Entscheidung schien gefallen, doch die Scorpions stachen noch mal zurück. Am Bornheimer Hang gelang ein 4:2-Erfolg für die Niedersachsen, die sich (und ihren Fans) mit diesem Sieg ein zweites Heimspiel bescherten. Am Ende reichte es dann nicht ganz zum ganz großen Coup, die Hessen behielten mit 4:2 die Oberhand, das Erfolgskapitel der Hannover (Wedemark) Scorpions wurde vorerst zugeschlagen. Doch man rechnet mit einer Fortsetzung im neuen Jahr, nicht zuletzt deswegen, weil mit Scott Metcalfe ein Typ mit riesigem Kämpferherzen in Hannover angeheuert hat, der allen in Berlin noch in bester Erinnerung sein dürfte.

Wesentlich unspektakulärer schieden die Krefeld Pinguine aus. Nach einer Saison mit wenig Höhepunkten kam erwartungsgemäß gegen die Berliner Eisbären im Viertelfinale wie in den letzten Jahren der K.o. Für die Schwarz-Gelben aus der Seidenstadt dürfte es aber schon als Erfolg angesehen werden, überhaupt bis in die Endrunde vorgedrungen zu sein. Nach der Vorrunde noch auf Platz sieben der Tabelle rangierend, wurde das Berek-Team in der Qualifikation noch vier Plätze durchgereicht. Mit der ungünstigen Ausgangsposition zuerst auswärts antreten zu müssen, setzte man sich in den Qualifikations-Play-offs erst gegen Kassel (3:1) und dann gegen den SERC Wild Wings (2:1) durch, ehe dann das Aus gegen die Eisbären kam (0:3).

Eine einzige Enttäuschung in Reihen der Krefelder war der Tscheche Petr Klima. Fast 900 Spiele in der NHL bestritt dieser, wurde sogar an der Seite von Wayne Gretzky und Mark Messier Stanley-Cup-Sieger mit den Edmonton Oilers. Doch war der Routinier mehr dem Alkohol zugetan, als der kleinen Hartgummischeibe nachzujagen. 19 Punkte aus 38 Spielen, einfach zu wenig für einen (ehemaligen) Klassemann wie Klima. Die Trennung erfolgte mit weitaus weniger Nebengeräuschen als seine Präsentation. Die Fans sangen ironisch zu seinem Abschied in Anlehnung an ein beliebtes Karnevallslied: „Die Karawane zieht weiter, der Klima hat Durst." Als nächster Ausfall erwies sich der einstige Topscorer der Liga Chris Lindbergh. Und das nicht nur, weil er Ladehemmungen hatte. Erst wurde er nach einem üblen Stockfoul für längere Zeit gesperrt, dann war er des öfteren verletzt, ehe er im Training seinen Mannschaftskameraden Marcus Krawinkel per Faustschlag niederstreckte. Daraufhin wurde die Liaison zwischen dem Kanadier und den Krefeldern für beendet erklärt. Sicherlich ein herber Verlust, sportlich gesehen, doch menschlich absolut zu verschmerzen. Und auch mit Trainer Miro Berek war nicht alles im Lot. Immer wieder bemängelte der tschechische Eishockeylehrer die Bevormundung von seiten des Vereins und das mangelnde Vertrauen in seine Person. Als der Bruch nicht mehr zu kitten war, übernahm der in Rosenheim in Ungnade gefallene Gary Clark das Traineramt in Krefeld. Mittlerweile ist dies aber auch schon wieder Geschichte und Clark hat schon vor Beginn der neuen Saison zwei Nachfolger.

Völlig unerwartet dagegen kam das Aus für die Kölner Haie. Mit Neuverpflichtungen wie Craig Fisher, Corey Millen, Sergio Momesso oder George Zajankala bestückt ins neue Spieljahr gestartet, rechnete man sich in der Domstadt große Chancen auf die Meisterschaft aus. Doch schon den Start verschliefen die Haie gründlich. Nach vier Spieltagen mit drei Niederlagen fand sich der selbsterkorene Topfavorit erst einmal auf Tabellenposition vierzehn wieder. Danach ging es zwar stetig bergauf, doch so richtig rund lief es bei den Kölnern nicht. Zum Ende der Vorrunde setzte es erneut Niederlagen und gerade einmal mit zwei Punkten Vorsprung vor den Krefeld Pinguinen retteten sich die Haie in die Meisterrunde. Zu diesem Zeitpunkt hatten die Jecken schon ihren ersten Tiefpunkt hinter sich. In der Europaliga EHL setzte es im entscheidenden letzten Gruppenspiel an der heimischen Lentstraße eine blamable 3:5-Niederlage gegen den VEU Feldkirch/Österreich. Und das nach einer 3:0-Führung... Zwei Tage später setzte es in Mannheim beim 0:6 eine weitere peinliche Niederlage. In deren Folge wurde Trainer Kevin Primeau der Stuhl vor die Bandentür gesetzt und der Finne Timo Lahtinen trat seine Nachfolge an. Der konnte die fast schon zahnlosen Raubfische in der Meisterrunde wieder auf Vordermann bringen (sieht man einmal von den drei Niederlagen gegen die Eisbären ab) und so landete man am Ende der Runde immerhin auf dem dritten Rang der Tabelle. Ironie des Schicksals: erneut hieß der Auftaktgegner in den Play-offs EV Landshut. Schon im Vorjahr erwiesen sich die Cannibals aus Niederbayern für die Haie als unverdaulich, als im Viertelfinale das Aus kam. Und dieses Jahr sollte es nicht anders sein. Tat man in der Domstadt das 3:4 in der Verlängerung des ersten Spiels noch als kleineres Verschlucken ab, bekamen sie nach dem 1:9 in Spiel zwei die Kiemen gar nicht mehr zu. Dabei

Zahnlose Kölner Haie

schienen sich die Haie eine Menge Salzwasser in den Magen gepumpt zu haben, denn schon im dritten Spiel kam der K.o. Zwar erst im Penaltyschießen, aber Aus bleibt Aus. Nach der Saison packte Sportdirektor Miro Sikora erst die Wut, dann die Koffer von acht Akteuren mit wohlklingenden Namen, wie zum Beispiel Herbert Hohenberger, Brian Glynn, Fisher oder Zajankala, der eine einzige Enttäuschung darstellte und keiner in Berlin-Hohenschönhausen war darüber sauer, daß der Deutschkanadier vor der Saison den Kölnern den Vorzug gab.

Im neuen Jahr werden es die Haie schwer haben, ihr verwöhntes und in den letzten zwei Jahren maßlos enttäuschtes Publikum wiederzugewinnen. Außerdem gilt es ab dem Herbst die 18.000 Zuschauern platzbietende „Köln-Arena“ zu füllen.

David Delfino war zumeist ein Rückhalt im Tor der Haie!

Foto: Sauer

Noch größer als in Köln war das Wehgeschrei einige Kilometer rheinaufwärts in Düsseldorf. Nicht daß das frühe Ausscheiden in drei Spielen gegen den alten und neuen Meister Adler Mannheim der Grund dafür gewesen wäre. Nein, an der altehrwürdigen Brehmstraße drohten die Lichter für immer auszugehen. Am Ende einer irrwitzigen Situation verloschen die Lichter nicht ganz, jetzt glimmen sie eine Etage tiefer in der Bundesliga weiter. Dabei hatte alles so gut begonnen. Abgesehen vom 2:9 gegen Hannover legte die DEG unter der Regie von Chris Valentine, ehemals gefürchteter Torjäger in Düsseldorf, einen phantastischen Start hin, der in der Tabellenführung am elften Spieltag gipfelte. Nur acht Niederlagen kassierten die Rot-Gelben, die bis auf Dieter Hegen, Thomas Brandl oder Leo Stefan ohne sonderlich große Stars auskommen mußten. Aber sie präsentierten sich als echte Mannschaft, das zeichnete die DEG aus und am Ende der Vorrunde stand ein zweiter Platz zu Buche. Lediglich den Mannheimern mußte man den Vortritt gewähren. In der Meisterrunde lief es dann nicht mehr ganz so glatt für die Düsseldorfer. 3:10 bei den Eisbären, gar drei Niederlagen gegen den Erzrivalen aus Köln, davon mit dem 0:3 im letzten Punktspiel eine ganz bittere. Der Anfang vom Ende zeichnete sich bereits ab, nicht sportlich sondern finanziell. Max Bobach, Gesellschafter der Betriebs-GmbH der DEG, dachte partout nicht daran, seiner Verpflichtung nachzukommen und die geforderten Einlagen in die Gesellschaft zu tätigen. Die DEG war im Saisonverlauf mehrfach zahlungsunfähig gewesen, doch immer wieder konnte man den Karren nochmals flott bekommen. Doch nun brachen alle Mauern zusammen. *„Ich bin von Ihnen verarscht worden, Herr Bobach“*, ein mittlerweile schon fast legendäres Zitat des bedauernswerten Valentine. 2,2 Millionen DM wollte Bobach mit seinen Kollegen einbringen, um die DEG zu unterhalten. Am Ende alles nur leere Worthülsen. Vielmehr geisterte das Wort „Konkurs" immer öfter und immer lauter durch das Eisstadion. Und es drang natürlich auch in die Köpfe der Spieler. 2:7, 3:4 in einem bewegenden Abschiedsspiel an der Brehmstraße und 1:6, so lauteten die nüchternen Zahlen und Fakten des Viertelfinalaus gegen die Adler Mannheim. Hier an dieser Stelle die Schuldfrage zu stellen, ist unangemessen. Doch sei erlaubt anzumerken, wer jahrelang versucht hat, sich den Meistertitel zu erkaufen und dabei auch vor horrenden Jahresgehältern nicht zurückschreckte, der mußte eines Tages die Früchte dieser Mißwirtschaft ernten. Auf Wiedersehen, DEG!

Eventuell den Platz der DEG als Glamourverein könnten die Frankfurt Lions einnehmen. Das Umfeld paßt, eine schillernde Großstadt, temperamentvolle Zuschauer und ein funktionierender Vorstand, dazu eine Topmannschaft, Eishockeyherz, was willst du mehr? Insidern der Szene wurde schon bei der Vorstellung der zahlreichen Neuzugänge bewußt, daß die Hessen in der Saison 1997/98 ein gewichtiges Wörtchen bei der Vergabe der Meisterschale mitreden würden. Ob nun Chris Snell, Len Barrie, Claude Vilgrain oder die in Berlin bestens bekannten José Charbonneau (EHC Dynamo) und John Chabot (Capitals), alle Namen bürgten für Qualität und wurden dem auch gerecht. Schon frühzeitig setzte sich das Team von Peter Obresa mit an der Tabellenspitze fest. Ungefährdet qualifizierte man sich für die Meisterrunde und damit auch für die Play-offs. Und das auch ohne Len Barrie, der inmitten der Saison wieder nach Amerika zurückkehrte, angeblich wegen einer Krankheit seiner Frau, die sich nicht in Deutschland in Behandlung geben lassen wollte. Vielmehr spekulierte der Stürmer mit einem Engagement in der NHL, doch landete er in der AHL und da auch bald nur noch auf der Bank. Bernie Johnston, zu diesem Zeitpunkt noch Manager, ließ nichts unversucht, um Barrie wieder zurück an den Main zu holen. Und tatsächlich, der Kanadier kehrte nach Frankfurt zurück und bald auch war Johnston sein neuer Trainer. Obresa gehörte nie zu den Günstlingen von Bulldozer-Bernie (*„Ich werde alle Spieler mit dem Bulldozer in den Main schieben und wer die Kraft hat, wieder rauszukommen, bekommt einen*

Foto: Sauer

Die Frankfurt Lions – Der kommende Glamour-Club?

Mühlendorf

Hier wollen Sie wohnen.

Ca. 1000 Meter von Berlin-Zehlendorf entfernt liegt Mühlendorf, ein Stadtteil von Teltow. Mühlendorf besitzt einen 2,5 Hektar großen Park mit See und ist umgeben von 35 Hektar Wasserschutzgebiet. Das außergewöhnliche Architekturkonzept bietet ca. 130 Grundrisse und Fassaden in sieben verschiedenen Haustypen; also kein Wohnpark und keine Reihenhaussiedlung, sondern ein Idyll mit unverwechselbarem Flair und dem Charme gereifter Urbanität.

Informieren Sie sich
direkt vor Ort:

Mühlendorf
Marketing Center
Neißestraße 2, 14513 Teltow

Ein Projekt der Mühlendorf GmbH & Co.KG, eine Partnerschaft von:

BERLBAU

WestProject & Consult
Westdeutsche ImmobilienBank Gruppe

freecall **0800-18 49 411**

neuen Vertrag.“) und so kam eine kleinere Schwächeperiode des Teams in der Meisterrunde dem Kanadier gerade recht, um den ehemaligen DEB-Nationalspieler zu beerben. Am Ende der Meisterrunde fingen sich die Lions wieder und sie kämpften mit den Eisbären um den Platz an der Sonne und damit auch

Frankfurt ohne Saft und Kraft

um die Qualifikation für die Europaliga. Am Schluß mußten sie sich den Hauptstädtern nur aufgrund des Torverhältnisses geschlagen geben, hätte es wie in den Jahren davor den direkten Vergleich (2 Siege, 3 Unentschieden, 1 Niederlage) gegeben, die Frankfurter wären als erster in die Play-offs eingezogen. Nach dem Erfolg in Runde eins gegen die Hannover Scorpions, kam es im Halbfinale zu den brisanten, weil mit Derbycharakter versehenen, Duellen mit den Adler Mannheim. Die Hessen träumten schon vom Finale, besaß man doch immerhin in den wichtigen Spielen eins, drei und fünf Heimrecht. Doch schon nach zwei Begegnungen zeichnete sich ein schnelles Ende für die Frankfurter ab. 2:6 in eigener Halle, 1:5 in Mannheim, der Meister spielte seine Klasse aus und bestrafte jeden auch nur noch so kleinen Fehler gnadenlos. Im Spiel drei, dem überraschend letzten der Serie, bäumten sich die Lions nochmals auf und zwangen die Adler bis ins Penaltyschießen. Dabei hätten die Hessen eigentlich schon vorher als Sieger das Eis verlassen müssen, doch der Unparteiische verwehrte den Frankfurtern die Siegtreffer wegen angeblichen Torraumabseits. Im Fernsehen konnte man allerdings deutlich sehen, daß Charbonneau eindeutig vom Mannheimer Stephane Richer in den Torraum geschoben wurde. Sei's drum. Im Penaltyschießen behielt der Mannheimer Tomlinson in der entscheidenden Situation die Nerven – Sieg und Finale für die Adler, Saisonende dagegen in Frankfurt.

Foto: Sauer

Kassierten gleich sieben Tore in Berlin – die Cannibals!

Ende nach dem Halbfinale war ebenfalls für den EV Landshut. Als einer der Mitfavoriten in die Saison gestartet, konnte man mit dem Vordringen in die Vorschlußrunde zwar zufrieden sein, doch rechnete man sich gegen die Berliner Eisbären einiges aus. Vor der Spielzeit verpflichtete man mit Greg Brown, Chris Luongo, Marc Lamb, Dave McLlwain und

Landshut mit Mauertaktik ins Halbfinale

Dean Evason Spieler, die auf eine lange Karriere in der National Hockey League zurückblicken konnten. Sie sollten mit den alten Haudegen Mike Bullard, Wally Schreiber, Gino Cavallini, Mike Heidt und Petr Briza für den großen Erfolg sorgen. Und man spielte über das gesamte Jahr gesehen auch recht gut mit. Hier und da erlaubte sich das Team von Guy Charron den einen oder anderen Fehltritt (z.B. 5:7 in Rosenheim), am Ende erreichte man aber ohne Probleme die Meisterrunde. Dort rutschte man allerdings auf den letzten Platz ab, eine Folge daraus, daß die Mannschaft zu wenig Tore erzielte. Zwar stand auch die Abwehr wie Beton, doch reichten schon meist zwei oder drei Treffer des Gegners und die Punkte waren verloren. Verwunderlich, besaß doch kein anderes Team so viel erfahrene Spieler wie die Cannibals. Da kam das Weiterkommen in der ersten Play-off-Runde gegen die Kölner Haie schon ziemlich überraschend. Noch erstaunlicher, daß im zweiten Spiel die Landshuter auf neun Einschüsse verweisen konnten. Und auch im ersten Spiel der Halbfinalserie hagelte es beim 4:7 in Berlin für Landshuter Verhältnisse unnatürlich viele Tore. Nach dem sechsten Tor verließ Briza sein Gehäuse und machte Platz für Pavoni. Warum das hier erwähnt

DEL 1997/98

Tabelle Vorrunde

	Spiele	g	u	v	z	Tore	Punkte
1. Adler Mannheim	28	20	2	6	1	117:74	43
2. Düsseldorfer EG	28	20	0	8	0	113:88	40
3. EV Landshut	28	18	2	8	1	100:64	39
4. Frankfurt Lions	28	16	4	8	1	92:74	37
5. Eisbären Berlin	28	15	4	9	0	97:79	34
6. Kölner Haie	28	14	4	10	1	104:94	33
7. Krefeld Pinguine	28	14	2	12	1	85:84	31
8. Hannover Scorpions	28	12	3	13	2	98:96	29
9. SERC Wild Wings	28	11	5	12	2	98:100	29
10. Berlin Capitals	28	11	2	15	4	73:81	28
11. Kassel Huskies	28	10	2	16	3	82:86	25
12. Nürnberg Ice Tigers	28	9	2	17	2	93:107	22
13. ECR Revier Löwen	28	9	3	16	1	81:103	22
14. Augsburger Panther	28	10	0	18	2	78:107	22
15. Star Bulls Rosenheim	28	3	1	24	0	70:138	7

Tabelle Meisterrunde

1. Eisbären Berlin	48	27	6	15	1	179:139	61
2. Frankfurt Lions	48	27	6	15	1	160:126	61
3. Kölner Haie	48	26	6	16	2	160:147	60
4. Adler Mannheim	48	26	3	19	3	170:145	58
5. Düsseldorfer EG	48	27	1	20	2	166:164	57
6. EV Landshut	48	25	4	19	2	148:118	56

Tabelle Qualifikationsrunde

1. Hannover Scorpions	44	22	6	16	2	160:142	52
2. Berlin Capitals	44	19	7	18	4	136:119	49
3. SERC Wild Wings	44	19	5	20	3	157:148	46
4. Kassel Huskies	44	19	3	22	4	140:128	45
5. Krefeld Pinguine	44	18	6	20	1	126:141	43
6. Nürnberg Ice Tigers	44	18	4	22	2	158:154	42
7. Augsburger Panther	44	16	2	26	2	122:160	36
8. ECR Revier Löwen	44	14	4	26	1	132:184	33
9. Star Bulls Rosenheim	44	6	3	35	0	105:204	15

wird? Ganz einfach, weil windige Manager von einer unverständlichen Regelauslegung Gebrauch machten, die da aussagte, daß auch nach dem Transferschluß noch bis zum Beginn der Play-offs Torhüter verpflichtet werden konnten. Ursprünglich sicherlich einmal für Teams gedacht, dessen erster oder zweiter Goalie sich eine Verletzung zugezogen hatte. Doch genau dieser Passus fehlte und so kam es, daß der Schweizer Pavoni den jungen Marcus Nachtmann verdrängte und verärgerte, genauso wie Klaus Merk Christian Künast in Mannheim. EVL-Manager Max Fedra dazu: *„Und wenn man mich lynchen würde, ich würde es wieder so tun."* In Spiel zwei stand dann allerdings wieder der Tscheche Briza zwischen den Pfosten, genauso in der letzten Partie dieser Serie. Viermal nur mußte er insgesamt in den beiden Begegnungen hinter sich greifen, doch seine Stürmer erzielten nur noch ein einziges Törchen, einfach zu wenig, um nach Höherem zu greifen.

Bleiben noch die Mannheimer Adler. Fakt ist, mit ihnen ist zweifelsohne die beste und kompakteste Mannschaft Meister geworden. Das Spieljahr begann zwar mit einigen Problemen, erst im fünften Heimspiel gelang der erste Sieg, einige hochgelobte Neuzugänge (Darren Rumble, Daniel Marios, Dennis Chassé) verließen nach nur kurzer Zeit den Meister wieder und auch die EHL wollte

Alter und neuer Meister Mannheim

den Kurpfälzern nicht so richtig schmecken. Nach und nach kam der Adler aber in Gang und als man am 19. Spieltag erstmals an der Tabellenspitze stand, schien alles im Lot. Dann kam ein erhöhter Krankenstand vor der Olympiapause auf die Adler zu und das Team, meist nur noch aus zwölf, dreizehn Spielern bestehend, konnte nur vier von zehn Spielen gewinnen. Dann leistete sich der französische Nationalspieler Christian Pouget den Klops des Jahres. In seinem Urin wurden Spuren von Marihuana nachgewiesen. Pikant, das die Mannheimer auf ihrem Trikot mit dem Slogan „Keine Macht den Drogen" werben... Der Franzose wurde gesperrt, ebenso wie sein Landsmann Philippe Bozon, der aber wegen eines Stockstiches. Und mit Pavel Gross fiel ein wichtiger Mann wegen einer komplizierten Verletzung am Kopf aus. Zum Schluß der Meisterrunde fehlte dann ganz einfach die Kraft, an fünf Spieltagen ging es hinab auf Platz vier. Von hier aus starteten dann aber die Adler

Qualifikations-Play-offs
1. Runde (Best of five)
Hannover Scorpions – ECR Revier Löwen 3:0 (6:2, 5:2, 5:4)
Berlin Capitals – Augsburger Panther 1:3 (3:2, 1:3, 0:2, 1:4)
SERC Wild Wings – Nürnberg Ice Tigers 3:2 (6:2, 4:5 n.P., 5:2, 2:4, 6:2)
Kassel Huskies – Krefeld Pinguine 1:3 (3:5, 2:5, 5:3, 1:2)

2. Runde (Best of three)
Hannover Scorpions – Augsburger Panthers 2:0 (4:3, 5:2)
SERC Wild Wings – Krefeld Pinguine 1:2 (4:3, 2:6, 2:5)
Hannover und Krefeld haben sich für die Play-offs qualifiziert

Play-offs (Best of five)
Viertelfinale
Eisbären Berlin – Krefeld Pinguine 3:0 (4:3 n.V., 4:3 n.V., 5:1)
Frankfurt Lions – Hannover Scorpions 3:1 (4:3 n.V., 4:1, 2:4, 4:2)
Kölner Haie – EV Landshut 0:3 (3:4 n.V., 1:9, 3:4 n.P.)
Adler Mannheim – Düsseldorfer EG 3:0 (7:2, 4:3, 6:1)

Halbfinale
Eisbären Berlin – EV Landshut 3:0 (7:4, 2:1, 2:0)
Frankfurt Lions – Adler Mannheim 0:3 (2:6, 1:5, 2:3 n.P.)

Finale
Eisbären Berlin – Adler Mannheim 1:3 (0:2, 2:4, 8:7, 1:4)
Adler Mannheim Deutscher Meister 1998

Mannheim locker durch die Play-offs, gewannen sieben Mal in Folge. Marcus Kuhl, Manager der Adler meinte dazu treffend: *„Mit der Mannschaft ist es wie mit einer Ketchup-Flasche. Du drückst und drückst, aber es kommt nichts. Auf einmal aber kommt alles."* Fast sah es so aus, als ob wie im letzten Jahr keiner den Badenern eine Niederlage in der Endrunde beibringen könnte, bis der Eisbär Mikael Wahlberg den Höhenflug der Adler kurzzeitig stoppte. Doch am Ende hielt niemand die Adler auf – zweite Meisterschaft in Folge.

Freuen wir uns nun auf eine genauso abwechslungsreiche und spannende Saison 1998/99. Möge der Beste gewinnen, Hauptsache wir haben alle unseren Spaß an der „DEL – die 1. Bundesliga".

Michael Lachman

Meisterschaftsfeier in der Mannheimer Kabine
Foto: Sauer

Maren Valenti – Die erste Frau in der DEL?

Foto: Sauer

Das Trainergespann

John-Peter Lee und Hartmut Nickel im Kurzgespräch

John-Peter Lee erblickte am 02. Januar 1956 in Chester (Kanada) das Licht der Welt. Er ist geschieden und hat drei Kinder. Bevor er Eishockeyprofi wurde, lernte er an einer Geschäftsverwaltungsschule, ging jedoch nach zwei von vier Jahren ab. Sein Hobby ist Golf. Die Brauerei, die er in Kanada besaß, verkaufte er in diesem Sommer.

John-Peter Lee:
„Ich bin kein Diktator [...] Die Teamarbeit ist wichtig, das Ergänzen und Helfen sind die wichtigsten Punkte der Zusammenarbeit."

Hartmut Nickel wurde am 16. November 1944 in Weißwasser geboren. Er ist verheiratet, hat zwei Töchter und seit Anfang August auch einen Enkel. Nach dem Abitur wurde er an der DHfK in Leipzig zum Diplomsportlehrer ausgebildet und 1974 zum Trainer. Als Hobby nennt er seinen Garten.

Seit Mitte Dezember des vergangenen Jahres arbeiten John-Peter Lee und Hartmut Nickel in der jetzigen Konstellation zusammen. Dabei bekleidet John-Peter Lee den Posten des verantwortlichen - und Hartmut Nickel den des Co-Trainers. Obwohl Peter Lee der Chef ist, wird alles zusammen gemacht. *„Ich bin kein Diktator"*, führt er in unserem Gespräch aus. *„Die Teamarbeit ist wichtig, das Ergänzen und Helfen sind die wichtigsten Punkte der Zusammenarbeit."* Auch Hartmut Nickel betont die „Super-Arbeit". Dabei haben beide Spaß an ihrem Job. Sie hoben hervor, daß der Spaß, den sie selbst miteinander haben, wichtig für das Team ist. So überträgt sich dieses Klima auf die Spieler und deren Elan in Training und Spiel. *„Ein Spieler, der nicht gern in die Kabine geht oder gar Angst vor dem Mannschaftsraum hat, wird selten Topleistungen bringen"*, führt der Chefcoach aus. Um ein Resümee der letzten Saison gebeten, kommt vor allem zum Ausdruck, daß das Team mit dem 2. Platz in der Meisterschaft nicht zufrieden war. Vor allem aber sind beide Trainer glücklich, das Loch um das Continental-Cup-Halbfinale überstanden und die Meisterrunde erreicht zu haben. Beim Cup-Finale war vielleicht auch mehr drin, doch in dieser Phase fand die Mannschaft gerade erst wieder richtig zueinander. Ohne den Druck die Qualifikationsrunde spielen zu müssen, beeindruckte sie dann der erstaunliche Lauf, den das Team in der Meisterrunde hinlegte. Startete man doch vom 5.Platz mit neun Punkten Rückstand auf den Tabellenführer in die Doppelrunde und beendete diese als erster. Ebenso war die Konstanz der Leistungen ein Pluspunkt und diese wieder zu zeigen, ist auch ein erklärtes Ziel für diese Saison. *„Wir sind nie zu hoch oder zu tief gegangen. Ob in der Tabelle oder im Kopf und das muß auch weiter so sein. Gehst du zu hoch oder zu tief, bist du weg."*, erläutert Peter Lee. So soll ebenso wie in der abgelaufenen Saison eine Teilzielstrategie verfolgt werden, die folgendermaßen aussah: 1. Erreichen des 6.Platzes - direkte Qualifikation für die Play-offs; 2. Vor dem Viertelfinale mindestens vierter sein - ein Heimspiel mehr; 3. Nicht von der Meisterschaft träumen sondern konzentriert arbeiten um soweit wie möglich in den Play-offs zu kommen.

Das Ergebnis Vizemeister ist natürlich ein großer Erfolg, gerade aus den Finalspielen habe man dabei allerdings eine Menge gelernt. Zu den Abgängen äußert sich Peter Lee positiv: *„Sjögren war ein sehr guter Spieler, hatte aber Probleme mit seiner Familie. Die Trennung ist für beide Seiten gut, da ein Spieler, der keinen freien Kopf hat und nicht mit dem Herzen bei der Sache ist, negativ aufs Team wirkt und nicht leistungsfähig genug ist."* Nach der Trennung haben die Eisbären kein Problem im Team und Sjögren keine mit der Familie. Bei Magnus Roupe lag das Problem anders. Er hat in seiner Heimat nebenbei noch eine Arbeit, die er allerdings nur für zwei Spielzeiten aufgegeben hätte. Für einen Spieler seines Alters ohne Stammplatz, *„der*

Hartmut Nickel:
„Es existiert ein Zusammengehörigkeitsgefühl in diesem Team, das ich bisher in meiner Trainerlaufbahn noch nicht erlebt habe, egal ob bei Sven, der ja der einzige noch von hier ist, den anderen Deutschen oder Kanadiern, Schweden und Italienern. "

ständig von außen kommen muß", wie Peter Lee sagte, ist ein Zweijahresvertrag aber nicht mehr machbar. Über die Neuen kann er auch nicht klagen. Beide haben sich im Training voll reingehangen und besitzen eine positive Mentalität. Andi Brockmann ist ein Allrounder und kann im Sturm alles spielen. Bully Bullard ist ein hervorragender Offensivspieler und der Druck, der in Landshut auf ihm lastete, ist hier hoffentlich weg. Durch die Ausgeglichenheit im Eisbärensturm wird er genau wie die anderen Stürmer befreit spielen können, denn es fand sich trotz der Vizemeisterschaft keiner unserer Angreifer ganz vorn in der Scorer- bzw. Torjägerliste. Wie die Zusammensetzung der Reihen aussieht, konnten uns die beiden noch nicht verraten, da unser Gespräch in der ersten Trainingswoche stattfand. Es ist allerdings vorgesehen, mit vier Sturm- und drei Verteidigungsreihen zu spielen. Wenn es die Taktik erfordert oder Ausfälle zu beklagen sind (was wir natürlich nicht hoffen wollen), wird das System umgestellt. Ebenso will sich das Trainergespann taktisch vor allem am Gegner orientieren, da es ja das Zwei-Linien-Abseits nicht mehr gibt. Zwar hat man einige Varianten geprobt doch man will abwarten, wie die Gegner agieren. *„Läuferisch gibt es keine Probleme, da sind alle Varianten für unsere Spieler machbar"*, führt Hartmut Nickel aus. Peter Lee meint: *„Es gibt viele Möglichkeiten nach dieser Regel zu spielen, doch es gab auch bei diesem System schon Spiele, die 1:0 oder 1:1 endeten, eine Torgarantie ist das System nicht"*. Auch die Derbies waren ein Thema, da die Caps ja nun auch aufgerüstet haben. *„Ich habe in Düsseldorf so viele Derbies erlebt, da muß man ganz vorsichtig sein. Wenn ein Team zu motiviert war oder zuviel wollte, dann hat es auch verloren. Stimmt es im Kopf nicht, kannst Du ein Derby nicht gewinnen."* Aber das Problem der Übermotivation besteht nicht nur in den Derbies. Zu Zielen in der Europaliga befragt, antwortet der Chefcoach: *„Wir haben zwar eine starke Gruppe und wir müssen sehen, wie wir das verkraften, doch wir wollen unbedingt eine Runde weiter kommen. Vielleicht schaffen wir ja auch noch mehr."* Abschließend sieht Peter die größte Herausforderung der gerade begonnenen Spielzeit im psychischen Bereich. *„Der Druck von außen ist groß. Die Spieler müssen Charakter zeigen und beweisen, daß sie damit leben können. Sportlich haben sie das Zeug dazu, die gesteckten Ziele zu erreichen. Nun müssen sie das nur noch auf dem Eis umsetzen. Das ist ein großer Test fürs Team*

Pit Lee bedankt sich bei den Fans

Foto: Sauer

Hartmut Nickel:
„Kondition ist da und die Laktattests, die vor Trainingsbeginn Anfang August gemacht wurden, waren alle o.k. Man sieht, daß die Jungs den Sommer über gut gearbeitet haben.“

Foto: Sauer

Hartmut Nickel nachenklich

und seine Reife. Wir werden alles tun, um nichts Negatives in die Kabine zu lassen und den Druck von außen nicht noch zu erhöhen. Wir reden nicht über Play-offs und Meisterschaft nur über Nahziele. Wenn das Team jetzt sagen würde 'Wir sind ja schon so fast wieder im Finale', würde es wahrscheinlich nicht einmal die Play-offs erreichen.“ Hartmut sagt zum Schluß, daß es in der Mannschaft besonders charakterlich gut paßt. *„Kondition ist da und die Laktattests, die vor Trainingsbeginn Anfang August gemacht wurden, waren alle o.k. Man sieht, daß die Jungs den Sommer über gut gearbeitet haben. Unsere Arbeit mit der Mannschaft empfinde ich mehr wie ein Geben und Nehmen als ein Anweisen. Außerdem existiert ein Zusammengehörigkeitsgefühl in diesem Team, das ich bisher in meiner Trainerlaufbahn noch nicht erlebt habe, egal ob bei Sven, der ja der einzige noch von hier ist, den anderen Deutschen oder Kanadiern, Schweden und Italienern. Andererseits müssen wir darauf achten, daß die Jungs nicht übermütig werden. Im vorigen Jahr haben einige Mannschaften enttäuscht und die brennen jetzt auf Revanche. Vor allem könnten die Ergebnisse der letzten beiden Spielzeiten dazu geführt haben, daß alle gegen die Eisbären besonders heiß und motiviert sind, so wie bei Spielen gegen Bayern München im Fußball.“*
Ich für meinen Teil vertraue der Arbeit der beiden Trainer und hoffe, daß sie mit ihren Analysen und Strategien so oft wie möglich richtig liegen. In jedem Falle kann man sagen, daß die beiden zum Team gehören und voll akzeptiert sind, was ja nicht bei allen Coaches in der Vergangenheit der Eisbären so war.

Sven Wreh

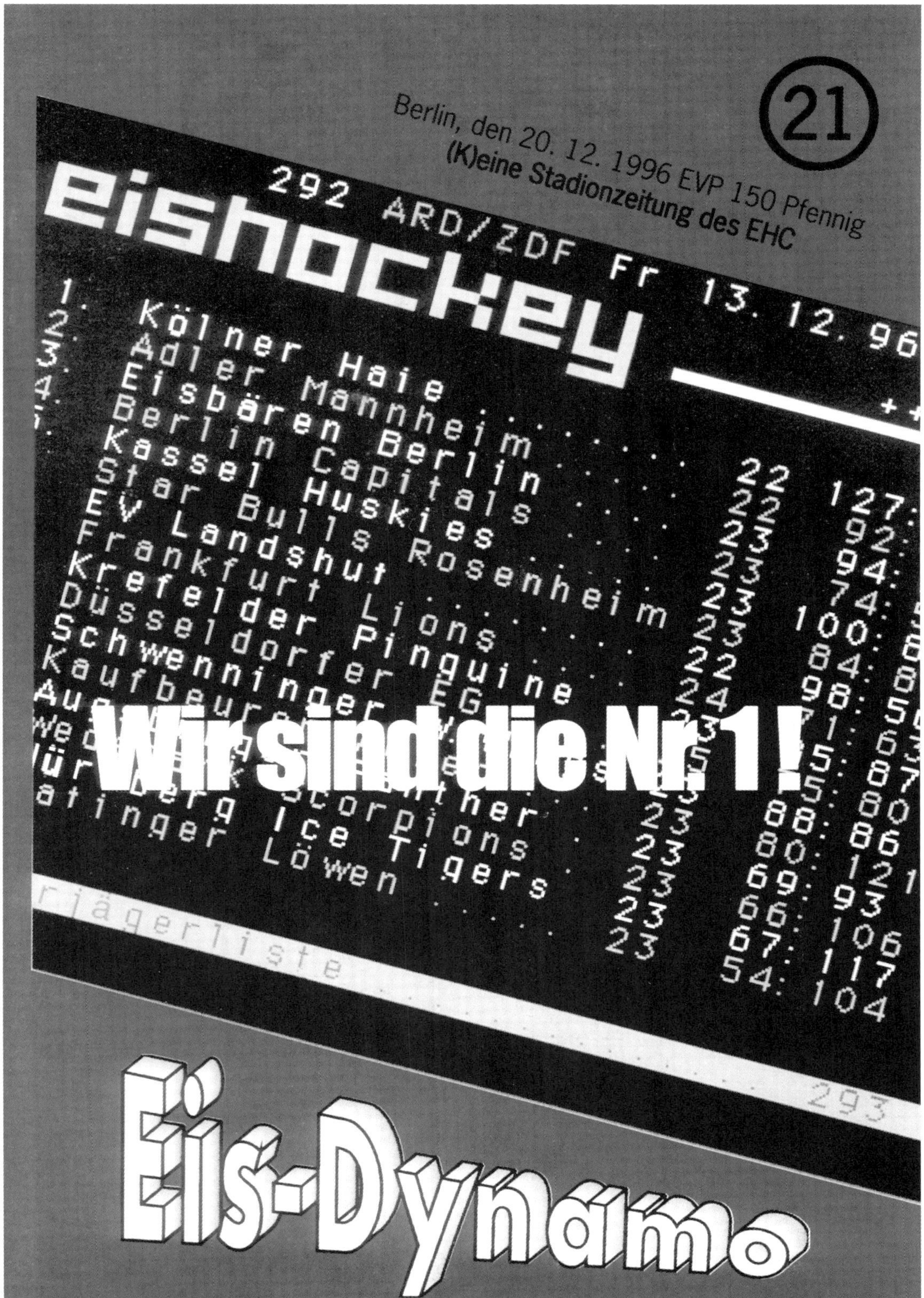
21
Berlin, den 20. 12. 1996 EVP 150 Pfennig
(K)eine Stadionzeitung des EHC
292 ARD/ZDF Fr 13. 12. 96
eishockey
Kölner Haie
Adler Mannheim
Eisbären Berlin
Berlin Capitals
Kassel Huskies
Star Bulls Rosenheim
EV Landshut
Frankfurt Lions
Krefelder Pinguine
Düsseldorfer EG
Schwenninger
Wir sind die Nr 1 !
Nürnberg Ice Tigers
Ratinger Löwen
293
Eis-Dynamo

Vorrunde Saison 1997/98

EHC Eisbären Berlin - Nürnberg Ice Tigers 7:2
(3:1, 4:1, 0:0)
Schiedsrichter: Schütz
Zuschauer: 4.552
Strafzeiten: Eisbären 16, Nürnberg 20
1:0 Steen 1 (6.) 2:0 Sjögren 1 (7. - PP) 3:0 Hede 1 (14.)
3:1 Horak (30.) 3:2 Kunce (22.) 4:2 Corriveau 1 (26.)
5:2 Steen 2 (32. - PP) 6:2 Hede 2 (36.) 7:2 Fortier 1 (36.)
Power Play: Eisbären 2 von 8, Nürnberg 0 von 6

Adler Mannheim - EHC Eisbären Berlin 2:2
(1:0, 1:2, 0:0)
Schiedsrichter: Slapke
Zuschauer: 7.500
Strafzeiten: Mannheim 18 + 10 (Ulrich), Eisbären 22
1:0 Marois (12.) 1:1 McKim 1 (22.) 1:2 Sjögren 2 (29.)
2:2 Pellegrims (33.)
Power Play: Mannheim 0 von 5, Eisbären 0 von 5

EHC Eisbären Berlin - Kölner Haie 4:1
(1:0, 2:1, 1:0)
Schiedsrichter: Bert
Zuschauer: 4.552
Strafzeiten: Eisbären 16, Köln 12
1:0 Leask 1 (16.) 1:1 Fisher (24. - PP (Steen)) 2:1 Felski 1 (27.) 3:1 Cowie 1 (28.) 4:1 Andrusak 1 (52.)
Power Play: Eisbären 0 von 4, Köln 1 von 5

Kaufbeurer Adler - EHC Eisbären Berlin 2:5
(0:1, 1:1, 1:3)
Schiedsrichter: Lichtnecker
Zuschauer: 2.790
Strafzeiten: Kaufbeuren 14, Eisbären 18
0:1 Sjögren 3 (9.) 0:2 Svensson 1 (23.) 1:2 Sparks (35. - PP (Cowie)) 2:2 Letang (42.) 2:3 Sjögren 4 (45. - PP)
2:4 McKim 2 (59.) 2:5 Wahlberg 1 (60.)
Power Play: Kaufbeuren 1 von 5, Eisbären 1 von 3

EHC Eisbären Berlin - Hannover Scorpions 6:0
(3:0, 0:0, 3:0)
Schiedsrichter: van de Fenn
Zuschauer: 4.523
Strafzeiten: Eisbären 6, Hannover 14
1:0 Sjögren 5 (6.) 2:0 Svensson 2 (11.) 3:0 Svensson 3 (14.) 4:0 Steen 3 (42.) 5:0 Sjögren 6 (45. - PP)
6:0 Hede 3 (52.)
Power Play: Eisbären 1 von 6, Hannover 0 von 2

Krefelder Pinguine - EHC Eisbären Berlin 2:4
(0:1, 1:1, 1:2)
Schiedsrichter: Schimm
Zuschauer: 3.185
Strafzeiten: Krefeld 6, Eisbären 8
0:1 Sjögren 7 (10.) 1:1 Klima (33.) 1:2 Govedaris 1 (34.)
1:3 Govedaris 2 (48.) 2:3 Walker (53.) 2:4 Chitaroni 1 (60.)
Power Play: Krefeld 0 von 3, Eisbären 0 von 2

EHC Eisbären Berlin - Augsburger Panther 3:2
(0:1, 2:0, 1:1)
Schiedsrichter: Rademaker
Zuschauer 4.635
Strafzeiten: Eisbären 16, Augsburg 14
0:1 H. Birk (5.) 1:1 Sjögren 8 (30.) 2:1 Hede 4 (37.)
2:2 Moeser (43.) 3:2 Mayer 1 (46.)
Power Play: Eisbären 0 von 1, Augsburg 0 von 2

Düsseldorfer EG - EHC Eisbären Berlin 6:4
(3:3, 1:1, 2:0)
Schiedsrichter: Hellwig
Zuschauer: 7.000
Strafzeiten: Düsseldorf 16, Eisbären 14
0:1 Sjögren 9 (2. - PP) 1:1 Hegen (15. - PP (Andrusak))
1:2 Leask 2 (16.) 1:3 Sjögren 10 (17.) 2:3 Marcinyshin (17.)
3:3 Lilley (20. - PP (Mayer)) 4:3 Mondt (28.)
4:4 McKim 3 (40.) 5:4 Sherven (45.) 6:4 Miller (59.)
Power Play: Düsseldorf 2 von 4, Eisbären 1 von 5

EHC Eisbären Berlin - Schwenninger Wild Wings 3:1
(1:0, 1:1, 1:0)
Schiedsrichter: Dimmers
Zuschauer: 4.635
Strafzeiten; Eisbären 12 + 10 (Wahlberg), Schwenningen 20 + 10 (Schneider)
1:0 Corriveau 2 (12. - PP) 2:0 Govedaris 3 (25.)
2:1 MacKay (40.) 3:1 Chitaroni 2 (49.)
Power Play: Eisbären 1 von 6, Schwenningen 0 von 2

EHC Eisbären Berlin - Frankfurt Lions 2:2
(1:0, 1:0, 0:2)
Schiedsrichter: Müller
Zuschauer: 4.635
Strafzeiten: Eisbären 10, Frankfurt 10
1:0 Mayer 2 (1.) 2:0 Cowie 2 (21.) 2:1 Snell (44.)
2:2 Vorobjev (45.)
Power Play: Eisbären 0 von 3, Frankfurt 0 von 3

EV Landshut - EHC Eisbären Berlin 6:1
(2:1, 2:0, 2:0)
Schiedsrichter: Müller
Zuschauer: 5.114
Strafzeiten: Landshut 18, Eisbären12
0:1 F. Funk 1 (4.) 1:1 Lamb (9. - PP (Durdle)) 2:1 Junker (12.) 3:1 Bullard 4:1 Cavallini (36.) 5:1 Hurtig (43.)
6:1 Bullard (56.)
Power Play: Landshut 1 von 5, Eisbären 0 von 9

Kölner Haie - EHC Eisbären Berlin 4:3
(1:1, 3:2, 0:0)
Schiedsrichter: Chvatal
Zuschauer: 5.700
Strafzeiten Köln 20, Eisbären 22 + 10 (Cowie)
1:0 Lüdemann (8. - PP (Roupe)) 1:1 Svensson 4 (9.)
1:2 Svensson 5 (23. - PP) 1:3 Sjögren 11 (25. - PP)
2:3 Lüdemann (35. - PP (Carlsson)) 3:3 Momesso (37. - PP (Biafore)) 4:3 Glynn (40.)
Power Play: Köln 2 von 9, Eisbären 2 von 7

Kassel Huskies - EHC Eisbären Berlin 2:3 n.V.
(0:2, 2:0, 0:0)
Schiedsrichter: Dimmers
Zuschauer 5.404
Strafzeiten: Kassel 6, Eisbären 8
0:1 Roupe 1 (8.) 0:2 Sjögren 12 (19.) 1:2 Hansson (24. - PP (Biafore)) 2:2 Johnston (35.) 2:3 Chitaroni 3 (64.)
Power Play: Kassel 1 von 4, Eisbären 0 von 2

EHC Eisbären Berlin - Kaufbeurer Adler 6:1
(3:1, 1:0, 2:0)
Schiedsrichter: Schütz
Zuschauer: 3.000
Strafzeiten: Eisbären 8 + 5 (Biafore) + 20 (Biafore), Kaufbeuren 12 + 5 (Burgess) + 20 (Burgess)
1:0 L. Funk 1 (10.) 2:0 Sjögren 13 (11. - PP) 2:1 McLeod (11.) 3:1 Steen 4 (15.) 4:1 Govedaris 4 (35.) 5:1 Roupe 2 (45.) 6:1 Sjögren 14 (51. - PP)
Power Play: Eisbären 2 von 6, Kaufbeuren 0 von 3

Berlin Capitals - EHC Eisbären Berlin 5:6 n.V.
(2:2, 2:1, 1:2)
Schiedsrichter: Slapke
Zuschauer: 6.425
Strafzeiten: Capitals 10, Eisbären 14
0:1 Chitaroni 4 (1.) 1:1 Kathan (4.) 1:2 Wahlberg 2 (10.)
2:2 Bellows (12. - PP (Govedaris)) 3:2 Poulin (24.)
3:3 Corriveau 3 (30.) 4:3 Bellows (35. - PP (Cowie))
4:4 Cowie 3 (43. - PP) 5:4 Chitaroni 5 (48. - PP)
5:5 Bellows (58. - PP (Sjögren)) 5:6 Govedaris 5 (63.)
Power Play: Capitals 3 von 6, Eisbären 2 von 4

EHC Eisbären Berlin - Revier Löwen 4:2
(2:2, 1:0, 1:0)
Schiedsrichter: Lichtneker
Zuschauer: 3.100
Strafzeiten: Eisbären 14, Löwen 18 + 10 (Dubois)
0:1 Lievers (1.) 1:1 Corriveau 4 (10. - PP) 2:1 Carlsson 1 (12. - PP) 2:2 Turgeon (20. - PP (L. Funk)) 3:2 Andrusak 2 (40. - PP) 4:2 Wahlberg 3 (46.)
Power Play: Eisbären 3 von 7, Löwen 1 von 5

Nürnberg Ice Tigers - EHC Eisbären Berlin 3:6
(0:2, 1:1, 2:3)
Schiedsrichter: Slapke
Zuschauer: 2.056
Strafzeiten: Nürnberg 4 + 10 (Mikoultchik), Eisbären 14
0:1 Sjögren 15 (2.) 0:2 Corriveau 5 (11.) 0:3 Govedaris 6 (23.) 1:3 Cierny (40.) 1:4 McKim 4 (41.) 2:4 Horak (44.)
3:4 Eriksson (47.) 3:5 Hede 5 (58.) 3:6 Chitaroni 6 (59.)
Power Play: Nürnberg 0 von 4, Eisbären 0 von 3

EHC Eisbären Berlin - Star Bulls Rosenheim 6:1
(3:0, 2:0, 1:1)
Schiedsrichter: Dimmers
Zuschauer: 4.624
Strafzeiten: Eisbären 10 + 5 (Chitaroni) + 20 (Chitaroni), Rosenheim 14 + 5 (Rymsha) + 10 (Murphy) + 20 (Rymsha)
1:0 Svensson 6 (3.) 2:0 Govedaris 7 (11.) 3:0 Chitaroni 7 (14.) 4:0 Corriveau 6 (24. - PP) 5:0 Svensson 7 (34.)
5:1 Bissett (44.) 6:1 Govedaris 8 (47.)
Power Play: Eisbären 1 von 6, Rosenheim 0 von 4

Hannover Scorpions - EHC Eisbären Berlin 4:2
(1:0, 1:0, 2:2)
Schiedsrichter: Rademaker
Zuschauer: 3.340
Strafzeiten: Hannover 12, Eisbären 14 + 10 (Mayer)
1:0 Haas (5.) 2:0 Fogarty (24. - PP (Steen)) 2:1 Chitaroni 8 (46.) 3:1 Pederson (48.) 3:2 Svensson 8 (56. - PP)
4:2 West (59.)
Power Play: Hannover 1 von 6, Eisbären 1 von 4

EHC Eisbären Berlin - Krefelder Pinguine 1:2
(0:0, 0:1, 1:1)
Schiedsrichter: Trainer
Zuschauer 4.320
Strafzeiten: Eisbären 20 + 10 (Mayer), Krefeld 18 + 5 (Kovalev) + 20 (Kovalev)
0:1 Kovalev (27.) 0:2 Eisenhut (51.) 1:2 Mayer 3 (57.)
Power Play: Eisbären 0 von 3, Krefeld 0 von 4

Augsburger Panther - EHC Eisbären Berlin 3:2
(1:0, 0:1, 2:1)
Schiedsrichter: Chvatal
Zuschauer: 3.893
Strafzeiten: Augsburg 16, Eisbären 10
1:0 Rioux (17.) 1:1 Hede 6 (38.) 1:2 Govedaris 9 (41.)
2:2 H. Birk (47.) 3:2 Creighton (59.)
Power Play: Augsburg 0 von 3, Eisbären 0 von 6

EHC Eisbären Berlin - Düsseldorfer EG 2:5
(1:2, 1:2, 0:1)
Schiedsrichter: Lichtneker
Zuschauer: 4.635
Strafzeiten: Eisbären 8, Düsseldorf 14 + 5 (Doucet) + 20

(Doucet)
1:0 Rhodin 1 (6.) 1:1 Lilley (14.) 1:2 Hegen (15.) 1:3 Stefan (26.) 1:4 Kühnhauser (35.) 2:4 Govedaris 10 (35.)
2:5 Hegen (59.)
Power Play: Eisbären 0 von 5, Düsseldorf 0 von 1

Star Bulls Rosenheim - EHC Eisbären Berlin 1:6
(0:0, 0:1, 1:5)
Schiedsrichter: Slapke
Zuschauer: 2.300
Strafzeiten: Rosenheim 10, Eisbären 10
0:1 Corriveau 7 (36.) 0:2 Felski 2 (44.) 0:3 Sjögren 16 (45.)
0:4 Durdle 1 (46.) 0:5 Fortier 2 (48.) 0:6 Roupe 3 (50.)
1:6 Torkki (58.)
Power Play: Rosenheim 0 von 5, Eisbären 0 von 5

EHC Eisbären Berlin - Adler Mannheim 3:3
(3:1, 0:1, 0:1)
Schiedsrichter: van de Fenn
Zuschauer 4.000
Strafzeiten: Eisbären 4, Mannheim 8
0:1 Guay (10.) 1:1 Wahlberg 4 (11.) 2:1 Felski 3 (19.)
3:1 Roupe 4 (20.) 3:2 Bozon (40.) 3:3 Tomlinson (41. - PP (L. Funk))
Power Play: Eisbären 0 von 3, Mannheim 1 von 2

Revier Löwen - EHC Eisbären Berlin 2:4
(0:1, 1:0, 1:3)
Schiedsrichter: Bertl
Zuschauer: 2.466
Strafzeiten: Löwen 8, Eisbären 6 + 10 (Felski)
0:1 McKim 5 (8.) 1:1 Lievers (21.) 2:1 Larose (47.)
2:2 Rhodin 2 (52.) 2:3 Chitaroni 9 (58.) 2:4 L. Funk 2 (60.)
Power Play: Löwen 0 von 2, Eisbären 0 von 3

Frankfurt Lions - EHC Eisbären Berlin 7:2
(3:1, 3:0, 1:1)
Schiedsrichter: Lichtneker
Zuschauer: 7.000
Strafzeiten: Frankfurt 28, Eisbären 24
1:0 Porkka (4.) 2:0 Chabot (5.) 2:1 Govedaris 11 (6.)
3:1 Charbonneau (10.) 4:1 Kirton (33.) 5:1 Palmer (36.)
6:1 Palmer (40.) 6:2 Fortier 3 (48.) 7:2 Askew (49.)
Power Play: Löwen 0 von 4, Eisbären 0 von 5

EHC Eisbären Berlin - EV Landshut 3:3
(2:2, 1:1, 0:0)
Schiedsrichter: Chvatal
Zuschauer: 3.635
Strafzeiten: Eisbären 10, Landshut 14
0:1 Cavallini (2. - PP (Chitaroni)) 1:1 Fortier 4 (6. - PP)
2:1 Felski 4 (19.) 2:2 Evason (20.) 2:3 Cavallini (31.)
3:3 Sjögren 17 (37.)
Power Play: Eisbären 1 von 4, Landshut 0 von 3

EHC Eisbären Berlin - Berlin Capitals 2:4
(0:0, 1:1, 1:3)
Schiedsrichter: Lichtneker
Zuschauer: 4.635
Strafzeiten: Eisbären 10, Capitals 14
0:1 Alston (25. - PP (Durdle)) 1:1 Chitaroni 10 (34. - PP)
2:1 Govedaris 12 (42.) 2:2 Schinko (44.) 2:3 Ustorf (57. - PP (Govedaris)) 2:4 Tanti (60.)
Power Play: Eisbären 1 von 6, Capitals 2 von 4

Schwenninger Wild Wings - EHC Eisbären Berlin 2:3
(1:2, 1:1, 0:0)
Schiedsrichter: Bertl
Zuschauer: 4.850
Strafzeiten: Schwenningen 10, Eisbären 16 + 10 (Corriveau)
0:1 Steen 5 (3.) 1:1 Stevens (5.) 1:2 Svensson 9 (17.)
1:3 McKim 6 (27.) 2:3 Laperriere (31. - PP (Corriveau))
Power Play: Schwenningen 1 von 7, Eisbären 0 von 3

EHC Eisbären Berlin - Kassel Huskies 3:2
(0:0, 1:2, 2:0)
Schiedsrichter: Rademacher
Zuschauer: 4.635
Strafzeiten: Eisbären 4, Kassel 10
0:1 Öhmann (21.) 0:2 Loney (30. - PP (Brunetta))
1:2 Cowie 4 (37. - PP) 2:2 Wahlberg 5 (48. - PP)
3:2 Cowie 5 (57.)
Power Play: Eisbären 2 von 5, Kassel 1 von 2

Meisterrunde Saison 1997/98

Kölner Haie - EHC Eisbären Berlin 5:4 n.V.
(1:2, 0:0, 3:2)
Schiedsrichter: Lichtneker
Zuschauer: 5.200
Strafzeiten: Köln 4, Eisbären 6
1:0 Momesso (7.) 1:1 Mayer 4 (10.) 1:2 Chitaroni 11 (13.)
2:2 Zarrillo (48.) 2:3 Cowie 6 (49.) 3:3 Draisaitl (51.)
4:3 Forslund (55. - PP (Fortier)) 4:4 McKim 7 (59. - PP)
5:4 Wilson (61.)
Power Play: Köln 1 von 3, Eisbären 1 von 2

Düsseldorfer EG - EHC Eisbären Berlin 6:4
(1:0, 1:3, 4:1)
Schiedsrichter: Lichtneker
Zuschauer: 7.300
Strafzeiten: Düsseldorf 6, Eisbären 12 + 10 (Mayer)
1:0 Hegen (18. - PP (Teamstrafe)) 1:1 Rhodin 3 (23.)
1:2 Govedaris 13 (25. - PP) 2:2 Hegen (38.) 2:3 Wahlberg 6 (39.) 3:3 Hegen (44.) 4:3 Miller (55. - PP (Mayer))
5:3 van Kessel (55.) 5:4 Wahlberg 7 (58.) 6:4 Bergen (59.)
Power Play: Düsseldorf 2 von 5, Eisbären 1 von 2

EHC Eisbären Berlin - EV Landshut 3:2
(3:0, 0:2, 0:0)
Schiedsrichter: Kluge
Zuschauer: 4.200
Strafzeiten: Eisbären 10, Landshut 14
1:0 McKim 8 (2. - PP) 2:0 Cowie 7 (5.) 3:0 Corriveau 8 (11.) 3:1 McLlwain (34.) 3:2 Hurtig (35.)
Power Play: Eisbären 1 von 5, Landshut 0 von 3

EV Landshut - EHC Eisbären Berlin 2:1
(2:0, 0:1, 0:0)
Schiedsrichter: Chvatal
Zuschauer: 3.752
Strafzeiten: Landshut 22 + 5 (Schreiber) + 10 (Cavallini) + 20 (Schreiber), Eisbären 22 + 5 (Chitaroni) + 20 (Chitaroni)
1:0 Schreiber (15. - PP) 2:0 McLlwain (17. - PP) 2:1 Govedaris 14 (35.)
Power Play: Landshut 2 von 5, Eisbären 0 von 5

Adler Mannheim - EHC Eisbären Berlin 4:7
(1:2, 3:2, 0:3)
Schiedsrichter: Trainer
Zuschauer: 8.000
Strafzeiten: Mannheim 14, Eisbären 20 + 20 (Rhodin)
1:0 Stanton (11.) 1:1 Cowie 8 (19. - PP) 1:2 Sjögren 18 (20.) 1:3 Carlsson 2 (29.) 2:3 Kalt (32.) 3:3 Gross (37. - PP (Biafore)) 4:3 Pasco (38.) 4:4 Govedaris 15 (40.) 4:5 Felski 5 (42.) 4:6 McKim 9 (52.) 4:7 Fortier 5 (60. - PP)
Power Play: Mannheim 1 von 7, Eisbären 2 von 4

EHC Eisbären Berlin - Kölner Haie 4:3 n.V.
(1:1, 1:0, 1:2)
Schiedsrichter: Chvatal
Zuschauer: 3.900
Strafzeiten: Eisbären 4, Köln 8
1:0 Carlsson 3 (3.) 1:1 Zarrillo (15.) 2:1 McKim 10 (19. - PP) 2:2 Norris (42.) 3:2 Hede 7 (44.) 3:3 Forslund (54.) 4:3 Sjögren 19 (64.)
Power Play: Eisbären 1 von 3, Köln 0 von 1

Frankfurt Lions - EHC Eisbären Berlin 3:3
(1:0, 1:1, 1:2)
Schiedsrichter: Bertl
Zuschauer: 6.800
Strafzeiten: Frankfurt 6, Eisbären 8
1:0 Marcoux (19.) 2:0 Palmer (31.) 2:1 Felski 6 (37.) 2:2 Cowie 8 (41.) 3:2 Chabot (47.) 3:3 Govedaris 16 (53.)
Power Play: Frankfurt 0 von 3, Eisbären 0 von 2

EHC Eisbären Berlin - Frankfurt Lions 5:3
(1:1, 2:2, 2:0)
Schiedsrichter: Kluge
Zuschauer: 4.325
Strafzeiten: Eisbären 14, Landshut 14
0:1 Millar (5. - PP (Felski)) 1:1 Svensson 10 (20.) 1:2 Chabot (24.) 2:2 Chitaroni 12 (24.) 2:3 Vilgrain (30. - PP (Wahlberg)) 3:3 Hede 8 (39. - PP) 4:3 McKim 11 (45.) 5:3 Cowie 9 (59.)
Power Play: Eisbären 1 von 5, Frankfurt 2 von 5

EV Landshut - EHC Eisbären Berlin 3:1
(1:0, 1:1, 1:0)
Schiedsrichter: Slapke
Zuschauer: 4.289
Strafzeiten: Landshut 6, Eisbären 14 + 10 (Cowie) + 20 (Cowie)
1:0 Kaski (20.) 1:1 Felski 7 (22.) 2:1 Kaski (37. - PP (Chitaroni)) 3:1 Hurtig (60. - PP)
Power Play: Landshut 2 von 5, Eisbären 0 von 2

EHC Eisbären Berlin - Düsseldorfer EG 10:3
(2:1, 3:2, 5:0)
Schiedsrichter: Trainer
Zuschauer: 4.635
Strafzeiten: Eisbären 20, Düsseldorf 26 + 10 (Gordiouk)
0:1 Peacock (12.) 1:1 Govedaris 17 (14. - PP) 2:1 McKim 12 (20. - PP) 3:1 Durdle 2 (23.) 4:1 Govedaris 18 (32. - PP) 4:2 Bergen (34. - PP (Roupe)) 5:2 Govedaris 19 (36.) 5:3 Brandl (37. - PP (Sjögren)) 6:3 Sjögren 20 (45. - PP) 7:3 Svensson 11 (47.) 8:3 Corriveau 9 (51. - PP) 9:3 Biafore 1 (52.) 10:3 Sjögren 21 (60.)
Power Play: Eisbären 5 von 10, Düsseldorf 2 von 7

EHC Eisbären Berlin - Düsseldorfer EG 5:2
(2:2, 1:0, 2:0)
Schiedsrichter: Chvatal
Zuschauer: 4.635
Strafzeiten: Eisbären 8, Düsseldorf 8
1:0 Sjögren 22 (6. - PP) 2:0 McKim 13 (12. - PP) 2:1 Peacock (17. - PP (Leask)) 2:2 Hegen (19. - PP (Corriveau)) 3:2 Wahlberg 8 (35.) 4:2 McKim 14 (56.) 5:2 Felski 8 (58.)
Power Play: Eisbären 2 von 4, Düsseldorf 2 von 4

Kölner Haie - EHC Eisbären Berlin 0:4
(0:2, 0:0, 0:2)
Schiedsrichter: Hellweg
Zuschauer: 5.855
Strafzeiten: Köln 6, Eisbären 10
0:1 McKim 15 (4. - PP) 0:2 Svensson 12 (13.) 0:3 Svensson 13 (49.) 0:4 Sjögren 23 (57.)
Power Play: Eisbären 1 von 1, Köln 0 von 3

EHC Eisbären Berlin - Adler Mannheim 5:4
(2:1, 2:2, 1:1)
Schiedsrichter: Schimm
Zuschauer: 4.130
Strafzeiten: Eisbären 16 + 5 (Mayer) + 20 (Mayer) + 10

(Felski), Mannheim 14 + 5 (Posma) + 20 (Posma) + 5 (Pasco) + 20 (Pasco)
0:1 Kalt (7.) 1:1 Mayer 5 (8. - PP) 2:1 Sjögren 24 (8. - PP) 3:1 Corriveau 10 (29. - PP) 3:2 Pouget (31.) 4:2 Sjögren 25 (35.) 4:3 Pellegrims (36.) 4:4 Pouget (42.) 5:4 Wahlberg 9 (57.)
Power Play: Eisbären 3 von 4, Mannheim 0 von 4

Düsseldorfer EG - EHC Eisbären Berlin 4:3 (1:2, 3:0, 0:1)
Schiedsrichter: Trainer
Zuschauer: 7.129
Strafzeiten: Düsseldorf 14 + 5 (Peacock) + 20 (Peacock) + 10 (Insam), Eisbären 20 + 5 (L. Funk) + 20 (L. Funk) + 5 (Andrusak) + 20 (Andrusak) + 10 (Chitaroni) + 20 (Chitaroni)
0:1 McKim 16 (2.) 0:2 Rhodin 4 (16. - PP) 1:2 Doucet (19. - PP (Svensson)) 2:2 Gordiouk (21.) 3:2 Boyer (26.) 4:2 van Kessel (39. - PP (Andrusak)) 4:3 McKim 17 (42.)
Power Play: Düsseldorf 2 von 9, Eisbären 1 von 6

EHC Eisbären Berlin - EV Landshut 2:1 (1:0, 0:1, 1:0)
Schiedsrichter: Chvatal
Zuschauer: 4.635
Strafzeiten: Eisbären 14, Landshut 18
1:0 Sjögren 26 (5.) 1:1 Hurtig (30.) 2:1 Corriveau 11 (56.)
Power Play: Eisbären 0 von 5, Landshut 0 von 3

Adler Mannheim - EHC Eisbären Berlin 1:4 (1:0, 0:2, 0:2)
Schiedsrichter: Hellweg
Zuschauer: 6.500
Strafzeiten: Mannheim 20, Eisbären 18
1:0 Tomlinson (12.) 1:1 Hede 9 (34.) 1:2 Govedaris 20 (40.) 1:3 Hede 10 (50.) 1:4 Svensson 14 (60.)
Power Play: Mannheim 0 von 5, Eisbären 0 von 4

EHC Eisbären Berlin - Kölner Haie 10:4 (3:2, 4:2, 3:0)
Schiedsrichter: Lichtneker
Zuschauer: 4.635
Strafzeiten: Eisbären 28 + 10 (Wahlberg), Köln 34 + 5 (Zarrillo) + 20 (Zarrillo)
1:0 Felski 9 (8.) 2:0 Corriveau 12 (9. - PP) 2:1 Lüdemann (15.) 3:1 Svensson 15 (16. - PP) 3:2 Franzen (19.) 4:2 Felski 10 (22.) 4:3 Lüdemann (23.) 5:3 L. Funk 3 (24.) 6:3 Andrusak 3 (24.) 7:3 Mayer 6 (30.) 7:4 Lüdemann (36. - PP (Biafore)) 8:4 Wahlberg 10 (42. - PP) 9:3 Rhodin 5 (48. - PP) 10:3 Mayer 7 (51.)
Power Play: Eisbären 3 von 11, Köln 1 von 6

EHC Eisbären Berlin - Frankfurt Lions 2:2 (0:2, 1:0, 1:0)
Schiedsrichter: Chvatal
Zuschauer: 3.800
Strafzeiten: Eisbären 2, Frankfurt 6
0:1 Vorobjev (2.) 0:2 Palmer (19.) 1:2 Wahlberg 11 (37.) 2:2 Fortier 6 (55.)
Power Play: Eisbären 0 von 3, Frankfurt 0 von 1

Frankfurt Lions - EHC Eisbären Berlin 7:2 (4:0, 3:1, 0:1)
Schiedsrichter: Trainer
Zuschauer: 6.900
Strafzeiten: Frankfurt 28, Eisbären 22
1:0 Chabot (2.) 2:0 Sweeney (2.) 3:0 Barrie (8. - PP (Govedaris)) 4:0 Vorobjew (13.) 5:0 Bresagk (24.) 6:0 Barrie (28.) 7:0 Snell (34.) 7:1 Fortier 7 (36. - PP) 7:2 Svensson 16 (50. - PP)
Power Play: Frankfurt 1 von 4, Eisbären 2 von 7

EHC Eisbären Berlin - Adler Mannheim 3:1 (0:1, 1:0, 2:0)
Schiedsrichter: Slapke
Zuschauer: 4.685
Strafzeiten: Eisbären 10, Mannheim 10
0:1 Richer (15. - PP (Biafore)) 1:1 Chitaroni 13 (24.) 2:1 Svensson 17 (39.) 3:1 Fortier 8 (60.)
Power Play: Eisbären 0 von 3, Mannheim 1 von 3

Play-offs Saison 1997/98

EHC Eisbären Berlin - Krefelder Pinguine 4:3 n.V. (1:1,1:2,1:0)
Schiedsrichter: Lichtneker
Zuschauer: 4.000
Strafzeiten: Eisbären 8, Krefeld 14
1:0 Mayer 1 (16.) 1:1 Walker (19.) 1:2 Walker (27.) 1:3 Hanlon (32.) 2:3 Hede 1 (36.) 3:3 Cowie 1 (45. - PP) 4:3 McKim 1 (65.)
Power Play: Eisbären 1 von 4, Krefeld 0 von 2

Krefelder Pinguine - EHC Eisbären Berlin 3:4 n.V. (0:0, 1:2, 2:1)
Schiedsrichter: Slapke
Zuschauer: 5.076
Strafzeiten: Krefeld 14 + 10 (Hanlon), Eisbären 18 + 10 (Chitaroni)
0:1 Svensson 1 (23.) 0:2 Hede 2 (23. - Penalty) 1:2 Liimatainen (38. - PP (Chitaroni)) 1:3 McKim 2 (51. - PP) 2:3 Eisenhut (57. - PP (Corriveau)) 3:3 Bartalone (60.) 3:4 Chitaroni 1 (63.)
Power Play: Krefeld 1 von 7, Eisbären 1 von 6

EHC Eisbären Berlin - Krefelder Pinguine 5:1 (0:0, 1:1, 4:0)
Schiedsrichter: Chvatal

Zuschauer: 4.685
Strafzeiten: Eisbären 2, Krefeld 4
0:1 Kovalew (24.) 1:1 Leask 1 (32.) 2:1 L. Funk 1 (44.)
3:1 Govedaris 1 (53.) 4:1 Leask 2 (54.) 5:1 Steen 1 (59.)
Power Play: Eisbären 0 von 2, Krefeld 0 von 1

EHC Eisbären Berlin - EV Landshut 7:4
(2:2, 2:1, 3:1)
Schiedsrichter: Hellwig
Zuschauer: 4.635
Strafzeiten: Eisbären 20, Landshut 26
1:0 Steen 2 (8.) 1:1 Lamb (12.) 2:1 Cowie 2 (16. - PP)
2:2 Bullard (19. - PP (Andrusak)) 3:2 Govedaris 2 (26.)
3:3 Lamb (35.) 4:3 McKim 3 (39. - PP) 5:3 Svensson 2
(41.) 6:3 Rhodin 1 (45.) 6:4 Bullard (49. - PP (Hede))
7:4 Chitaroni 2 (54.)
Power Play: Eisbären 1 von 8, Landshut 2 von 5

EV Landshut - EHC Eisbären Berlin 1:2
(0:1, 1:0, 0:1)
Schiedsichter: Müller
Zuschauer: 6.397
Strafzeiten: Landshut 16 + 5 (Cavallini)+ 10 (Johnson)
+ 20 (Cavallini), Eisbären 16 + 5 (Biafore) + 20 (Biafore)
0:1 Corriveau 1 (11.) 1:1 Rosen (39. - PP (Fortier))
1:2 Hede 3 (48. - PP)
Power Play: Landshut 1 von 7, Eisbären 1 von 7

EHC Eisbären Berlin - EV Landshut 2:0
(0:0, 2:0, 0:0)
Schiedsrichter: Slapke
Zuschauer: 4.685
Strafzeiten: Eisbären 10, Landshut 16
1:0 Fortier 1 (26.) 2:0 McKim 4 (34. - PP)
Power Play: Eisbären 1 von 6, Landshut 0 von 3

EHC Eisbären Berlin - Adler Mannheim 0:2
(0:0, 0:2, 0:0)
Schiedsrichter: Lichtneker
Zuschauer: 4.865
Strafzeiten: Eisbären 12, Mannheim 16
0:1 Felix (27.) 0:2 Kalt (39.)
Power Play: Eisbären 0 von 5, Mannheim 0 von 3

Adler Mannheim - EHC Eisbären Berlin 4:2
(1:0, 2:2, 1:0)
Schiedsrichter: Lichtneker
Zuschauer: 8.300
Strafzeiten: Mannheim 26 + 10 (Hynes),
Eisbären 28 + 5 (L .Funk) + 10 (Corriveau) + 10 (Cowie)
+ 20 (L. Funk)
1:0 Pouget (11. - PP (Steen)) 1:1 McKim 5 (22.) 2:1 Serikow (35.) 3:1 Bozon (35. - PP (L. Funk)) 3:2 Sjögren 1
(36.) 4:2 Tomlinson (58.)
Power Play: Mannheim 2 von 7, Eisbären 0 von 5

EHC Eisbären Berlin - Adler Mannheim 8:7
(5:3, 2:2, 1:2)
Schiedsrichter: Slapke
Zuschauer: 4.865
Strafzeiten: Eisbären 20 + 5 (Leask) + 20 (Leask), Mannheim 30 + 10 (Cimetta) + 10 (Gross)
1:0 McKim 6 (2.) 1:1 Bozon (6. - PP (Biafore)) 2:1 Carlsson (8.) 3:1 Mayer 2 (10.) 4:1 Chitaroni 3 (11.) 5:1 Fortier
2 (16. - PP) 5:2 Pellegrims (19.) 5:3 Serikow (19.) 5:4
Stanton (22. - PP (Cowie)) 6:4 Cowie (25. - PP) 6:5 Bozon
(26. - PP (Steen)) 7:5 Steen (33.) 7:6 Hynes (45. - PP
(Carlsson)) 7:7 Cimetta (56. - PP (Chitaroni)) 8:7 Wahlberg 1 (59. - PP)
Power Play: Eisbären 3 von 11, Mannheim 5 von 8

Adler Mannheim - EHC Eisbären Berlin 4:1
(0:1, 3:0, 1:0)
Schiedsrichter: Slapke
Zuschauer: 8.300
Strafzeiten: Mannheim 20, Eisbären 22 + 10 (Chitaroni) +
20 (Chitaroni)
0:1 Svensson 3 (3.) 1:1 Posma (30. - PP (Rhodin))
2:1 Bozon (31. - PP (Mayer)) 3:1 Pellegrims (40.)
4:1 Bozon (45. - PP (Govedaris))
Power Play: Mannheim 3 von 8, Eisbären 0 von 7

Gesamtbilanz nach der Saison 1997/98:

(seit der Aufnahme in die Bundesliga 1990, enthält auch die 2. Liga 1991/92)

	Spiele	S	U	V	Tore	Punkte
Augsburger Panther	12	7		5	50:42	14:10
EC Bad Nauheim	4	2		2	21:18	4:4
SV Bayreuth	4	3		1	21:9	6:2
Berlin Capitals	32	9	2	21	85:154	20:47
Düsseldorfer EG	26	3	2	21	64:131	8:44
Duisburger SV	2	2			13:6	4:0
EHC Essen-West	2	1		1	10:5	3:1
Frankfurt Lions	18	6	3	9	54:79	15:21
EHC Freiburg	8	1	2	5	23:34	3:13
SC Riessersee	6	4		2	27:20	8:4
Grefrather EC	2	2			11:3	4:0
EC in Hannover	20	6	5	9	69:75	17:23
Hannover Scorpions	4	3		1	20:12	6:2
Kassel Huskies	22	8	5	9	75:79	21:24
Kaufbeurer Adler	18	7	1	10	61:65	15:21
Kölner Haie	30	9		21	90:141	19:44
Krefelder Pinguine	27	8		15	65:115	17:30
EV Landsberg	2	2			19:9	4:0
EV Landshut	34	9	2	23	93:171	20:48
Adler Mannheim	32	8	4	20	80:142	20:44

Maddogs München	14	1	2	11	33:72	4:24
Nürnberg Ice Tigers	12	6	3	3	45:39	15:9
Revier Löwen	26	12	4	10	104:101	28:24
Star Bulls Rosenheim	20	11		9	78:73	23:19
ECD Sauerland	2	2			8:10	0:4
Schwenninger Wild W.	30	17	4	9	105:102	38:23
ES Weißwasser	11	2	2	7	31:46	6:16
ESC Wolfsburg	2	2			11:6	4:0

Eisbären - die Meister der Overtime

Verlorenes Finale hin, verpaßte Chancen her, es gibt doch allen Grund, auf das Team der Eisbären stolz zu sein. Betrachten wir die Ergebnisse der Verlängerungen, die bei einem unentschiedenen Spielstand fällig werden, präsentieren wir uns schon als Meister:

Die Overtime-Abschluß-Tabelle

	S	N	U
1. EHC Eisbären Berlin	5	1	6
2. Frankfurt Lions	4	1	4
3. Adler Mannheim	5	2	4
4. Kölner Haie	5	3	7
5. Düsseldorfer EG	3	2	1
6. Revier Löwen	2	1	4
7. Augsburger Panther	2	2	2
8. EV Landshut	2	2	5
9. Krefelder Pinguine	2	3	6
Hannover Scorpions	2	3	6
11. Berlin Capitals	2	4	8
12. Star Bulls Rosenheim	0	0	0
13. Kaufbeurer Adler	0	1	0
14. Nürnberg Ice Tigers	0	2	5
15. Schwenninger Wild Wings	0	3	6
16. Kassel Huskies	0	4	3

Das Überraschende an dieser Tabelle ist die hohe Übereinstimmung dieser Plazierungen mit denen in der Meisterschaft. So befinden sich unter den ersten Fünf ausnahmslos Mannschaften aus der Meisterrunde wieder. Es zeigt sich also, daß die kompakten Mannschaften auch in den kurzen 5-Minuten-Phasen der Verlängerung ihre Vorteile umsetzen können.

Zur Erinnerung noch einmal die Overtime-Siege der Eisbären:
gegen Kassel Huskies 3:2 Chitaroni
(Govedaris, Wahlberg) 3:32 OT
gegen Berlin Capitals 6:5 Govedaris (Fortier) 2:56 OT
gegen Kölner Haie 4:3 Sjögren 3:23 OT
gegen Krefelder Pinguine 4:3 McKim 4:31 OT
gegen Krefelder Pinguine 4:3 Chitaroni
(Fortier, Cowie) 2:58 OT

Chitaroni war 2x in der Verlängerung erfolgreich. Außerdem haben Fortier (2 Vorlagen) und Govedaris (1 Tor/1 Vorlage) zwei Scorerpunkte. Fast alle Tore fielen dabei in einem ähnlichen Zeitraum, nämlich vom Ende der dritten bis zur Mitte der vierten Spielminute.

Stadionauslastung von 94,5%

Bisher hingen die Zuschauerzahlen stark von dem jeweiligen Gegner ab. So kamen in den bisherigen Jahren zu den Ortsderbies mit den Preussen/Devils/Capitals durchschnittlich 4.424 Zuschauer, gegen Landshut waren es nur 2.602.

Durch den anhaltenden Boom unserer Eisbären hat sich das geändert. Nunmehr bestimmen die Wochentage, an denen die Heimspiele stattfinden, die Höhe des Zuschauerzuspruchs. Was konkret bedeutet: Freitags immer ausverkauft, Sonntags fast immer, in der Woche (Dienstag oder Donnerstag) um die 3.000 Fans im Sportforum. Das bedeutet für die Heimbesuche der abgelaufenen Saison folgendes:

Verein	Besucher total	Heimspiele	∅ 97/98	∅ 90-97
Düsseldorfer EG	13.905	3	4.635	3.145
Augsburger Panther	4.635	1	4.635	3.900
Berlin Capitals	4.635	1	4.635	4.424
Kassel Huskies	4.635	1	4.635	3.920
Schwenninger Wild W.	4.635	1	4.635	3.479
Star Bulls Rosenheim	4.624	1	4.624	3.089
EV Landshut	22.790	5	4.558	2.602
Nürnberg Ice Tigers	4.552	1	4.552	3.150
Hannover Scorpions	4.523	1	4.523	4.200
Adler Mannheim	22.585	5	4.517	2.938
Kölner Haie	13.087	3	4.362	2.995
Krefelder Pinguine	13.005	3	4.335	3.011
Frankfurt Lions	12.760	3	4.253	3.195
Revier Löwen	3.100	1	3.100	2.658
Kaufbeurer Adler	3.000	1	3.000	2.958

Wie zu sehen ist, schwanken die Zuschauerzahlen nicht mehr so stark zwischen den Gegnern.
Der schlechteste Schnitt (3.000 gegen Kaufbeuren) wurde an einem Dienstag erzielt.
Bei allen Gegnern kamen mehr Zuschauer als in der Vergangenheit.

Auswärts füllten die Eisbären die Stadien wie folgt:

Verein	Besucher total	Heimspiele	∅	%
Adler Mannheim	38.600	5	7.720	94,1
Düsseldorfer EG	21.429	3	7.143	69,5
Frankfurt Lions	20.700	3	6.900	99,3
Berlin Capitals	6.425	1	6.425	100,0
Kölner Haie	16.755	3	5.585	77,6

Kassel Huskies	5.404	1	5.404	88,6
EV Landshut	19.552	4	4.888	69,8
Schwenninger Wild W.	4.850	1	4.850	93,2
Krefelder Pinguine	8.261	2	4.131	61,5
Augsburger Panther	3.893	1	3.893	50,0
Hannover Scorpions	3.340	1	3.340	92,8
Kaufbeurer Adler	2.790	1	2.790	55,8
Revier Löwen	2.466	1	2.466	26,9
Star Bulls Rosenheim	2.300	1	2.300	35,4
Nürnberg Ice Tigers	2.056	1	2.056	49,0

Anders zusammengefaßt:
- 21 von 31 Heimspielen waren ausverkauft

Insgesamt 136.471 Zuschauer = ∅ 4.402 Zuschauer = 94,5% Stadienauslastung

- 5 von 29 Auswärtsspielen waren ausverkauft

Insgesamt 158.821 Zuschauer = ∅ 5.477 Zuschauer = 81,3% Stadienauslastung

Mit den knapp 4.400 Zuschauern belegen die Eisbären Platz 6 in der DEL-Zuschauerbilanz, hinter Düsseldorf (7.650), Mannheim (6.850), Frankfurt (6.600), Köln (5.900) und Kassel (4.700), aber bereits vor Landshut (4.000), Schwenningen (3.800), Augsburg (3.600), den Capitals (3.300), Krefeld (3.100), Oberhausen (3.050), Hannover (2.750), Nürnberg (2.750) und Rosenheim (2.100).

Noch nie war die Differenz zwischen Auswärts- und Heimbesuchern geringer (22.000). Bedenkt man die unglaublich vielen Auswährtsfahrten unserer Fans, ich erinnere nur an die Spiele bei den Capitals oder in Landshut, kann man schon fast vermuten, daß unter dem Strich bereits mehr EHC-geneigte Augenpaare die Eisbären haben spielen sehen. Mit dem Ausbau des Wellblechpalastes wird hoffentlich diese Differenz verschwinden. Wie die Eisbären mit dem bisherigen Stadion an ihre Grenzen stoßen, zeigt folgende Aufstellung:

Eisbären	Vorrunde	Meisterrunde	Play-offs
(Heim-) Zuschauscherschnitt	4.321	4.358	4.622
Stadionauslastung	93,2%	94,0%	99,7%
(Away-) Zuschauerschnitt	4.464	6.172	7.018
Stadionauslastung	66,7%	77,9%	93,2%

Wo andere Vereine im Saisonverlauf entsprechend Platz für ihre wachsenden Zuschauerzahlen haben, stoßen wir bereits in der Vorrunde auf unsere Grenzen. Aber diese Situation wird sich ja mit dem Stadionausbau verändern.

Eisbären - 7 Siege, aber auch 5 Niederlagen in Folge

In Folge ungeschlagene Teams

9x Frankfurt Lions	5.-13. Spieltag der Vorrunde
8x Adler Mannheim	1.-8. Spieltag Play-offs
7x Eisbären Berlin	Letzter Spieltag Meisterrunde - 1. Finale
7x Düsseldorfer EG	4.-10. Spieltag

Außerdem jeweils 7x erneut Adler Mannheim und Frankfurt Lions

In der Qualifikationsrunde waren Hannover und die Capitals je 12x in Folge ungeschlagen.

In Folge siegreich

8x Adler Mannheim	1.-8. Spieltag Play-offs
7x Eisbären Berlin	Letzter Spieltag Meisterrunde - 1. Finale
7x Düsseldorfer EG	4.-10. Spieltag
6x Eisbären Berlin	10.-15. Spieltag Vorrunde

In Folge nicht gewonnen
16x Star Bulls Rosenheim
13x Revier Löwen
11x Nürnberg Ice Tigers
10x Augsburger Panther

In Folge verloren
14x Star Bulls Rosenheim
11x Revier Löwen
8x Nürnberg Ice Tigers
7x Kaufbeurer Adler
6x Augsburger Panther
5x Eisbären Berlin
5x Berlin Capitals

Eishockey-Wahrheiten auf dem Prüfstand

Jeder von uns kennt sie, die begründeten und unbegründeten Wahrheiten in der Welt des (Eishockey-) Sports. Wir haben einige davon auf ihre Richtigkeit geprüft:

Special Teams
Immer wieder zu hören: Die Special Teams entscheiden die Spiele.

Was nur die halbe Wahrheit ist. Das zeigt folgende Auswertung, in der Über- und Unterzahlspiel bewertet werden. Auf den ersten beiden Plätzen liegen Mannschaften, die nicht in der Meisterrunde vertreten waren. Auch die früh gescheiterten Capitals nehmen hier einen Spitzenrang ein. Aber die Tatsache, daß alle Teilnehmer der Meisterrunde ein postives Saldo besitzen (und auch die Tatsache, daß sie öfter gegeneinander spielten), zeigt eine Tendenz auf, daß man in diesen Bereichen schon zu den Besten gehören muß, will man am Ende ein ganz entscheidendes Wörtchen mitreden.

	Überzahl	Unterzahl	Total	+/-
SERC Wild Wings	22,10% (2.)	85,66% (2.)	107,76%	+23
Kassel Huskies	20,32% (4.)	85,27% (3.)	105,59%	+13
Kölner Haie	22,09% (3.)	81,10% (10.)	103,19%	+11
Adler Mannheim	16,73% (11.)	85,96% (1.)	102,69%	+9
Berlin Capitals	17,15% (9.)	84,73% (5.)	101,88%	+6
Eisbären Berlin	19,65% (5.)	82,15% (7.)	101,80%	+8
Frankfurt Lions	16,83% (10.)	84,92% (4.)	101,75%	-5
EV Landshut	19,00% (6.)	82,24% (6.)	101,24%	+4
Düsseldorfer EG	24,56% (1.)	75,96% (14.)	100,42%	+6

Hannover Scorp.	17,64% (8.)	80,50% (11.)	98,14%	-9
ECR Revier Löw.	15,00% (12.)	81,46% (6.)	96,46%	-11
Augsburger P.	14,07% (14.)	82,10% (8.)	96,17%	-5
Nürnberg Ice T.	18,72% (7.)	75,86% (15.)	94,58%	-6
Krefeld Pinguine	14,07% (13.)	79,00% (12.)	93,07%	-13
Star Bulls Rosenh.	11,83% (15.)	78,48% (13.)	90,31%	-31

Wer 1:0 führt, der stets verliert?
Spiegelt dieser bekannte Spruch die Wahrheit wieder oder dient er nur zur Aufmunterung für in Rückstand geratene Mannschaften ?

Die Antwort: Er stimmt nicht mal im Ansatz! Denn, in Spielen, bei denen die Eisbären beteiligt waren, gewannen in 65% der Fälle die Mannschaften, die das erste Tor geschossen haben. Genau in jedem viertem Spiel gab es am Ende den Sieg der Mannschaft, die zunächst in Rückstand geraten war (also 25%). Bei 10% der Spiele war der Ausgang unentschieden.

Das wichtige erste Play-off-Spiel
Statistiken und Experten sagen stets dasselbe: Wer das erste Play-off-Spiel einer Serie gewinnt, entscheidet diese mit 80%iger Sicherheit für sich.

Betrachten wir die Play-off-Runden der Eisbären, können wir sagen: Absolut korrekt! Und das sogar zu 100% ! Play-off-Serien der Eisbären (seit der Übernahme in die Bundesliga/DEL)

		1. Spiel	Serie
Abstiegs-Play-offs:			
1990/91	- EV Landshut	2:10 (A)	1:4

Foto: Sauer

Chris Govedaris: 41 Spiele mit Torerfolg bedeuten Platz 6 in der ewigen Rangliste

	- PEV Weißwasser	3:6 (A)	0:3
1992/93	-Schwenninger ERC	6:4 (A)	4:0
1993/94	-Schwenninger ERC	2:1 (A)	4:0

Meisterschafts-Play-offs:

1996/97	-Berlin Capitals	4:3 n.V. (H)	3:1
	-Kassel Huskies	2:4 (A)	1:3
1997/98	-Krefelder Pinguine	4:3 n.V. (H)	3:0
	-EV Landshut	7:4 (H)	3:0
	-Adler Mannheim	0:2 (H)	1:3

Interne Ranglisten: Sjögren und McKim - überall ganz vorn dabei!

Goal Scoring Streak (aufeinanderfolgende Spiele mit Torerfolg)

Sjögren	5	4.- 8. Spieltag
	4	11.-14. Spieltag
	4	40.-43. Spieltag
Corriveau	4	15.-18. Spieltag
Chitaroni	3	16.-18. Spieltag
Fortier	3	48.-50. Spieltag
McKim	3	40.-42. Spieltag

Damit zieht Sjögren in der ewigen EHC-Wertung auf den 3. Rang vor:

Jooris	8	1992
Jooris	6	1992
Sjögren	5	1997
Dopita	5	1994
Jooris	5	1992

Scoring Streak (aufeinanderfolgende Spiele mit Toren und/oder Assists)

McKim	10	33.-42. Spieltag
Cowie	6	33.-38. Spieltag
Chitaroni	6	4.-9. Spieltag
Govedaris	6	21.-26. Spieltag
McKim	6	12.-17. Spieltag
Sjögren	6	4.-9. Spieltag
Svensson	6	50. Spieltag + 1.-5. Play-off-Spiel
Corriveau	6	13.-18. Spieltag

Spiele mit Torerfolg

Sjögren	22
McKim	21
Govedaris	18
Svensson	16

Ewige Liste Spiele mit Torerfolg

Schertz	80
Graul	62
Jooris	58
Dopita	51
McKim	**43**
Govedaris	**41**
Mitew	40
Hiller	39

Damit rücken McKim und Govedaris in der ewigen EHC-Wertung auf den 5. und 6. Platz vor:

Game Winners

Govedaris	6
McKim	5
Sjögren	4
Wahlberg	3
Chitaroni	3

Anm.: Das ist eine in Übersee sehr beliebte Statistik. Ein Game-Winning-Goal ist jenes Tor, welches genau gereicht hätte, den Gegner zu schlagen, also bei einem 4:3 das vierte Tor und bei einem 7:1 der zweite Treffer.

First Goal (das 1. Tor in einem Spiel für die Eisbären)

Sjögren	8
McKim	7
Mayer	5
Svensson	5

Auffällig ist, daß Derek Meyer oft den Bann mit einem wichtigen, dem ersten Tor gebrochen hat. Im Verhältnis zu seiner Gesamttorzahl von 9 Treffern ist dieser Wert sehr beachtlich.

Svensson mag Delfino, Tammi träumt von Cowie

Nachdem Andrew McKim im letzten Jahr Klaus Merk gleich acht Treffer in einer Saison in das Nest legte, stellt sich die Frage, ob bestimmte Eisbärenspieler Lieblingstorhüter besitzen, gegen die sie besonders erfolgreich waren. Hier die Antwort:

EHC-Spieler	Treffer	Torhüter	Verein
Sjögren	5	Rosati	Adler Mannheim
	4	Pietrangelo	Kaufbeurer Adler
	4	Swärdh	Düsseldorfer EG
McKim	5	Rogles	Düsseldorfer EG
	3	Rosati	Adler Mannheim
	3	Briza	EV Landshut
Svensson	5	Delfino	Kölner Haie
	3	Rosati	Adler Mannheim
Govedaris	5	Rogles	Düsseldorfer EG
Cowie	4	Tammi	Frankfurt Lions
Chitaroni	4	Merk	3 -Berlin Capitals 1-Adler Mannheim
Hede	3	Ahl	Nürnberg
Meyer	3	Heiss	Kölner Haie

Wahlberg	3	Rogles	Düsseldorfer EG
Fortier	3	Tammi	Frankfurt Lions
Corriveau	3	Briza	EV Landshut

Rob Leask - wertvoller, als mancher denkt

Das Leben als Eishockeyspieler bringt es mit sich, daß durch Verletzungen, Sperren oder einfach wegen einer Formschwäche manche Spieler einige Spiele auf der Tribüne oder im Krankenbett verbringen, statt auf der Mannschaftsbank zu sitzen und auf dem Eis dem Puck hinterherzujagen.

Bei den Eisbären hatten letztes Jahr acht Spieler solche Leidenszeiten, wir vergleichen die Bilanzen (Sieg, Niederlage, Unentschieden) der Eisbären jeweils mit diesen Spielern im Kader und ohne sie. In der Klammer hinter den Spielern ist abgestuft zu erkennen, ob sie dem Team sehr gefehlt haben (++) oder gar nicht (–).

Rob Leask (++)

Die Überraschung dieser Auswertung. Es gab zwei längere Phasen, in der Mister Zuverlässig nicht spielte, und beide waren für die Eisbären sehr durchwachsen:

Eisbären mit Rob Leask:	29-9-4
ohne Rob Leask:	7-9-2

Die Eisbären haben ohne Rob mehr Spiele verloren als gewonnen! Die große Anzahl von 18 Nicht-Nominierungen (1/3 aller Spiele) läßt die Vermutung auf einen statistischen Zufall nicht zu. Wir sind froh, daß er auch im nächsten Jahr bei uns spielt.

Mario Chitaroni (0+)

Das Negative vorweg. Unser Overtime-Killer mit dem satten Schuß fehlte aus disziplinarischen Gründen.

Eisbären mit Chitaroni:	33-16-4
ohne Chitaroni:	3-2-2

Durch seinen nimmermüden Kampfgeist und seinen Killerinstinkt ist es ohne Mario immer schwerer als mit ihm. Also: Laß ein paar große Strafen weg und spiele immer für uns.

Greg Andrusak (0)

Wenn er fehlte, dann meist aus disziplinarischen Gründen.

Eisbären mit Andrusak:	30-15-4
ohne Andrusak:	6-3-2

Multipliziere Siege und Niederlagen in der Zeit ohne ihn mit fünf und du erhältst genau das gleiche Ergebnis. Andrusak ist eine Bank im Team.

Darren Durdle (0)

Härter kann es niemanden treffen. Da spielt er die ganze Saison ohne Unterbrechung, Spiel für Spiel, um drei Spieltage vor Beginn der Play-offs den Tribünenplatz einzunehmen.

Eisbären mit Durdle:	28-14-5
ohne Durdle:	8-4-1

Gleichlaufende Bilanzen sagen aus: Es hätte als achten Verteidiger auch jeden anderen treffen können, sein Platz dürfte weiterhin im Team gesetzt sein.

Sven Felski (0)

Unser Hohenschönhausener Urgestein und Publikumsliebling verletzte sich im Herbst und verpaßte dadurch vielleicht das Olympische Turnier in Nagano.

Unglücklich, daß mit seinem Wiedereinsatz die Negativserie der Eisbären begann.

Eisbären mit Felski:	9-16-5
ohne Felski:	7-2-1

Der mit seinen jungen Jahren schon fast als Dynamo-Legende bekannte Jung-Nationalspieler besitzt alle Stärken, um sich im starken Team zu behaupten und wird uns noch lange als Identifikationsfigur erhalten bleiben.

Florian Funk (0-)

Seine Zahl an Einsätzen war sehr beachtlich, er pendelte ständig zwischen Tribüne, Ersatzbank und Eis.

Eisbären mit F. Funk:	21-9-3
ohne F. Funk:	15-9-3

Die Bilanzen gleiche sich, Florian Funk ist ein guter Ersatz für die kurz auftretenden Lücken im Team und wird ein weiteres Jahr seinen Mann in Hohenschönhausen stehen.

Thomas Rhodin (0-)

Im ersten Drittel der Saison mußte der Schwede sich erst in die Mannschaft spielen, insgesamt 7x wurde er nicht nominiert, selbst wenn, bekam er kaum Eiszeiten. Durch die beeindruckende Siegesserie zu Beginn der Saison bewirkte das „never change a winning team" zum einem, daß er erst spät in die Mannschaft kam und zum anderen, daß die Bilanz der Eisbären ohne den Schweden makellos ist:

Eisbären mit Rhodin:	29-18-6
ohne Rhodin:	7-0-0

Ergebnis: Auch ohne Rhodin waren die Eisbären erfolgreich.

Magnus Roupe (–)
Am Ende hat er wohl mehr Spiele gemacht, als er vor Beginn der Saison selbst vermutet hätte. Er war Ergänzungsspieler, erzielte das eine oder andere Tor und verließ die Eisbären am Ende der Saison.

Eisbären mit Roupe:	26-16-5
ohne Roupe:	10-1-3

Ergebnis: Die Bilanz ist ohne Roupe ist klar besser, sein Abgang wird nicht allzu große Lücken reißen.

All-Time Scoring-Liste des EHC Eisbären Berlin

(seit der Aufnahme in die Bundesliga 1990, enthält auch die 2. Liga 1991/92)

Spieler	Pos.	Tore	Assists	Points	Spiele	∅
Graul	S/V	74	116	190	273	0,696
Schertz	S	89	82	171	334	0,512
Jooris	S	77	92	169	92	1,837
Dopita	S	76	61	137	99	1,384
Felski	S	47	70	117	237	0,494
McKim	S	48	63	111	113	0,982
Kuhnke	S	42	64	106	183	0,579
Zemlicka	S	42	62	104	86	1,209
Govedaris	S	49	54	103	111	0,928
Hiller	S	48	51	99	226	0,438
Mitew	S	43	40	83	182	0,456
Svensson	S	34	38	72	116	0,621
Fortier	S	18	53	71	79	0,899
Chitaroni	S	29	35	64	108	0,593
Metcalfe	S	27	33	60	52	1,154
Held	S	25	34	59	86	0,686
Deutscher	V	11	48	59	261	0,226
Hede	S	25	31	56	112	0,500
Jaschin	S	27	28	55	45	1,222
Carlsson	V	11	43	54	109	0,495
Steen	S	22	31	53	110	0,482
Dorochin	S	13	39	52	47	1,106
Lomakin	S	28	22	50	56	0,893
Morrison	S	22	27	49	61	0,803
Naster	S	21	28	49	98	0,500
Cowie	V	14	35	49	58	0,845
Mayer	V	16	30	46	112	0,411
Sjögren	S	23	21	44	56	0,786
Lee	S	21	21	42	79	0,532
Radant	S	17	23	40	119	0,336
Perschau	V	12	28	40	240	0,167
Schiller	S	12	27	39	44	0,886
Kannewurf	V	9	30	39	139	0,281
Stumpf	V	12	26	38	206	0,184
Ziesche	S	17	20	37	169	0,219
Andrusak	V	10	26	36	96	0,375
Durdle	V	10	26	36	105	0,343
Wahlberg	S	11	24	35	57	0,614
Nienhuis	S	12	22	34	56	0,607
Fengler	V	9	23	32	96	0,333
Leask	V	9	23	32	98	0,327
Rhodin	V	6	23	29	49	0,592
Steer	V	6	23	29	85	0,341
Corriveau	S	13	14	27	56	0,482
L. Funk	S	7	19	26	114	0,228
Schaschov	V	11	11	22	45	0,489
Strompf	V	9	13	22	75	0,293
Galtscheniuk	S	9	11	20	30	0,667
Biafore	V	2	18	20	114	0,175
Losch	S	8	11	19	108	0,176
Moeser	S	10	8	18	23	0,783
Krause	V	5	13	18	168	0,107
Kienass	V	10	7	17	79	0,215
Ryan	S	5	11	16	11	1,455
Mix	S	8	7	15	110	0,136
Prusa	V	6	7	13	52	0,250
Naumann	S	7	5	12	49	0,245
Frosch	V	4	8	12	47	0,255
Maroste	S	3	9	12	14	0,857
Swibenko	S	2	10	12	163	0,074
Poudrier	V	4	6	10	27	0,370
Geisert	V	3	7	10	52	0,192
Gentges	V	2	8	10	39	0,256
Charbonneau	S	3	6	9	11	0,818
Romberg	V	2	7	9	34	0,265
Proske	S	4	3	7	80	0,088
Roupe	S	3	4	7	40	0,175
Seyller	V	2	5	7	75	0,093
Rochefort	V	4	2	6	17	0,353
Gerike	S	1	5	6	42	0,143
M. Schmidt	S	2	3	5	42	0,119
F. Funk	S	3	1	4	45	0,089
Boiger	S		4	4	6	0,667
Jewtuschin	S	1	2	3	4	0,750
Brunetta	T		3	3	104	0,029
Solf	V	1	1	2	74	0,027
Kaminski	V	2		2	30	0,067
Garthe	S	1		1	20	0,050
Hundenborn	T		1	1	6	0,167
Bonner	V		1	1	17	0,059
Plack	V		1	1	19	0,053
Böttger	S				1	0
Patrzek	S				7	0
Appel	V				10	0
Kimstatsch	S				10	0
Hadraschek	S				17	0
Kranz	S				21	0
R. Schmidt	S				22	0
Pyka	V				50	0

Schiedsrichter-Statistik

Name	G	U	V	Strafminuten EHC	Strafminuten Gegner
Dimmers	3			79	71
Schütz	2			49	57
Kluge	2			24	28
Schimm	2			59	70
Bertl	3	1		66	36
Hellweg	3		1	62	68
van de Fenn	1	1		10	22
Slapke	7	1	2	249	188
Rademaker	2		1	44	36
Chvatal	4	2	3	129	151
Müller	1	1	1	63	79
Trainer	2		3	212	170
Lichtnecker	4		8	247	244

Verzeihen wir Herrn Slapke das letzte Spiel gegen Mannheim, schließlich hat er ja, nach dem Spiel seinen Fehler bei der Szene zwischen Rosati und Chitaroni zugegeben. Aber wenn Peter Slapke zur Pfeife griff, war für uns schon (fast) alles gelaufen.

Anders bei Herrn Lichtnecker! Alles nur statistischer Zufall? Oder doch etwas anderes? Wer kann das schon wissen?

Steffen Karas

Der Nachwuchs

Junioren-Bundesliga Nord

	Spiele	S	U	N	Tore	Punkte
1. Berlin Capitals	20	13	3	4	85:54	29:11
2. Kölner EC	20	12	1	7	75:65	25:25
3. ES Weißwasser	20	10	2	8	91:74	22:18
4. Iserlohner EC	20	9	3	8	77:68	21:19
5. EHC Eisbären	20	8	2	10	57:61	18:22
6. DEG Eishockey	20	1	3	16	45:108	5:35

Jugend-Bundesliga Nord

	Spiele	S	U	N	Tore	Punkte
1. Berlin Capitals	14	10	1	3	77:35	21:7
2. ES Weißwasser	14	9	0	5	61:33	18:10
3. Iserlohner EC	14	8	2	4	56:43	18:10
4. EHC Eisbären	14	7	2	5	65:56	16:12
5. Krefelder EV	14	6	2	6	41:57	14:14
6. DEG Eishockey	14	5	1	8	48:57	11:17
7. Kölner EC	14	3	2	9	42:65	8:20
8. EC Bad Nauheim	14	3	0	11	32:76	6:22

Jugend-Bundesliga Endrunde

	Spiele	S	U	N	Tore	Punkte
1. ES Weißwasser	14	12	2	0	81:34	26:2
2. EHC Eisbären	14	10	0	4	68:35	20:8
3. Berlin Capitals	14	7	1	6	47:44	15:13
4. Mannheimer ERC	14	7	1	6	57:57	15:13
5. ESV Kaufbeuren	14	6	1	7	69:64	13:15
6. Iserlohner EC	14	5	0	9	44:53	10:18
7. SB DJK Rosenh.	14	4	1	9	45:65	9:19
8. TUS Geretsried	14	2	0	12	44:103	4:24

Schüler Hauptrunde

	Spiele	S	U	N	Tore	Punkte
1. EHC Eisbären	10	8	0	2	54:23	16:4
2. Berlin Capitals	10	7	0	3	61:22	14:6
3. ES Weißwasser	10	7	0	3	56:40	14:6
4. Krefelder EV	10	5	0	5	43:36	10:10
5. Kölner EC	10	2	1	7	26:52	5:15
6. Iserlohner EC	10	0	1	9	18:85	1:19

Schüler Zwischenrunde

	Spiele	S	U	N	Tore	Punkte
1. EHC Eisbären	18	16	2	0	154:46	34:2
2. Krefelder EV	18	13	2	3	128:60	28:8
3. Berlin Capitals	18	11	2	5	121:72	24:12
4. Mannh. ERC	18	11	1	6	82:65	23:13
5. ES Weißwasser	18	11	1	6	105:56	23:13
6. Iserlohner EC	18	8	0	10	90:93	16:20
7. Kölner EC	18	6	2	10	73:86	14:22
8. DEG Eishockey	18	4	1	13	63:138	9:27
9. Schwenningen	18	3	1	14	54:142	7:29
10. Bad Nauheim	18	1	0	17	20:132	2:34

Schüler Deutsche Meisterschaft

	Spiele	S	U	N	Tore	Punkte
1. Berlin Capitals	5	4	1	0	20:3	9:1
2. EHC Eisbären	5	2	2	1	22:11	6:4
3. ESV Kaufbeuren	5	2	1	2	15:15	5:5
4. EV Füssen	5	2	0	3	8:18	4:6
5. EV Landshut	5	2	0	3	15:16	4:6
6. ES Weißwasser	5	1	0	4	6:21	2:8

Schüler Ostdeutsche Meisterschaft

	Spiele	Tore	Punkte
1. EHC Eisbären 1b	13	114:33	24:2

2. Weißwasser 1b	13	83:33	22:4
3. ESC Dresden	13	90:49	20:6
4. Berliner SC	13	54:49	16:10
5. ESC Erfurt	13	75:66	14:12
6. F.A.S.S. Berlin	13	48:41	12:14
7. B. Capitals 1b	13	47:65	9:17
8. EV Chemnitz	13	61:53	5:21
9. OSC Berlin	13	30:85	5:21
10. C' tschau 1b	13	28:156	0:26

Knaben Ostdeutsche Meisterschaft

	Spiele	Tore	Punkte
1. EHC Eisbären 1b	13	98:34	24:2
2. Weißwasser 1b	13	91:36	21:5
3. EV Chemnitz	13	91:68	16:10
4. OSC Berlin	13	67:55	15:11
5. Berliner SC	13	78:64	15:11
6. ESC Erfurt	13	65:73	13:13
7. B. Capitals 1b	13	46:54	13:13
8. ESC Dresden	13	46:70	9:17
9. C' tschau 1b	13	34:77	2:24
10. F.A.S.S. Berlin	13	38:123	2:24

Kleinschüler Ostdeutsche Meisterschaft

	Spiele	Tore	Punkte
1. EHC Eisbären	8	83:10	16:0
2. Berlin Capitals	8	44:15	11:5
3. F.A.S.S. Berlin	8	34:43	7:9
4. OSC Berlin	8	18:23	6:10
5. Berliner SC	8	1:89	0:16

Foto: Sauer

Darren Durdle hatte in der Endphase der Saison Pech!

Weiterführende Literatur:

Büttner, Wolfgang und Eckert, Horst. DEL-Guide. DEL, Köln, 1994-1998.

Diamond, Dan. NHL Hockey - The official Book of the Game. Hamlyn, London, 1990.

Eckert, Horst. Die großen Eishockey-Stars. Copress Verlag, München, 1991.

Eckert, Horst. Eishockey Almanach 97. Copress Verlag, München, 1996.

Eckert, Horst. Eishockey Almanach 98. Copress Verlag, München, 1997.

Eckert, Horst. Eishockey Lexikon. Copress Verlag, München, 1993.

Eckert, Horst. Eishockey Weltgeschichte. Copress Verlag, München, 1993.

Fischer, Gerhard. Berliner Sportstätten - Geschichte und Geschichten. Ch. Links Verlag, Berlin, 1992.

Grengel, Ralf. BSC Preussen: 10 Jahre - Eine eiskalte Leidenschaft. Klaus Kelle Verlag, Berlin, 1993.

Haase, André; Lachmann, Michael; Mader, Matthias et al. Wellblechpalastgeschichte(n) - Die etwas andere Chronik des EHC Eisbären Berlin. I.P. Verlag, Berlin, 1997.

Hartmann, Stefan. Eisenschorsch - Drei Jahrzehnte auf Kufen. Selbstverlag, Berlin, 1998.

Klein, Günther. 30 Jahre Eishockey-Bundesliga. Copress Verlag, München, 1988.

Klein, Günther. Eishockey-Jahrbuch 93/94. Copress Verlag, München, 1993.

Klein, Günther. Eishockey-Jahrbuch 94/95. Copress Verlag, München, 1994.

Knospe, Klaus-Peter. Eishockey-Jahrbuch 1990. Copress Verlag, München, 1990.

Knospe, Klaus-Peter. Eishockey-Jahrbuch 91/92. Copress Verlag, München, 1991.

Knospe, Klaus-Peter. Eishockey-Jahrbuch 92/93. Copress Verlag, München, 1992.

Kränzle, Peter und Brinke, Margit. Eishockey-Jahrbuch 96/97. Copress Verlag, München, 1996.

Kränzle, Peter und Brinke, Margit. Eishockey-Jahrbuch 97/98. Copress Verlag, München, 1997.

Kränzle, Peter und Brinke, Margit. Faszination Eishockey. Copress Verlag, München, 1996.

Kristen, Robert et al. 100 Jahre Berliner Schlittschuh-Club. Berliner Schlittschuh-Club e.V., Berlin, 1993.

Mentel, Joachim. Eishockey-Jahrbuch 95/96. Copress Verlag, München, 1995.

Müller-Möhring, Michael und Jeschke, Harald. Kufenflitzer und Wunderkerzen. Klartext Verlag, Essen, 1995.

Saviozzi, Federico et al. European Hockey League Season 1997/98. IIHF, Mailand, 1997.

Impressum:

Herausgeber: I.P. Verlag Jeske/Mader GbR, Alt-Lankwitz 72, 12247 Berlin

Büroadresse: I.P. Verlag Jeske/Mader GbR, DGZ-Ring 7, 13086 Berlin
Tel. 030/47 02 15 21, Fax 030/47 02 15 22

Internet: www.ip-verlag.de
E-Mail: pages @ ip-verlag.de

Anschrift des EHC Eisbären Berlin:
EHC Eisbären Berlin Management GmbH & Co. Sportwerbung und Profisport KG:
Weißenseer Weg 51-55, 13053 Berlin,
Tel. 030/971 84 00, Fax 030/971 14 42

Autoren: André Haase, Michael Lachmann, Matthias Mader, Sven Wreh, Thomas Beck, Daniel Goldstein, Steffen Karas

Ständiger Fotograf: Michael Sauer

Freie Fotografen: Sven Wreh, Mario Huth, Marco Rädel

Titelfoto: Michael Sauer

Coverdesign: Simone Mader

Satz & Layout: Matthias Mader, Otger Jeske

Druck: Fata Morgana Verlag, Brunnenstraße 181, 10119 Berlin